ゼロから学べる 死後事務委任契約実務ハンドブック

一般社団法人死後事務支援協会
行政書士 谷 茂

一般社団法人相続手続士業の会
税理士 山口 徹

共著

日本法令

はじめに

　これまで週刊誌等の終活特集では、「遺言」や「エンディングノート」といった話題がその中心となっていましたが、近年は、これに加えて「死後事務委任契約」という言葉をよく目にするようになりました。死後事務委任契約とは、信頼できる第三者に自分の死後の手続きを予め委任しておく契約であり、おひとりさまをはじめとした、自身の葬儀や遺品整理、行政機関への届出等を行ってくれる人がいない人を中心にそのニーズが高まってきています。

　少産多死社会に突入している現在の日本においては、相続人のいない人や相続人がいたとしても家庭の事情等で自身の死後の手続きについて頼ることができない人が増加しており、それらの人々の死後の手続きを誰が担うのかは既に一つの社会問題となっています。

　また、身元不明の遺体や身元は判明しているけれど遺族に遺体の引取りを拒否される件数は年々増加しており、市町村で行う遺体の埋火葬に関する負担も決して軽いものではありません。自治体としても喫緊の課題として対処を急がなければならない問題であり、一部地域では社会福祉協議会等をはじめとして、おひとりさまの死後事務に関する支援が広まりつつあります。

　そうした事情を背景に、これまで身元保証団体を中心に葬送支援等の名目で行われてきた、信頼できる第三者による死後の手続きサービスとしての「死後事務委任契約」に注目が集まることになりました。死後事務委任契約は、委任者ごとに契約内容が異なるのが普通であり、定型の契約書ですべてのケースに対応することは難しい契約形態となっています。そのため、死後事務委任契約を必要とする人のこれまでの人生を考慮したうえで、遺言や任意後見契約等も含めて総合的に契約内容を決めていかなければなりません。

　本書は、第1章にて死後事務委任契約をはじめとした「高齢者等終

身サポート事業」と呼ばれる事業の抱える問題点や、「高齢者等終身サポート事業者ガイドライン」が策定された背景を解説したうえで、第2章から第8章では、実際の死後事務委任契約の締結から執行の完了までを、筆者が代表を務める一般社団法人 死後事務支援協会（本書では「当協会」という）での手続方法を基に紹介していきます。

　また、第9章では、おひとりさまをはじめとした死後事務委任契約を希望する人に特有の税金に関する問題について、事例ごとにQ＆A方式で国税OB税理士による解説を試みています。

　死後事務委任契約の執行時のトラブルを防ぐには契約時に将来に起こり得るトラブルについて、どれだけ想像力を発揮して事前に準備をしておけるかにかかっていますので、本書がその一助になれば幸いです。

令和7年3月
一般社団法人 死後事務支援協会
　代表理事　谷　茂（行政書士）

目　　次

第1章　高齢者等終身サポート事業者ガイドライン策定の背景

1　高齢者等終身サポート事業とは　14

2　高齢者等終身サポート事業の始まりと現状　18

3　高齢者等終身サポート事業の問題点が浮き彫りになった出来事　22

　(1)　公益財団法人日本ライフ協会の破綻問題　22

　(2)　裁判所に「公序良俗に反する契約で無効」とされた死因贈与契約　24

4　問題が浮き彫りになっても、なお必要とされる高齢者等終身サポート事業への需要　30

5　病院や高齢者施設が高齢者等終身サポート事業者に期待する役割　37

6　病院や高齢者施設の身元保証にとどまらない高齢者等終身サポート事業者の役割　40

　(1)　情報共有の難しい時代　40

　(2)　高齢者等終身サポート事業者の担う役割　42

7　高齢者等終身サポート事業を必要としている人の実情　45

8　民間の高齢者等終身サポート事業者を活用せざるを得ない現実　49

9　民間の高齢者等終身サポート事業者の急増とガイドラインの必要性　53

目次　3

(1) 民間の高齢者等終身サポート事業者の急増によるトラブル　53

(2) ガイドラインと認証制度について　56

第2章　死後事務委任契約とは

1　死後事務委任契約を始めたきっかけ　64

2　死後事務委任契約とは何か　67

3　死後事務委任契約の副次的効果　70

4　死後事務委任契約の受任者になるのは誰か？　72

(1) 友人や趣味の仲間に死後事務受任者を依頼する場合の注意点　73

(2) 士業なら誰に頼んでもよいわけではない　74

(3) 身元保証団体等への依頼　75

(4) 受任者の選定は委任者自身がどのようなサービスを必要としているかを中心に検討する　76

5　成年後見人がいても死後の手続きが安心ではない理由　78

6　今後増えてくる夫婦二人、兄弟姉妹での死後事務委任契約の利用　83

7　同性婚や事実婚などの法律婚以外の人にも利用価値のある死後事務委任　89

8　依頼者が求めているサービスの見極め　92

第3章　死後事務委任契約締結までに知っておきたいこと

1　死後事務委任契約の相談者や依頼者の経路　96

(1) 依頼者層の変化　96

- (2) 医療機関や介護施設等からの紹介の際について　97
- (3) 高齢の親族に代わり死後事務受任者を探す親戚の存在　98
- (4) お寺の住職が一人暮らしをしている檀家のために死後事務を受任するケース　102
- (5) 契約者が一番心配しているのは事業者の信頼性　103

2　死後事務委任契約の契約方法　106
- (1) 死後事務委任契約には決まった方式があるのか？　106
- (2) 私署証書、公正証書で作るメリット、デメリット　107
- (3) 一般契約書、公正証書の両方を作成するケース　109

3　遺言書執行者と死後事務受任者の関係　114
- (1) 遺言執行者に死後事務受任者の執行を監督してもらうという方法　117
- (2) 復代理規定の利用について　118

4　死後事務委任契約と同時に遺言書を作成する場合の注意点　122
- (1) 清算型遺言の注意点　122
- (2) 包括遺贈を放棄する場合は家庭裁判所への相続（遺贈）放棄の手続きが必要　124
- (3) 死後事務委任契約を解除しても遺言まで無効になるわけではない　126

5　任意後見契約書と死後事務委任契約書を同時に作成する場合　128

第4章　実際の死後事務委任契約書の作成

1　死後事務委任契約はカスタムメイドが基本　134
- (1) 第1条（契約の効力）　139
- (2) 第2条（委任事務の範囲）　139

- ⑶ 第3条（葬儀・埋納骨等）　140
- ⑷ 第4条（連絡・通知等）　151
- ⑸ 第5条（費用の負担）　153
- ⑹ 第6条（報酬）　154
- ⑺ 第7条（契約の変更その他協議）　155
- ⑻ 第8条（委任者からの解除）・第9条（受任者からの解除）　156
- ⑼ 第10条（契約の終了）　157
- ⑽ 第11条（報告義務）　161
- ⑾ 第12条（守秘義務）　161

2 **預託金を設定する場合の死後事務委任契約書の一例**　163
- ⑴ 第5条（預託金の授受）　165
- ⑵ 第12条（預託金等の清算）　166

3 **夫婦や兄弟での死後事務委任契約利用（条件付き同時契約の条項例）**　170

4 **死後事務委任契約書の作成方法**　172

第5章　死後事務委任契約に掛かる費用と報酬

1 **死後事務委任契約の費用と報酬**　176
- ⑴ 費用の設定方法の例　176

2 **死後事務委任に要する費用の支払方法**　185
- ⑴ 自社の専用口座で管理する　187
- ⑵ 信託銀行や信託会社の信託口座で管理する　187
- ⑶ 自社以外の口座（信託口座を除く）で管理する　188

3 **死後事務委任契約に関する報酬の受取方法**　189
- ⑴ 預託金からの清算　189
- ⑵ 委任者の遺産からの清算　189
- ⑶ 委任者からの遺贈や死因贈与を清算に充てる方法　191

第6章　実務での死後事務委任契約の流れ

1　死後事務委任契約までの大まかな流れ　196

(1)　問合せ　196

(2)　面　談　197

2　死後事務委任契約に関する面談時の聴取り事項の例
　200

(1)　本人に関する情報　201

(2)　死亡時の連絡先　204

(3)　葬儀社・葬儀方法・埋納骨の希望　204

(4)　解約・返却に関する事項　206

(5)　契約前に解決しておくべきことの整理　214

3　関係機関等への確認　221

4　必要書類の収集　225

(1)　死後事務委任契約書を公正証書で作成する際の必要書類　225

(2)　遺言公正証書の必要書類　225

(3)　委任者の戸籍等はどこまで集めておくべきなのか　226

(4)　私の診療に関する希望書（事前指示書）　230

5　見積書作成・費用説明　234

6　死後事務委任契約書の案文の確認　236

7　重要事項説明書の作成　237

8　公証人への案文依頼　243

9　公証人役場での作成　245

10　契約完了・見守り開始　249

第7章 死後事務委任契約から執行までの見守り期間

1 執行までの委任者との関わり方 254
2 見守り期間中に異常を察知した場合は 257
 (1) 安否確認の方法 258

第8章 実務での死後事務執行の流れ

1 委任者の死亡 266
2 遺体の引取り 268
3 死亡届への記載 271
4 関係者への連絡 274
5 葬儀・埋納骨・永代供養等 282
 (1) 死後事務の委任事項から葬儀・埋納骨等を外して契約することもある 282
 (2) 増える直葬依頼 283
 (3) 副葬品の依頼 284
 (4) 納骨までの焼骨の保管 285
 (5) 遺骨の供養方法について希望のない委任者のために 286
 (6) トラブル回避の最善策として 287
6 行政機関への届出 290
 (1) 葬祭費の請求 291
 (2) 介護保険等の資格喪失届 292
 (3) 住民税、介護保険等の未納や還付通知の発送時期に注意 292
 (4) 年金に関する手続き 293
 (5) 過払い年金が発生するケース 293

7　各種契約の解約と債務清算　298

⑴　携帯電話の解約　299

⑵　携帯電話の強制解約　302

⑶　デジタル遺品の問題　302

⑷　医療保険の申請　303

8　遺品整理と家屋の明渡し　304

⑴　遺品整理　304

⑵　賃貸物件の明渡し　310

9　相続人等に対する完了報告と残余の預託金等の引渡し　313

⑴　相続人等に対する完了報告　313

⑵　相続人がいない場合は誰に報告や管理財産の引渡しをするのか　318

10　死後事務完了　319

第9章　死後事務委任契約特有の税金問題

1　相続の現場で関係する税金の基本　322

⑴　相続税の基本知識　322

⑵　固定資産税　322

⑶　譲渡所得税　323

⑷　準確定申告　325

⑸　贈与税　326

2　死後事務委任契約に関する税金問題 Q&A　330

Q1　財産を相続人へ相続させる遺言があった場合　330

Q2　財産を相続人以外へ遺贈する場合　347

Q3　財産を換金したうえで相続人以外へ遺贈する場合⑴　354

Q4　財産を換金したうえで相続人以外へ遺贈する場合⑵　363

Q5 財産を換金したうえで相続人以外へ遺贈する場合(3) 368

Q6 財産を換金したうえで相続人以外へ遺贈する場合(4)
(遺贈を拒否された場合) 372

Q7 財産を相続人以外へ遺贈する場合で、他に相続人がいる場合
375

Q8 負担付死因贈与を受けるケース 382

Q9 負担付生前贈与を受けるケース 385

Q10 相続税が無申告のケース 389

おわりに 391

コラム

・たった2日間だけの身元保証契約 34

・身寄りのない高齢者の遺品整理を国や自治体が行うことはない
81

・先に死んだ者勝ち 86

・公正証書でなければ第三者からの葬儀の依頼を受け付けない葬儀社
111

・公共料金の解除に関して、死後事務受任者だと断られたケース
120

・相談者は受任者が死亡した場合についても心配している 160

・公的支援とつながらない高齢者の存在 202

・死亡してから1か月後に届くAmazonの商品 211

・ペットの安楽死を希望する依頼について 218

・お墓に入れる人は誰? 223

・重要事項を作成しておけば防げた失敗例 240

・遺贈による寄付を受ける場合の公正証書の利用について 246

・公正証書で作成した死後事務委任契約書があっても遺体の引渡しを
受けられるとは限らない 261

- 通知のタイミングで失敗した事例①　277
- 通知のタイミングで失敗した事例②　280
- 戒名を委任者自身が生前に決めていた事例　288
- おくやみコーナーの利用について　296
- 死後事務受任者は相続人の住所を調査することができるのか？　315
- 相続税の課税対象となる財産、課税されないものって何？　328
- 相続税の特例①　338
- 相続税の特例②　「配偶者の税額軽減」　340
- 相続税の特例③　「小規模宅地の特例」　344
- 不動産を「会社への遺贈」とする場合は「不動産の譲渡」と考える！　350
- 「包括遺贈」や「特定遺贈」による相続税計算の違いについて　353
- 遺品整理時に不動産の取得価額を示す売買契約書等を見つけると、所得税が小さくなるかも⁉　356
- 相続税の評価額と譲渡所得の収入金額との違いについて　361
- 「公益法人」に対する課税の違いについて　370
- 包括受遺者や相続人がいない場合はどうなるのでしょうか？　374
- 「兄弟に遺産を渡したくない」場合は、全部の遺産を遺贈するような内容にすべき！　380
- 死後事務受任者が法人（株式会社・公益社団法人・宗教法人）と個人での税務申告の違いはあるの？　384
- 死後事務委任契約の解約をした場合　387

第 1 章
高齢者等終身サポート
事業者ガイドライン
策定の背景

1 高齢者等終身サポート事業とは

　死後事務委任契約の解説をする前に、まず押さえておく大事なポイントがあります。それは政府によって令和6年6月に策定された「高齢者等終身サポート事業者ガイドライン」（以下「ガイドライン」という）です。ガイドラインの目的は、高齢化や核家族化に伴い増加している高齢者の単独世帯が直面するライフイベントに対しての意思決定を支援する仕組みを整えることです。

　特に高齢者等に対して死後事務支援サービスを始めとした、身元保証や日常生活支援等を行う事業「高齢者等終身サポート事業」の需要が増加しており、その需要は今後も増加していくと見込まれています。事実、平成23年頃までは、高齢者等終身サポート事業を行う事業者は約30事業者程度でしたが、令和5年の調査時には大小の事業者あわせて約400事業者まで増加しています（身元保証等高齢者サポート事業における消費者保護の推進に関する調査結果報告書）。しかし、事業者が増加する需要に対して直接規律・監督する法令や制度は存在しておらず、このような事業を所管する行政機関も存在していないのが現状であり、近年、様々なトラブルが報告されるようになり問題視されています。

　高齢者等終身サポート事業の主なサービスとして考えられている、死後事務支援サービスや身元保証サービス等は、1回きりの契約行為とは異なり、契約した後、何年、時には何十年もの期間に渡って契約が続く長期契約になることも珍しくはありません。契約が長期に渡ることから、サービス提供に先行して費用の一部が前払いや預託金として事業者に支払われることが多いのも特徴です。しかし、契約者となる主な層が判断能力の低下が心配される高齢者ということもあり、高額な契約費用や預託金等を支払うことについて、利用者たる高齢者本

人が十分理解して契約していたのかが疑わしい事例も多数報告されています。こうした判断能力の衰えた高齢者を契約者とする長期で多額の前払い金が発生する契約形態は、一般的なその他の契約に比べて利用者保護の必要性が高いと考えられ、高齢者等終身サポート事業者の適正な事業運営の確保や健全な発展を推進し、利用者が安心して当該事業を利用できるようになることを目的として本ガイドラインが策定されました。

　ガイドラインが対象としている高齢者等終身サポート事業とは、主に「日常生活支援サービス」「身元保証サービス」「死後事務サービス」の3つであり、次ページの表のような内容を対象としています。

　表の内容を見てわかるとおり、高齢者等終身サポート事業者が依頼者より求められる内容に、特別な知識や資格、技術等がないとできない業務はなく、これまで高齢者の家族が担ってきた役割を家族の代わりに行ってもらいたいというのが一番の需要ともいえます。高齢者等終身サポート事業者のホームページやパンフレット等では、「家族代行サービス」の名称で各種サービスの紹介が行われていますが、これはそのサービスの性格がよく表れた表現ともいえます。

　しかし、こうしたこれまで高齢者の家族が担ってきたごく普通の行為であったとしても、高齢者の家族が行うのと全くの第三者が行うのでは依頼者との接し方や距離感、業務を行ううえでの報酬の有無等といった部分でその態様が大きく異なってきます。家族間であれば多少手を抜いたり、適当にぼやかしていたとしても許されていた部分が、いざ業務として事業者が行う場合には当然そのような中途半端な仕事は許されるものではなく、大きなトラブルの原因となってしまうことがあり、実際に訴訟トラブルへまで発展してしまったケースがいくつもあります。

　高齢者等終身サポート事業サービスの内容は、これまで家族が行ってきたごく普通の行為であるからこそ、家族が行っているうちは大きな問題はなく、またトラブルが起きたとしてもそれはあくまで家族間

1　高齢者等終身サポート事業とは　　15

●高齢者等終身サポート事業において提供されるサービスの例

種　類	内　容
日常生活支援サービス	1　生活支援関係 ① 通院の送迎・付添い ② 買物への同行や購入物の配達、生活に必要な物品の購入 ③ 日用品や家具の処分 ④ 病院への入院や介護施設等への入所の際の移動（引っ越し）及び家具類の移動・処分 ⑤ 介護保険等のサービス受給手続の代行 2　財産管理関係 ① 公共料金等の定期的な支出を要する費用の支払に関する手続代行 ② 生活費等の管理、送金 ③ 不動産、動産等の財産の保存、管理、売却等に関する手続代行 ④ 預貯金の取引に関する事項 ⑤ 金融商品の解約・換価・売却等の取引に関する手続代行 ⑥ 印鑑、印鑑登録カード等の証書・重要書類の保管 ⑦ 税金の申告・納税・還付請求・還付金の受領に関する手続代行
身元保証サービス	① 医療施設への入院の際の連帯保証 ② 介護施設等への入所の際の連帯保証 ③ 入院・入所、退院・退所時の手続の代行 ④ 死亡又は退去時の身柄の引取り ⑤ 医療に係る意思決定の支援への関与 ⑥ 緊急連絡先の指定の受託及び緊急時の対応
死後事務サービス	① 死亡の確認、関係者への連絡 ② 死亡診断書（死体検案書）の請求受領、火葬許可の市区町村への申請、火葬許可証及び埋葬許可証の受領、死亡届申請代行 ③ 葬儀に関する事務 ④ 火葬手続（火葬の申込み、火葬許可証の提示）に関する手続代行 ⑤ 収蔵（納骨堂）、埋蔵（墓処）、永代供養に関する手続代行

死後事務サービス	⑥ 費用精算、病室等の整理、家財道具や遺品等の整理 ⑦ 行政機関での手続関係（後期高齢者医療制度資格喪失届、国民健康保険資格喪失届等）に関する代行 ⑧ ライフラインの停止（公共料金（電気・ガス・水道）の解約、インターネット・Wi-Fi 等の解約、固定電話、携帯電話、NHK 等の解約等）に関する手続代行 ⑨ 残置物等の処理に関する手続代行（遺品目録の作成、相続人等への遺品・遺産の引渡し） ⑩ 墓地の管理や墓地の撤去に関する手続代行

（「高齢者等終身サポート事業者ガイドライン」6 頁）

でのトラブルであり、行政が過度に介入するべき問題ではありませんでした。しかし、近年の高齢者等終身サポート事業サービスへの需要の高まりとそれに応じた事業者の増加により、これまでは家族間の問題だったトラブルも、事業者と消費者間のトラブルへと変化してきています。本ガイドラインは、高齢者等終身サポート事業に対する行政としての対策の始まりといえるでしょう。

2　高齢者等終身サポート事業の始まりと現状

　高齢者等終身サポート事業のようなサービスは、これまで高齢者の家族が担ってきたところではありますが、高度経済成長時代を経て核家族化の進行、都会への人口集中等の影響で独居者の増加に伴い始まってきました。当初は葬祭事業を営む事業者へ自分の死後に家族の代わりにお墓に入れてほしいという要望から始まり、その後、日常生活の支援や入院・施設入所の際の身元保証、自分の死後に必要な手続きを家族に代わって行う死後事務委任へと独居者のニーズが広がり、各事業者がそのニーズに合わせてサービスを拡充していったことで、今日の高齢者等終身サポート事業が出来上がってきたといえます。

　高齢者等終身サポートを担う事業者も、当初の葬祭事業者をはじめ、医療福祉事業者、士業事務所、地域有志の集まり、宗教法人等と多職種に渡って事業への参入がみられるようになりました。これはそうした広い職域に渡るほど独居高齢者をはじめとした、支援を必要としている人が多く存在していることを示しています。

　参考までに、事業者の母体となっている業種別の事業者数を表に表すと次のようになります。

　この表は、令和5年の調査にてヒアリングまたは書面調査を実施できた204の事業者の内訳で、実際の事業者数とは異なるようですが、多様な業種からの高齢者等終身サポート事業への参入があることがわかります。

　高齢者等終身サポート事業を行っている事業者といっても、すべての事業者が一律に同じ業務を行っているわけではありません。各事業者には事業者ごとの特徴に合わせた相談が入ることになり、各事業者はそれぞれ得意とする分野のサービスを提供していくことになります。

業　種	事業者数
士業	55
賃貸住宅や介護施設等への入所支援	33
介護サービス業	25
葬儀	14
医療	5
不動産業	5
宗教法人	4
清掃業	3
コンサルティング業	3
家賃保証会社	2
ボランティア団体等母体がないと思われる事業者	55

（「令和5年　身元保証等高齢者サポート事業における消費者保護の推進に関する調査」より一部抜粋）

　例えば、士業事務所であれば、高齢者から相続手続の相談を入口として、遺言や任意後見等の手続き支援を行うことになりますが、業務を行うなかで、相談者が独居でその他の親族の支援を受けることができないとわかれば、死後事務委任契約といった死後の手続きの相談にも対応していくことになります。

　介護サービス事業者でいえば、訪問介護等で支援する独居高齢者が入院や施設入所となった際に、必ずといってよいほど身元保証人を求められる現状に鑑みて、独居高齢者の支援の一環として身元保証事業へ参入していくのは自然の流れともいえます。

　また、当初は葬祭事業者へ相談が入っていたひとり暮らしの人のお墓問題についても、お寺等の宗教法人が独居で生活されている檀家の人の問題と捉えるようになり、檀家の人の要望に応じて葬儀や埋納骨の手続きを自ら行えるようにと高齢者等終身サポート事業へ参入して

くるといったケースも増えてきています。

　さらに、高齢者等終身サポート事業者は表にあるような各事業者が単独で事業を行っているケースもあれば、士業事務所と葬祭事業者、士業事務所と宗教法人、医療・介護サービス事業者と葬祭事業者等の組み合わせといったような、各事業者が利用者のニーズに合わせて事業者ごとの強みを活かせる形で共同して事業を運営しているケースもあります。

　ただ、こうした事業の組み合わせは様々な利用者のニーズに応えられるようになる反面、高齢者等終身サポート事業の内容が事業者ごとにバラバラとなってしまうことにもつながります。事業者ごとに提供されるサービスや料金がバラバラになることは、サービス内容や料金の比較検討を難しくすることとなり、各事業者を比較検討しようと考えている高齢者にとっては、どの事業者が自分に一番合ったサービスを提供してくれる事業者なのかを判断しづらくする一因にもなっています。

●事業者が提供しているサービスの組み合わせ例

組み合わせ	実施サービス			事業者数
	身元保証	日常生活支援	死後事務	
身元保証、日常生活支援、死後事務	○	○	○	171（83.8%）
身元保証、日常生活支援	○	○	△	8（3.9%）
	○	○		3（1.5%）
身元保証、死後事務	○	△	○	7（3.4%）
	○		○	4（2.0%）
日常生活支援、死後事務	△	○	○	5（2.5%）
身元保証のみ	○	△	△	1（0.5%）
	○	△		1（0.5%）
日常生活支援のみ	△	○	△	1（0.5%）
	△	○		1（0.5%）
死後事務のみ	△	△	○	2（1.0%）

※　表中の「△」は、自らは当該サービスを提供していないが、問合せがあれば他の事業者を紹介したり、取次ぎをしたりしているサービスを示す。

（「身元保証等高齢者サポート事業における消費者保護の推進に関する調査」より

3　高齢者等終身サポート事業の問題点が浮き彫りになった出来事

　高齢者等終身サポート事業に関する問題や利用者との間のトラブルは事業者の増加や提供されるサービスの複雑化に伴って増加してきたことは事実ですが、行政が本ガイドラインを策定するきっかけとなる大きな事件がありました。

(1)　公益財団法人日本ライフ協会の破綻問題

　公益財団法人日本ライフ協会（以下「日本ライフ協会」という）は、「みまもり家族事業」と呼ばれるサービスを提供していました。みまもり家族事業とは、身寄りのない高齢者等の入院や施設入所時の身元保証支援や日常生活支援、安否確認や万が一の場合の葬儀支援を行うことを内容としたものであり、今でいう高齢者等終身サポート事業です。

　日本ライフ協会は、全国に 18 か所の事業所を有し利用会員数が約 2,600 名と大規模な組織運営を行っており、平成 22 年には内閣府の公益認定を受け、公益財団法人になりました。しかし、公益認定申請時には公益認定の前提となる預託金の保全方式を三者契約（預託金を第三者である弁護士・司法書士等が保管）として申請していたにもかかわらず公益認定がおりるやいなや、内閣府に無断で弁護士等が介在しない利用会員と日本ライフ協会との二者方式に変更してしまいました。つまり、弁護士等の専門家が日本ライフ協会から独立して預託金を管理する契約を締結することで、利用会員から預かった葬儀費用等に充てるはずの預託金の適切な保全・管理が図られることが公益認定の前提となっていたにもかかわらず、日本ライフ協会は、利用会員との二者契約で預託金を自ら管理し、「公益財団法人」という国からのお墨

22　第 1 章　高齢者等終身サポート事業者ガイドライン策定の背景

付きで安全であるという信用面の部分だけを悪用して、利用会員にとって危険な営業を続けていたということです。

こうしたずさんな管理のもと、日本ライフ協会は、二者契約で自社管理していた預託金のうち約2.7億円を従業員の給与等の運営費に流用し、また2.7億円の流用とは別に、関連法人に1.7億円を不正に長期貸付するなど違法行為も行っていました。

その結果、日本ライフ協会は、内閣府公益認定委員会による勧告を経て、平成28年に公益認定の取り消し、破産手続の開始となりました。日本ライフ協会の破綻は、ずさんな経営者のもとでのずさんな預託金の保全方法によって、なるべくしてなったともいえますが、「公益財団法人」という、国のお墨付きともいえる名称が被害を拡大させた要因ともいえます。

一般の消費者からすれば「公益財団法人」と名のついた法人であれば、国が行っている事業の一環として勘違いしてもおかしくはありません。そうした信頼性の高い名称を悪用することで、利用会員数を増やしていった結果、多数の被害者を出したのが日本ライフ協会事件です。

日本ライフ協会が破綻したことによって、「みまもり家族事業」等のサービスを利用していた会員はそのサービスを受けることができなくなり、また本来は自分の死後に葬儀費用等に充てるために預けてあったはずの預託金も一部しか返還されないという事態になりました。日本ライフ協会では、一般的なモデルケースで契約時に入会金や事務管理費、身元保証料として約100万円、危篤・死亡時の駆けつけや葬儀等の喪主代行及びその人件費として約60万円程度を支払うこととなっていました。簡単に言えば、100万円が日本ライフ協会の利益で、60万円が死後事務等に充てる預託金ということになります。この預託金60万円は、本来日本ライフ協会の資産とは別に分別管理され保全されるべきものでしたが、違法に流用された結果、日本ライフ協会の破綻後に会員だった利用者に返還された金額は預託金のごく一部と

なってしまったわけです。

　また、本来返還されるべき預託金が返還されなかったことで、元会員の人には金銭的な損害はもとより、次の入所先に移れないという二次的被害も発生することになりました。もともと、日本ライフ協会を利用していた高齢者の多くが身寄りのない高齢者であり、日本ライフ協会との契約も自身が高齢者施設に入所する際の身元保証人としての役割を期待して契約を交わしていました。日本ライフ協会が破綻したことで、これまでどおりの身元保証サービスを受けられなくなったとしても、利用会員だった高齢者が身元保証人を必要とする状況が変わるわけではありません。ですので、利用会員だった高齢者としては、新たな身元保証会社を見つけなければならず、また、身元保証会社が見つかったとしてもその身元保証会社へ再度、契約金や預託金等を支払う必要があるといった二重の費用負担の問題が出てきました。もともと生活に余裕があった人なら別ですが、ギリギリの生活をしているなかから日本ライフ協会への費用を捻出していた人の場合は、次の身元保証会社への支払いができずに露頭に迷ってしまうといった事案も報告されています。

　こうした公益財団法人の異例の破綻事件は、高齢者事業に携わる人々に大きな衝撃を与えることとなり、行政において本ガイドラインを策定するきっかけにもなった事件といえます。

(2)　裁判所に「公序良俗に反する契約で無効」とされた死因贈与契約

　高齢者等終身サポート事業に関するトラブルは日本ライフ協会事件以外にも発生しており、近年では、高齢者等終身サポート事業者との間で身元保証契約に伴って締結した死因贈与契約が民法90条の公序良俗に違反して無効であるとした事例があります（名古屋地方裁判所岡崎支部令和3年1月28日判決）。

　この事案は、以下の図のような当事者関係がありました。

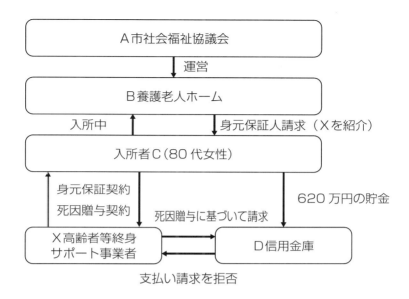

　A市が運営する養護老人ホームに当時80代の女性Cが入所していたところ、身元保証人となっていたCの親族が身元保証人を辞退したため、B養護老人ホームの生活相談員が新たな身元保証人として高齢者等終身サポート事業を行っているXを斡旋しました。Xは、Cが死亡する2年前にB養護老人ホームの施設長立会いのうえで、「家族代行サービス契約書（高齢者・障がい者のための身元保証支援等契約書）」と題する書面により本件身元保証契約を締結し、契約書記載の費用は、登録料や身元保証料、葬儀支援費用等として合計90万円でした。

　身元保証契約の後にXは、Cとの間で死因贈与契約を締結しましたが、その契約書は定型で次のような記載となっていました。

| 第1条 | Cは、自己の不動産を除く全財産をXに対し無償で贈与することを約し、Xはこれを受託した。 |
| 第2条 | 本件贈与は、Cの死亡を停止条件として効力を生じ、かつ贈 |

与物件の所有権は当然にＸに移転する。

第3条　Ｃは、Ｘを死因贈与の執行者に指定する。

第4条　Ｃは、Ｘに対しＣの葬儀及びＣの自宅の家財道具一式の片付けを依頼し、Ｘの定めた報酬基準に従って、その費用及び実費を負担する。同費用及び実費の支払いについては、Ｃの死後、ＸがＣから預かっている財産から清算する。

　Ｃは、死亡時にＤ信用金庫に約621万円の預金を有していたため、Ｘは、Ｄ信用金庫に対して死因贈与契約に基づいてＤ信用金庫に対し預金約621万円をＸに支払うことを求めましたが、Ｄ信用金庫は、本件死因贈与契約が公序良俗に違反し、無効であるなどとして、Ｘの請求を拒絶したというものです（事案簡略化のため、当事者及び訴訟内容を一部省略）。

　上記の事案に対して名古屋高裁（令和4年3月22日判決、令和4年4月8日確定）では、

・本件死因贈与契約は、本件身元保証契約を前提とし、その一内容として当初から想定していた死因贈与の部分を具体化したものということができ、本件死因贈与契約は、その前提となっている本件身元保証契約の内容もふまえてその内容を理解すべきものである。

・ＸはＣの身元保証等を引き受けた代わりにその費用に相当する90万円だけでなく少なくとも同契約締結時の本件預金の残高552万円余をも手中に収めたことになる。

・このような本件死因贈与契約の内容及びその締結の経緯に照らすと、本件死因贈与契約は、いわば社会的弱者とされる高齢者に身元保証を提供する代わりに合理的な理由もないままその死亡時の不動産を除く全財産を無償で譲渡させることによりＸが利益を得るものであって、暴利行為と評し得るものであり、その効力をそのまま承認することは社会正義にもとる結果となるから、公序

良俗に反し無効というべきである。

として、Xの請求を棄却しました。

　判決の内容を簡単にまとめると、XとCとの身元保証契約及び死因贈与契約は、高齢者の不安に付け込んで結ばせた契約であり、対価性も欠き、公序良俗に反しているので無効であるということになります。

　もともと、身元保証人がいないことのみを理由として入院を拒絶することは明確な医師法違反であり（参考資料1参照）、また、厚生労働省は、福祉施設においても、「介護保険施設に関する法令上は身元保証人等を求める規定はなく、各施設の基準省令においても、正当な理由なくサービスの提供を拒否することはできないこととされており、入院・入所希望者に身元保証人等がいないことは、サービス提供を拒否する正当な理由には該当しない」との見解を示しています（厚生労働省平成30年8月30日付「市町村や地域包括支援センターにおける身元保証等高齢者サポートの事業に関する相談への対応について」から抜粋）。

　したがって、B養護老人ホームが、身元保証人がいないとして入所者Cに対して退所を求めることは、厚生労働省令で認められておらず、B養護老人ホームは、本来、Cに対して新たな身元保証人を求める必要はありません。しかし、Cとしてはそのような制度上の規制があることは知りませんし、B養護老人ホームより新たな身元保証人を付けるように要請されたなら、身元保証人を付けなければ退所させられてしまうのではないかと不安になるのは当然で、そうした不安な気持ちを利用してXはCとの間で身元保証契約及び死因贈与契約を結んでいたと本判決では判断されたわけです。

　また、一連の判決では、公序良俗違反以外にも、上記のように不必要な契約をあえて結ばせている点、また、結んだ契約内容の不明確さ、さらにはA市社会福祉協議会とXの癒着構造等についても指摘しており、高齢者等終身サポート事業の問題点について大きく光を当てた裁判となっています。

3　高齢者等終身サポート事業の問題点が浮き彫りになった出来事　　27

●（参考資料）「身元保証人等がいないことのみを理由に医療機関において入院を拒否することについて（通知）」（平成 30 年 4 月 27 日付け医政医発 0427 第 2 号）

医政医発 0427 第 2 号
平成 30 年 4 月 27 日

各都道府県衛生主管部（局）長　殿

厚生労働省医政局医事課長
（　公　印　省　略　）

身元保証人等がいないことのみを理由に医療機関において
入院を拒否することについて

　医療機関において、患者に身元保証人等がいないことのみを理由に、入院を拒否する事例が見受けられるが、当該事例については下記のとおり解すべきものであるので、貴職におかれては、貴管下保健所設置市、特別区、医療機関及び関係団体等への周知をお願いするとともに、貴管下医療機関において、患者に身元保証人等がいないことを理由に入院を拒否する事例に関する情報に接した際には、当該医療機関に対し適切な指導をお願いする。

記

　医師法（昭和 23 年法律第 201 号）第 19 条第 1 項において、「診療に従事する医師は、診察治療の求があった場合には、正当な事由がなければ、これを拒んではならない。」と定めている。ここにいう「正当な事由」とは、医師の不在又は病気等により事実上診療が不可能な場合に限られるのであって、入院による加療が必要であるにもかかわらず、入院に際し、身元保証人等がいないことのみを理由に、医師が患者の入院を拒否することは、医師法第 19 条第 1 項に抵触する。

こうした高齢者等終身サポート事業者を巡るトラブルは、上記の事例以外にも発生しており、報告のあった事例としては、遺言書等の内容をしっかりと理解できない状況にある高齢者のもとに高齢者等終身サポート事業者の職員が頻繁に訪れ、契約者死亡後に土地などの資産を事業者へ寄付する旨の遺言書を書く練習をさせていたと思われる事案が発生しています。本事案においては、地域包括支援センターや福祉事務所の協議のもと、成年後見の申立てを行い後見人が選任されることによって不当な寄付を防ぐことができています。

　その他にも、高齢者が自分で調べて契約した高齢者等終身サポート事業者との間で契約費用とは別に千数百万円もの資金を事業者へ提供したが、その後事業者と連絡が取れなくなり、契約も不履行となってしまった事例等も報告されています。

4 問題が浮き彫りになっても、なお必要とされる高齢者等終身サポート事業への需要

　高齢者等終身サポート事業がトラブルの多い業種であることは、日本ライフ協会の破綻事件をはじめとした様々な事件において知られるところとなり、行政としてもトラブル事例の調査や事業者の実態調査を通して消費者に対して注意喚起を行っているところです。

　事実、消費者庁と厚生労働省より平成30年に「身元保証等高齢者サポートサービスの利用に関する啓発資料（ポイント集）」、令和元年には、身元保証等高齢者サポートサービスに関する注意喚起資料やチラシ等を出して一般消費者に対する注意を強めています。しかし、こうした消費者庁等の注意喚起が行われているなかであっても、高齢者等終身サポート事業に対する需要は増え続けているのが実情であり、事業者も毎年増加傾向にあります。

　先述した死因贈与無効の事例で紹介したとおり、本来であれば身元保証人がいないことのみを理由として入院を拒絶することは明確な医師法違反であり介護保険施設においても、身元保証人がいないことがサービスを提供しない正当な事由にはなりえません。そうであるなら、身寄りのない単身高齢者のように身元保証人がいない人であったとしても入院や施設への入所を安心してすることができ、高齢者等終身サポート事業者の出る幕はないことになります。しかし、実務の現場ではそうはなっておらず、身寄りのない高齢者の親族の代わりとしての身元保証人や身元引受人が求められているのが実情です。

　総務省が2022年に公表した「高齢者の身元保証に関する調査（（行政相談契機）―入院、入所の支援事例を中心として―結果報告書」では、関東地区の医療機関、介護保険施設、関係団体等約2,000の病院

や福祉施設にアンケート調査を行った結果、「入院・入所の希望者に身元保証人等を求めているか」との質問に対して病院・施設の9割以上が「求めている」と回答しています。また、同調査において「身元保証人を用意できない場合の対応」について尋ねたところ、「身元保証等が必要になる場面ごとに個別に対応する」とした病院・施設が全体の約6割を占めており、多くの病院・施設が、身寄りがなくても患者・入所者の状況に応じて対応する方針としていました。しかし、その一方で、身元保証人が用意できなければ「入院・入所をお断りする」とした福祉施設は20.6％に上り、医師法に応招義務が定められている病院であっても5.9％が入院を断るという結果となっています。

　同調査による身寄りのない者の入院・入所を断る理由として主なものは、次ページの表のとおりです。

　この調査結果からもわかるとおり、結局のところ入院や施設入所の際に身元保証人や身元引受人が求められるのは、身寄りのない高齢者本人が自分で医療費の支払いや、医療行為への同意ができなくなった場合、そして万が一本人が死亡した場合についての対応を病院や施設側で決定できないためです。その結果、病院や施設側としては、本人の機能を代行してくれる身元保証人や身元引受人を求めることとなり、身元保証人等を用意できない場合には入院や入所を断らざるを得ない状況となっているわけです。

　病院や施設側としては、医師法の応招義務等から身寄りのない高齢者であっても見捨てるわけにはいきませんが、だからといって病院や施設側が無制限にその負担を負わなければいけないものでもありません。当然、こうした負担は本人をはじめ、その家族が負うべき負担ではあるのですが、身寄りのない高齢者においてはこの負担を負うべき家族等がそもそもいないことが問題であり、病院や施設側の責任ではありません。むしろ、少子高齢化、核家族化、核家族にも満たない小さな世帯と呼ばれる世帯の急速な増加が早くから予見できていたにもかかわらず、こうした入院や入所の際の身元保証問題に関する法整備

4　問題が浮き彫りになっても、なお必要とされる高齢者等終身　　31
　　サポート事業への需要

負担が大きい	（病院） ・緊急入院はやむを得ないが、その後の対応（身元保証人探し等）に労力と時間がかかる。 ・入院費が滞る事例が少なくない。 （施設） ・支援しなければならないことが多岐にわたり、対応できない。 ・職員のマンパワーが不足している。 ・負担が増えるため現場職員のイメージが悪い。 ・何かあったときに誰も何もしてくれない人を、簡単には預かれない。
責任が重い	（施設） ・生命に関わる連絡もあり、24時間リスクを伴う。 ・治療判断などが困る。何かあった場合に訴訟に発展したらどうするか、解決できない。 ・入所後のトラブルを避けたい。 ・治療方針の意思確認や決定、遺体や遺品の引取りなど、行政でも対応できないものは施設でも対応できない。 ・行政との協力体制が構築されていない方は入所不可としている。 ・介護サービス事業者に全責任を負わせるのは疑問である。
退所や入院支援などが困難	（施設） ・次の受入先を探すのが困難になる。 ・入院や手術が必要な際に病院から身元保証や医療同意を求められる。 ・施設としては入院手続や医療同意ができない。
その他（対応方法が不明など）	（施設） ・急変時や死亡時の対応が分からないので、指針がほしい。 ・入所後の具体的な支援策がないまま入所させることはできない。 ・ルールがほしい。受入れた施設だけがリスクを負っている。 ・緊急時や死亡時の対応がスムーズなら、断る必要はなくなると思う。 ・行政に求めても緊急時に動いてくれないため、入所不可としている。

（総務省「高齢者の身元保証に関する調査（（行政相談契機）―入院、入所の支援事例を中心として―結果報告書）」）

や行政としての対応方法を決めてこなかった政府や自治体の責任ともいえます。

　こうした行政側の対応の遅れが原因となり、病院や高齢者施設といった身寄りのない高齢者問題を扱う現場においては、過去に起きた事件やトラブル等、高齢者等終身サポート事業について問題点があることも理解しながら活用せざるを得ない状況とはなっていますが、その反面、高齢者等終身サポート事業を適正に運営している事業者は、病院や高齢者施設の抱えるジレンマを一気に解決する救世主にもなりうる存在として大きな期待を寄せられている状況でもあります。

×××××××× Column ××××××××

たった2日間だけの身元保証契約

　当協会（一般社団法人 死後事務支援協会）では、「短期身元保証」という名称で短期間の入院・手術の際の身元保証を行っていました。これは、電話相談をきっかけに始めたサービスだったのですが、一般的な身元保証会社の場合は、「契約金」「入会金」「事務手数料」等、名称が様々ではあるため、入院や手術を受ける際の身元保証をしてもらうのにかなりの額の費用を契約手数料として支払う必要があります。身元保証会社等では、入院や手術のときだけといった短期間の契約を想定しておらず、短期間の入院や手術の間だけの身元保証を求めている人に対しても、通常の身元保証と同じ契約を求めているからです。

　一般的な身元保証会社では、入会金や事務手数料といった契約手数料は自社の売上げに計上できる収入であり、事業を継続していくうえで非常に重要な部分です。そのため、どんな短期間の入院や手術であっても身元保証を行う以上は、通常どおりの費用を支払って契約してもらうというスタンスになるわけです。ただ、利用者側としては、「たった1日か2日程度の手術のために何十万円もの入会金を支払わないといけないのか？」と疑問に思うのは当たり前で、こうした短期間の入院や手術のケースでは身元保証を受けづらいという相談を頻繁に受けていました。

　そこで、短期間の入院や手術の際にも使いやすい身元保証サービスとして作ったのが「短期身元保証契約」というサー

34　第1章　高齢者等終身サポート事業者ガイドライン策定の背景

ビスです。これは、一般的な身元保証契約とは反対に長期の身元保証は想定しておらず、最短当日、最長2週間までといったごく短期間の間だけ入院や手術の際の身元保証を行うというサービスで、利用料は数千円と、短期間だけの身元保証を必要としている人には利用しやすい価格で身元保証を受けていました。身元保証とは謳っていますが、実際には身元保証契約＋死後事務委任契約の2種類で構成されたもので、入院手術の際に病院から求められる入院申込書等に当協会が身元保証人（身元引受人）として署名するというものです。

　実際のサービスの利用者としては、「白内障手術」の人をはじめ「カテーテル検査」「結石破砕」「乳がん全摘手術」「骨折治療」「大腸内検査」と危険性の少ない内容のものから、通常の手術と同様の危険性のある内容まで様々な内容での依頼がありましたが、1日〜2週間以内で退院されるケースはすべて保証してきました。特に白内障の治療のようなケースでは即日で治療が終わるのに病院から身元保証人を求められて困っているという相談も多く、短期身元保証というサービスは、こうした短期間の身元保証を必要としている方に対して一定の貢献ができたのではないかと考えています。

　また、こうした短期間の身元保証を必要としている人は、60代位の年齢層の人が多く高齢者等終身サポート事業者が扱う年代としては比較的若い人からの依頼となります。こうした年代の人であっても身元保証を求めてくるということは、依頼者には子供や兄弟姉妹（以下「兄弟」という）といった万が一のときに身元保証を頼める親族等がいないことを示していて、高齢者等終身サポート事業者としては、将来的に通常の身元保証契約を必要とする可能性の高い、潜在的契約者と早期に関係を持つことができるともいえます。

高齢者等終身サポート事業のトラブルの原因の一つが、契約者が高齢者ということであり、判断能力の衰えた高齢者が入院や施設入所の際にやむにやまれず、よく理解できないまま身元保証契約や死後事務委任契約を結んでしまうため後々トラブルとなってしまいます。したがって、依頼者が元気なうちに高齢者等終身サポート事業者についてよく知ってもらう機会があればこうした不幸な事故は避けることができるようになるかもしれません。

　高齢者等終身サポート事業は、利用者との信頼関係が前提に成り立つ事業ですので、短期身元保証に限らず、遺言や死後事務セミナー、エンディングノート勉強会など、利用者が元気なうちに接点を持てる機会を増やすことで、提供するサービスへの理解と信頼関係を築くことができるのではないかと考えています。

5　病院や高齢者施設が高齢者等終身サポート事業者に期待する役割

　それでは，病院や高齢者施設にとって身元保証人や身元引受人に期待する役割とは何でしょうか。単に入院申込書や入所契約書の身元保証人（身元引受人）欄に誰でもよいので名前が書いてあればよいとする書面上の問題なのでしょうか。

　平成29年に第二東京弁護士会が行った東京都内の病院や高齢者施設に対してのアンケート結果（身元保証人に関する実態調査のためのアンケート集計結果報告書）によると，回答のうち約4分の1の病院や高齢者施設が身元保証人として名乗りを上げた候補者を身元保証人とは認めなかったことがあると答えています。これは身寄りのない高齢者ではなく，身元保証を必要としている本人に親や兄弟等の親族がいる場合であっても，状況によってはそうした親族が身元保証人となることを病院や施設が断っているケースがあることを意味しています。

　その理由としては，「身元保証人としての対応が期待できない」「身元保証人候補者自身が高齢である」「身元保証人候補者のお住まいが遠隔地である」等が理由となっており，「保証人」という言葉から連想される「金銭的担保」としての保証という意味で，身元保証人候補者を断るとした病院や高齢者施設は1割以下という結果でした。つまり，病院や高齢者施設側の期待する身元保証人の役割とは，治療費や施設利用料の請求先としての書面上の身元保証人では足らず，本人に何かあった場合に問題を解決するために具体的に動いてくれる人でなければ身元保証人としては認められないということです。

　また，同調査では，「身元保証人とトラブルになったことがあるか？」という質問に対して，病院では85％，病院以外の施設でも60％が身元保証人とのトラブルを経験していると回答していて，トラ

ブルの理由としては、「病院や高齢者施設側が希望する対応をしてくれない」「本人の元を訪問してくれない」「身元保証人と連絡が取れない」といった、本人の身上監護の面におけるトラブルが大半を占めている結果となっています。

　こうしたことから、病院や高齢者施設側が求める身元保証人とは、病院や施設の要請に応じて本人のために動いてくれて、場合によっては病院や施設と一緒に問題の解決に協力してくれる人を指しているのであって、親族だったら誰でもよいというわけではないことがわかります。

　民間の高齢者等終身サポート事業者は、収益事業として事業運営をしているケースがほとんどであり、病院や高齢者施設は身元保証を必要とする依頼者の紹介元でもあり、収益事業としての身元保証を進めていくうえで大事な事業パートナーともいえる存在でもあります。ですので、本人に対して何らかの対応が必要となった場合でも病院や高齢者施設としては遠慮なく身元保証人となっている事業者へ連絡を取ることができますし、本人と事業者の間で必要な契約が結ばれている限り、事業者としても収益活動の一環として丁寧なサービスの提供を行っていくこととなります。したがって、親族が身元保証人となった場合のような、「身元保証人が高齢のためすぐには駆けつけられない」や「病院や施設に任せておけばいいだろう」といった、本人の身上監護を放棄するといったトラブルも起きにくくなります。

　では、高齢者等終身サポート事業者が役割を担う「身元保証人（身元引受人）」とは、そもそもどういった人を指すのでしょうか。

　入院申込書や高齢者施設への入所申込書等には、「身元保証人（身元引受人）」の欄が設けられていて、漠然と本人に何かあった場合には遺体の引き取りや治療費の清算をするべき人というイメージがありますが、「身元保証人」や「身元引受人」については、法律的な定めはなく各病院や施設ごとに身元保証人や身元引受人について定めているにすぎません。

「身元保証」は、身元保証ニ関スル法律（昭和8年法律第42号）というものはありますが、こちらは従業員等の被用者の行為によって雇用主たる使用者が被った損害を保証する身元保証契約について、保証人の責任を限定することを目的として制定された法律であり、病院や高齢者施設等で使用される身元保証とは区別して考えておく必要があります。ですので、一言で身元保証人といっても、病院や施設によってその求める内容は異なってきていて、病院や施設がいう「身元保証人」とは、16ページの「高齢者等終身サポート事業において提供されるサービスの例」の表に記載している内容の全部または一部を担ってくれる人のことを指しているともいえます。

　表中には「日常生活支援サービス」「身元保証サービス」「死後事務サービス」と業務内容によって3つの類型に分けて記載していますが、病院や施設が身元保証人に求める内容が「身元保証サービス」だけなのかというとそうではありません。病院や施設によっては、高齢者本人の通院支援だったり、日常の買い物支援について身元保証人に求めることもありますし、高齢者本人が死亡した場合等の遺体の引取りや未払いの治療費の清算等についても当然、身元保証人や身元引受人へと求めてきます。

　つまり、病院や高齢者施設がいうところの身元保証人とは、入院や入所の際の連帯保証としての身元保証に限らず、日常の生活支援から、本人死亡後の手続きまでを含んだ、病院や施設では対応できない事柄について本人や家族に代わって対処してくれる人といえます。

5　病院や高齢者施設が高齢者等終身サポート事業者に期待する役割　39

6 病院や高齢者施設の身元保証にとどまらない高齢者等終身サポート事業者の役割

(1) 情報共有の難しい時代

　高齢者等終身サポート事業は、その成り立ちの経緯から入院や施設入所の際の身元保証に注目がいきがちではありますが、実務において果たす役割は他にもあります。むしろ、身寄りのない高齢者や小さな世帯が今後ますます増加すると予想される状況においては、入院や入所の際の身元保証以上に重要になってくると考えています。今日これだけ終活や老い支度といった言葉が浸透し、書店に行けば相続をはじめとした終活関連の書籍がズラリと並んでいる状況は、単身世帯や夫婦のみの世帯といった小さな世帯の増加によって、日本ではこれまで当たり前に行われてきた「家」の承継ができなくなってきている表れともいえます。

　もはや終活の代表ともいえるエンディングノートは、遺言書を作成するほどではないけれど、万が一に備えて準備をしておきたいといった、本格的な老い支度に入る前の準備運動的な役割があります。エンディングノートの内容は、財産関係にはじまり葬儀の希望、自分の過去の歴史をまとめた自分史や家族へのメッセージ等、ノートごとにその記載内容は様々ではありますが、すべてのエンディングノートに共通するのが「誰かに伝える役割」です。大家族で生活していた頃は家族の誰もが知っていて当然だったことも、核家族や核家族にも満たない小さな世帯ではその当然の事実すら伝わらないということも珍しくはありません。最近は、子供のいない夫婦も珍しくはありませんので、相続人が必ずしも夫婦の子供になるとは限らず、場合によっては、何

十年も疎遠だった叔父（伯父）や叔母（伯母）の相続人として甥や姪が突然相続人になるといったこともあるでしょう。

　そうした場合に、疎遠だった親族が信仰していた宗教や菩提寺、お墓の有無などを甥や姪といった相続人がわからないというのは仕方のないことかもしれません。しかし、実際の相続や死後事務の現場においては疎遠だった親族ではなく、自分の両親や兄弟の菩提寺やお墓がどこにあるのかがわからなかったり、そもそも自分の家の宗旨宗派がわからないといった相談も珍しくはなく、現代において家族間での情報共有がいかに難しくなってきているのかを実感させられます。

　もともと、こうした情報は大家族で生活していた場合なら、生活していくなかで自然と知るべき事柄であって、あえて言わないといけないような情報ではなかったのかもしれません。何十年と一緒に生活していくなかで家族間の会話や地域行事等を通じて自然と親から子へと引き継がれてきたということもたくさんあるかと思います。ですので、現代のように一旦、働きに出たり、結婚などで家を出てしまったりすると、盆暮れ正月に帰省する程度では十分な情報の共有は図れずに、離れて暮らす期間が長くなればなるほど、実の家族であってもその実態がわからなくなってしまうのは仕方のないことかもしれません。

　また、終活といった言葉が浸透してきて高齢者自身が自分で老い支度をするという気風が高まる以前では、高齢の親に「どこの銀行に口座を持ってるの？」や「葬儀はどんな感じにしてほしい？」等と聞こうものなら「お前は俺が死ぬことを期待しているのか！」と怒鳴られたり、「縁起でもないことを言うんじゃない」と不機嫌になってしまい、それ以上話を続けることができなくなってしまったという事例は相続相談ではよく聞くことになります。そういった意味では、エンディングノートという便利な道具とそれを高齢者自身が自分の意思で活用しようとしている今の状況は時代が変わってきたと感じる部分でもあります。

(2) 高齢者等終身サポート事業者の担う役割

　では、どうしてこのように意識が変わってきたのかというと、もちろんテレビや雑誌などのメディアで「終活」や「エンディングノート」「相続トラブル」等のワードで頻繁にその必要性を喧伝してきたのが大きな要因ではありますが、一番の理由はエンディングノート等を活用する高齢者自身が「伝えておかないと大変なことになるかもしれない」と気づいたからだと考えています。また、社会構造や利用するサービスもアナログからデジタルへと移行して目に見えない財産やサービスが増えて相続手続が複雑となり、昔みたいにいざとなれば専門家に相談すればなんとかなるだろうというわけにもいかなくなってきました。特にデジタル遺品に代表されるスマートフォンなどにロックを掛けていたような場合は、たとえ製造元に連絡をしてもロックの解除はできないことがほとんどですので、スマートフォンに大事な情報をまとめていたような場合はそれだけで大きな損失へとつながってしまいます。

　こうしたことから、「伝える」必要性について相続の当事者たる高齢者自身が様々なチャンネルから情報に触れることで、その重要性に気づいて積極的にエンディングノート等の道具を活用し、エンディングノートでは対応が不十分となれば遺言や死後事務委任契約等も活用して老い支度を始めるようになったのだと考えています。

　ただ、高齢者の多くが終活等の老い支度の必要性を感じており、実際にエンディングノート等を書こうと努力をするのですが、最後まで書き上げることができるのはごく一部の人だけとなっています。終活の必要性を強く感じているしエンディングノートも持っている、でも書けない、または書くのを途中でやめてしまったという人が非常に多くいます。

　エンディングノートのほとんどが、質問形式やチェック項目等でまとめられており、該当箇所に自分の情報を埋めていけば相続や死後事

務についてこれまで考えてこなかったという人であっても完成できる
つくりになっています。しかし、実際にエンディングノートを書き始
めてみると、保険証券や年金番号、契約しているプロバイダの情報等、
現物を見ながら情報を書き写せばよいものであっても、物によっては
タンスの奥にしまってあったり、場合によってはどこに保管したのか
がわからなくなっていたりと、単純作業なのに先に進まないというこ
とが出てきます。そうした場合は、わからない物は一旦置いておいて、
他の情報を書き込んでいけばよいのですが、同じように書き込めない
情報がいくつも出てくると、几帳面な性格の人だったりすると空白だ
らけのエンディングノートが中途半端な物のように感じてしまい、途
中で書くのをやめてしまったりします。

　その他にも、エンディングノートを最初から順番に埋めていこうと
して途中でやめてしまう人も多くいます。エンディングノートによっ
ては、「自分史」や「家族へのメッセージ」、「過去の旅行先」等、人
によっては正直どうでもよい内容まで記載内容として準備されている
ことがあり、書く人によってはそれほど重要でもないことがエンディ
ングノートの最初にきていたりすると、それだけで筆が止まってしま
い、その後が続かなくなってしまったりもします。

　こうした事情から、高齢者自身が終活や老い支度の必要性を十分理
解している現代においても、その入り口ともいえるエンディングノー
トですら満足に書ききれていないのが現状ではありますが、実は高齢
者等終身サポート事業者はこの問題の解決に一役買っていたりします。

　高齢者等終身サポート事業者は、日常生活支援から身元保証サービ
ス、死後事務支援サービスと幅広く業務範囲を設定しており、契約時
には依頼者の家族関係や財産調査、死後事務における希望の聴取りな
どを行ったうえで契約をします。そこで、契約に必要な情報の収集と
してエンディングノートに記載すべき内容やそれ以上の事柄について
も聴取りを行い、必要に応じて遺言書や死後事務委任契約書等を作成
することで、結果的にエンディングノートを超える法的安定性のある

サービスを提供しています。

　多くの高齢者がエンディングノートを書ききれていないのは確かですが、その反面、高齢者等終身サポート事業者との契約が伸びているということは、専門家による適切なアドバイスの元であれば、エンディングノートに記載する内容やそれ以上の事柄についても、しっかりと契約書に記載できる形で残すことができることを意味しています。つまり、高齢者等終身サポート事業者は、単に身寄りのない高齢者等から身元保証や死後事務といった依頼内容を遂行するただの代理人というだけではなく、依頼者たる高齢者がどのような問題を抱えており、何について困っていて、どのように解決していくべきなのかを一緒に考えて進んでいくことのできる立場にいるともいえるのです。

　病院や高齢者施設でももちろん高齢者に寄り添って問題解決に取り組んではくれますが、どうしても病院は病院の、高齢者施設は高齢者施設の規則や制度に縛られてしまい、支援できる限度が出てきてしまいます。そうした意味で、すべての枠を横断的に考えて支援できる高齢者等終身サポート事業者は、身寄りのない高齢者はもとより、病院や高齢者施設が抱える問題をも解決できる役割を担っていける立場にいるといえるでしょう。

7 高齢者等終身サポート事業を必要としている人の実情

　高齢者等終身サポート事業を利用する高齢者は、一般的には「身寄りのない高齢者（＝天涯孤独の身）」と思われがちではありますが実際にはそうではありません。もちろん、未婚で子供もおらず兄弟もいないという人もいますが、実際には親族はいるけれどもその親族には身元保証や死後事務といったことを頼めない、または頼みたくないという人のほうが多いかと思われます。

　具体的にどういった事情で高齢者等終身サポート事業を利用しようと考えたかについては、総務省の調査（「身元保証等高齢者サポート事業における消費者保護の推進に関する調査」（令和5年8月7日））において下記のような結果が報告されています。

属　　性	把握できた利用者の例
一人暮らしで、身寄りがなく誰も頼れない。（38件）	・高齢の女性で、要介護4認定の者で、結婚歴無し、こども無し、兄弟姉妹全員死亡の状況のため、誰も頼れない。 ・ALS療養中の男性で、両親は死去し、兄弟、配偶者、近い親戚いずれもいないため、誰も頼れない。
一人暮らしで、親族はいるが疎遠であり頼れない。（41件）	・こどもとの関係が良くないので頼れない。 ・60代男性で単身。姉と妹はいるが現在は疎遠となっており頼れない。
一人暮らしで、頼れる親族はいるが、遠方に住んでいて頼れない。（17件）	・家族はいるが海外在住のため、頼れない。 ・現在入院中であるが、親族は遠方にいる義理の妹のみであるため、頼れない。

兄弟・姉妹はいるが、高齢なので頼れない。 （14件）	・姉と弟がいるが、共に高齢であり持病もあるため、事業者の利用を検討している。 ・市内に一人暮らしの兄がおり、私（70代女性）に身元保証をしてほしいというが、私自身が面倒をみることは難しい。
親族はいるが、その親族に障害があるので頼れない。（13件）	・夫に先立たれ、こどもがいるが重度障害を持っており障害者施設に入所しているため、頼れない。 ・こどもが身元保証人になることを承諾していたが、障害があり、施設から、身体障害のある者は身元保証人になれないとして事業者との契約を求められた。
高齢の夫婦だけで住んでおり、他に頼れる親族がいない。 （15件）	・高齢者夫婦二人で生活しており、近隣に親族がいないため、事業者の利用を検討している。 ・高齢夫婦世帯であり、自分（夫）が亡くなった後の認知症の妻の生活が心配である。
判断能力が不十分になってきており、自分では保証人の確保が難しい。 （24件）	・身寄りがない80代の女性に軽度認知症が認められ、早期に施設入所の必要が生じたため、地域包括支援センターのケアマネジャーから身元保証に関する相談を受けた。 ・一人暮らしの高齢の女性で、生活保護や自立支援医療を受けており、自分では保証人の確保が難しい。
上記のいずれかに該当し、かつ、差し迫った状況である。 （37件）	・70代女性で、胃ろうであり、かつ、器官切開しているため、退院後すぐに介護施設等に入所する必要があるが、娘は精神障害者なので保証人になることができず、兄妹はいるが亡くなっていたり、存命でも高齢のため自身の生活が大変であったりして保証人を断られた。 ・身寄りがなく入院中。病院を転院することになり、転院先の病院から、身元保証サービス事業者を利用するよう求められた。
将来の備えとして事業者と契約をしたい。 （39件）	・入院・手術の際の身元保証人・手術同意書への署名を頼める人がおらず、亡くなったときの葬儀や納骨、家の片付けについて決めておきたい。 ・60代の女性で、姉がいるが、将来に備えて体が動くうちに身元保証契約をしておきたい。

この調査結果からもわかるとおり、高齢者等終身サポート事業の利用者の多くが家族や親族と呼べる人はいるけれども、様々な事情からそうした人に身元保証や死後事務を頼みづらい実態がうかがえます。

　実際、当協会においても上記に挙げたような事情で契約をしている人が多くいます。

　一例を挙げると、ある契約者は過去の両親の相続の際に兄弟間で相続トラブルとなってしまい、それ以降お互い疎遠な関係を通り越して険悪な関係になり親族としての付き合いは断絶してしまいました。契約者は、未婚で子供もいないのですが、自分に万が一のことがあった場合でも兄弟の世話にはなりたくはないし、自分の財産が兄弟へ渡るのも我慢できないということです。そのため、自分の財産を兄弟へ渡さない代わりに自分の死後の手続きに関してもすべて元気なうちに準備を済ませてしまい、自分の死後の手続きは高齢者等終身サポート事業者へお願いして、兄弟には葬儀等が終わった後に死亡の通知だけがいけばよい形にしておきたいというものでした。

　本来なら身元保証や死後事務といったことを相談できる兄弟がいるけれども、過去の出来事が原因で疎遠や険悪な関係となってしまい、第三者たる高齢者等終身サポート事業者へ依頼される人が非常に多くいます。現状では、上記のように実際には家族や親族はいるけれど様々な事情から身内には身元保証等を頼みづらいというのが実情ですが、近い将来においては子供や兄弟等の親戚が全くいないといった本当の意味での天涯孤独の人が急増してくることが危惧されています。

　国の発表では、団塊世代の人がすべて75歳以上となる2025年には、75歳以上の人口が全人口の約18％となり、2040年には65歳以上の人口が全人口の約35％となると推計されています。さらに、5年に一度の国勢調査をもとに「国立社会保障・人口問題研究所」が作成した予想では、2050年には一人暮らしの高齢者男性の6割近くが未婚となると予想しています。これが意味するところは、現在はまだ一人暮らしの高齢者は子供や兄弟等の近親者がいる可能性が高いのですが、

現状のまま婚姻率や出生率が低下していくなら、約30年後には本人の子供や兄弟等の近親者が全くいない天涯孤独の高齢者が急増することを意味しています。

　死後事務委任に関する相談を受けていると、相談者から「私は天涯孤独の身だから自分が死んだ後のことを頼みたい」といった形で相談を受けることが多くありますが、詳しく聴取りや戸籍調査をしてみると先に挙げた事例のように兄弟間の仲が悪いだけとか、離婚した妻との間に子供がいるけれど今さら頼れない等のように、実際には近親者はいるけれども事情により頼れないという人が多くいます。しかし、将来的には上記の調査が示しているように、子供も兄弟もいないといった本当の意味での天涯孤独といった人が急増してくることとなり、家族や親戚はいるけれども頼れないといった次元を超えて、そもそもそうした家族や親戚が全くいない時代に近い将来にはなってしまうと予想されます。

　こうした状況は、もはや民間の事業者だけで対応すべき範疇を超えているともいえ、高齢者等終身サポート事業のような内容は官民共同で対処していくべき問題になってきているともいえるかもしれません。

8 民間の高齢者等終身サポート事業者を活用せざるを得ない現実

　身寄りのない高齢者等の身元保証や死後事務に関する事業は本来、行政の福祉政策のもとで行われるべきものと考えますが、利用者ごとに様々な事情を抱えていて行政が一律に対処するといったことが難しいのも事実です。行政がこの問題に対処するよりも早く、身元保証や死後事務に関する問題について民間事業者が解決に向かって動き出したことで、結果として高齢者等終身サポート事業と呼ばれる業態が生まれることとなりました。もちろん、行政側としても高齢者問題を放置していたわけではなく、一部の自治体や高い公益性を持つ社会福祉協議会（以下「社協」という）などでは、高齢者等終身サポート事業者と類似のサービスを提供することで身元保証等に悩む高齢者の支援を行ってきた経緯があります。

　自治体や社協が提供するサービスは、その地域での高齢者が直面している問題を解決する形で実施されてきたことから、各自治体や社協ごとで提供されるサービスはバラバラであり一律ではありません。ある自治体では、身寄りのない高齢者の葬儀や納骨までを自治体が葬儀社とのパイプ役となり、身寄りのない高齢者と葬儀社との生前契約を結ぶ仲介役をしていますし、ある社協では、高齢者等終身サポート事業と同様の生活支援から入院・入所時の身元保証、そして弁護士や司法書士等と連携した遺言や死後事務の執行まで支援しているケースもあります。また、社協によっては高齢者が年齢や保証人がいないことを理由に、賃貸住宅に入れないという問題点に着目して社協自身が賃貸物件の連帯保証人になったり、必要に応じて葬儀（遺体の引取り）や遺品整理を行うなどして、賃貸人側の不安を取り除くことで高齢者の居住支援を行っているケースもあります。

このように自治体や社協を中心として高齢者等終身サポート事業に類似したサービスの提供は高齢者福祉の観点から以前より始まってはいましたが、日本ライフ協会の破綻事件までは消費者問題としての意識が薄く、すべての自治体でそうしたサービスの提供を受けられるまでには至っていません。ですので、高齢者等が自治体や社協が行う高齢者等終身サポート事業の利用を希望したとしても、自分の住んでいる地域ではサービスの提供が行われておらず、結局民間の事業者が提供するサービスを利用するしかないといったことが十分に起こり得ます。

　また、自治体や社協が提供する高齢者等終身サポート事業では、民間事業者のサービスと違って利用しにくい一面もあります。例えば、自治体や社協のサービスを利用できる条件として、資産や所得が一定額を超えていない人に限定していたり、65歳以上の身寄りのない高齢者でなければ利用できないといった制限があったりします。

　民間事業者の場合は、契約者数が増えることで契約費用や月額利用料、年会費といった事業者の収入につながることから、特にこうした制限を設けていないところも多いようですが、自治体や社協といった組織では、限られた人員と予算において効率的に事業を継続していく必要があります。そのため、高額な資産を有している高齢者にまでサービスの提供を広げてしまうと、本来の高齢者福祉の目的から外れた資産管理の面が強くなってしまい、このようなケースは成年後見等で対応すべき問題となってきます。

　また、直系卑属といった身内がいるような場合には、事業目的である身寄りのない人の支援から外れることになりますし、死後事務委任契約の前提として遺言書の作成を条件にしている自治体や社協においては、相続人である子や孫といった直系卑属の方と遺留分についての争いに巻き込まれてしまう可能性もあるため、利用制限を設けていたりもします。

　その他にも、自治体や社協のサービスを受けるには一定の審査手続

を踏む必要があることから、利用者がすぐにサービスの提供を希望していたとしても、利用開始まで時間が掛かってしまうといったことも自治体や社協のサービスを利用しにくい一因となっています。そのため、病院等から相談の多い余命宣告をされた高齢者の死後事務相談のようなケースでは、患者が1～2週間程度は持ちこたえられても、2か月も3か月も到底もたないといったケースが多く、こうした緊急案件の場合には審査などを待っている余裕はなく、やはり迅速に柔軟な対応ができる民間事業者のサービスも必要となってきます。

　似たような事案では、65歳未満の人が大病を患ってしまったという相談でもあります。今は病状が落ち着いており、いますぐに死亡の危機に瀕しているわけではなくても、いつ何が起きてもおかしくない状況に置かれているという人がいます。そのような人は残された時間でできる限り身辺整理や死後の準備をしようとしますが、いざ、自治体や社協が提供するサービスを利用しようと考えた場合でも年齢制限に引っかかってしまい利用できないこととなってしまいます。

　また、利用者側の面ではなく、行政側から見た場合でも、身寄りのない高齢者の支援を民間事業者に担ってもらうメリットがあります。身寄りのない高齢者や引取り手のない遺体が出た場合、自治体において公費にて火葬する必要がありますが、身寄りのない高齢者がある程度の資産を持っており、事前に民間事業者と契約しておいてくれれば、亡くなる本人の財産を使用して葬儀等を施行できることとなり、公費の節約につながることにもなります。

　身寄りのない高齢者によっては、エンディングノートのような物を利用して「自分が死んだ場合は、自分の預貯金を使って葬儀を行ってください」と自治体やその職員へ向けたと思われるメッセージを残して亡くなっていることがあります。しかし、遺言書とは異なり、エンディングノートのような法律的効果の働かない書面の場合、身寄りのない高齢者が本心で自己の財産の使用許可を出していたとしても、故人の財産を自治体が使用することはできません。あくまで相続財産を

使用できるのは相続人であって、自治体等にそうした葬儀等を依頼して、費用を自己の財産より清算してもらおうとするのなら、遺言書や死後事務委任契約といった形で整えておく必要があります。ですので、そうした意思を実現するためにも自治体や社協等で高齢者等終身サポート事業に類するサービスの提供が始まっていない地域においては、身寄りのない高齢者と民間事業者との間で事前に契約を結んでおくことで、「引取り手のない遺体」の発生を抑えることとなり、結果として行政側としても職員の負担や公費削減につながるというメリットが生まれることになります。

　こうした事情から、高齢者等終身サポート事業のすべてを行政機関にて行っていくことは現実的ではなく、自治体の福祉政策の視点と消費者にとって利便性の高いサービスの提供という2つの視点から高齢者等により良い支援の方法を増やしていく必要があります。

9 民間の高齢者等終身サポート事業者の急増とガイドラインの必要性

(1) 民間の高齢者等終身サポート事業者の急増によるトラブル

　最初にも書いたとおり、この10年ほどで高齢者等終身サポート事業者の数は約30社程度から400社程度まで増加していて、少産多死社会を背景に今後ますます増加していくことは間違いありません。しかし、高齢者等終身サポート事業者の数が激増している背景には、サービスの提供を必要としている高齢者の増加とは別に高齢者等終身サポート事業への参入が非常に容易だという側面も考慮に入れておく必要があります。

　高齢者等終身サポート事業は、高齢者の日常生活の支援から、身元保証、死後事務といった依頼者本人の生前から死後の手続きまでを幅広くサポートする事業となります。そのため、依頼者の年齢や健康状態によっては何十年にも渡っての長期契約となることも珍しくはなく、また契約が長期間に渡ることから多額の契約費用や預託金といった費用の前払いが行われることが一般的となっています。

　ただ、こうした長期間の契約で高額な預託金を必要とし、高齢者の財産管理や身上監護にも大きな影響を及ぼす契約形態であるにもかかわらず、高齢者等終身サポート事業を始めるには、特別な免許や届出といったことは必要とされておらず誰でもすぐにこの事業へ参入できてしまうことが問題となっています。

　総務省の行った令和5年の調査では、高齢者等終身サポート事業の継続年数が1〜5年以下の事業者が最も多く、従業員の数も10人未満の事業者が全体の8割を占めています。また、同調査において事業

者ごとの契約者数を調べたところ、10人未満の契約者数の事業者が最も多い結果となっており、このことからも高齢者等終身サポート事業者の近年の急増の背景には比較的小規模な事業者が乱立している実態がうかがえます。さらに、免許や届出といった法整備がされていないことから事業を監督すべき監督官庁等もなく、非常に参入障壁が低い事業となっていて、十分な知見や経験をもたない劣悪な事業者が増加していることも問題視されています。

　こうした問題点は、実際のトラブルへとつながり、国民生活センターにおいても下記のような過去のトラブル事例を挙げて注意喚起を行っています。

【事例1】契約内容がよく分からず高額なので解約したい	今一人暮らしをしている。高齢でもあり、今後入院したり、アパートに入居したりする際の心配が出てきた。福祉サービスの窓口に相談したところ、身元保証などのサポートサービスをする事業者があることを情報提供され、事業者から話を聞いたうえで申し込みをした。入会金、身元保証支援費等が約40万円かかり、月会費は3,000円である。しかし、よく考えると高額であり、具体的にどのようなサービスを受けられるのか等、契約の内容もよく分からないまま契約してしまったため、不安になった。解約できるか。
【事例2】事業者に勧められるままにサービスを追加して思ったより高額な契約になった	他県で介護施設に入所している義母の担当ケアマネジャーから「役所などに手続きをしに行くとき付添いをするサポートが1時間3,000円で受けられる」という話を聞いた。義母のところへすぐに行くことが難しいという事情もあったため、このサポートを行う事業者に問い合わせたところ「サービスを受ける本人が契約を行い、家族が立ち会う必要がある。難しければ司法書士に立ち合ってもらうことも依頼できる。入会金が10万円、司法書士への依頼料が2万5,000円かかる」と説明された。後日、事業者から「手続きが済んだ」と連絡があった際に「月額1万円で身元保証サービスを付けないと24時間サポートはできない。みんな付けている」と言われた

54　　第1章　高齢者等終身サポート事業者ガイドライン策定の背景

	ので、身元保証の契約も追加した。その後、契約書類等が届き、入会金や諸費用で総額約30万円かかると記載があった。毎月1万円を長期的に支払っていくことを考えると、費用の負担が大きいように思った。解約したい。
【事例3】預託金として100万円を支払うように言われているが、詳細な説明がない	頼れる親族がいない中、知人から紹介されて、身元保証サービスや亡くなった後の事務手続等を代行する事業者とサポート契約をした。費用を支払った記憶があるが、その他に預託金として100万円を支払うように求められた。契約内容など、その詳細について理解できていなかったこともあり、更なる高額な預託金の支払いを躊躇していたところ、担当者から「明日どうなるか分からない。一刻も早く預託金を支払うように」と急がされた。詳細な説明もない中で、このような事業者の対応に困惑しているが、どうしたらよいか。
【事例4】契約するつもりのなかったサービスも含まれていた	一人暮らしで今度老人ホームに入居することになったが、入居に際して身元保証が必要と言われ、事業者の身元保証サービスを勧められた。後日、入居予定の老人ホームに来るよう言われ、事業者の担当者から長時間にわたって説明を受けたが、契約内容を理解できないまま契約し、担当者に100万円を支払った。後になって契約内容を調べたところ、生活支援サービスや葬儀サービスなどが含まれている契約であることが分かった。身元保証以外のサービスを解約することはできるか。
【事例5】約束されたサービスが提供されないので事業者に解約を申し出たところ、説明のないまま精算された	入居していた老人ホームから高齢者住宅に転居することにした。身元保証人がいないため転居できないでいたところ、知人に身元保証サービスや死後事務支援等のサポートを行う事業者を勧められた。事業者には「定期的な安否確認等を行うため緊急時の対応もスムーズにできる」と言われ、140万円を支払って契約した。契約から1年程経つが定期的な安否確認がなかったり、緊急対応のために必要な書類が一向に作成されなかったりするなど、事業者に不信感が募ったため、解約を申し入れた。解約は承諾されたが返金額について事業者から何らの説明もないまま、50万円だけが振り込まれた。十分なサービスも受けていないにもかかわらず、納得できない。

（独立行政法人国民生活センター　報道発表資料（https://www.kokusen.go.jp/news/data/n-20190530_1.pdf））

国民生活センターに寄せられる相談は、契約解除や身元保証といった生前の手続きについての相談が多くなっていますが、当協会に実際に寄せられる相談のなかには、契約者自身の死後について、「契約どおりに葬儀や遺品整理といった死後の事務が執行されているのかが不安」といった声や「自分の死後の手続きが正しく行われたのをいったい誰が確認してくれるのか？」といった自分の死後の手続きについて心配する相談も多く寄せられています。

　公益財団法人であった日本ライフ協会ですら破綻している実態を見ると、現在サービスを提供している高齢者等終身サポート事業者のすべてが安心で安全な事業者であるとはいえませんし、またそれを保証するような制度や監督官庁も現状では存在していません。そのため、高齢者等終身サポート事業者を巡るトラブルが増加するなか、法整備や監督官庁がないままでは、急激に増加する事業者に比例してトラブルも増加してしまうことになりかねず、事業者がサービスを提供するうえで、利用者の安心と事業者の健全な発展の観点から最低限事業者が取り組むべき事柄として作成されたのが「高齢者等終身サポート事業者ガイドライン」となります。

(2)　ガイドラインと認証制度について

①　ガイドラインの活用と限界

　「高齢者等終身サポート事業者ガイドライン」が策定されたからといって、今後の契約については安心できるのかというと、必ずしもそうとはいえません。ガイドラインは、あくまで事業者が取り組むべき事柄をまとめているだけであり、ガイドラインに記載されている内容を守っていなかったとしても事業は継続して行うことは可能です。結局のところは、事業者の健全性や高齢者等が望むサービスを提供してくれる事業者かどうかについては利用者本人が自分の目と耳で情報を収集し、事業者との面談を通して信頼できる事業者かどうかを見極めていく必要があります。

56　第1章　高齢者等終身サポート事業者ガイドライン策定の背景

しかし、サービスの提供を受ける主な対象となるのは高齢者となりますので、利用者本人が主体的にこうした情報を集めるのは難しく、高齢者の周りの支援者や地域包括支援センターの職員などがガイドラインの趣旨を理解して、利用者の希望に沿う事業者の選定をしていかなければならない場面も出てくるかもしれません。

　これまでも、地域包括支援センター等では、高齢者等終身サポート事業者についての問い合わせには対応してきており、利用者からの相談の多くが事業者の「信頼性」を問うものでした。地域包括支援センターには、高齢者等終身サポート事業に関する情報も集まりやすく、実際事業者としてもサービス提供開始後の営業先の一つとして、地域包括支援センターに売り込みをしているところも多くあります。また、地域包括支援センターは、一般の人からすれば国の機関との認識であり、信頼性も高く、地域包括支援センターの職員が紹介する事業者なら安心だろうとの意識が働きます。しかし、地域包括支援センターの職員としては、たくさんある高齢者等終身サポート事業者のうちから相談者の希望に合いそうな事業者をいくつか「案内」しているだけで、最終的に決定するのは利用者本人とする立場です。

　ただ、どのような考えで事業者を案内していたとしても、職員から事業者を案内されれば、相談者としては「紹介」されたと捉えるでしょうから、高齢な自分たちが事業者を決めるよりは情報や知識をたくさん持っている職員から紹介されたところを選んだほうが間違いないと考えてしまいます。そういう意味では、地域包括支援センターの職員は「こういう事業者がありますよ」と案内しているだけであっても、いざその事業者が何か不祥事を起こしたような場合には、「紹介元」として非難される可能性も高く、優良事業者の見極めには非常に苦慮しているところです。

　今回のガイドラインには、ガイドラインの内容に沿った事業者かどうかを判断するためのチェックリストも付いていますので、地域包括支援センターの職員等の高齢者等終身サポート事業者を案内する立場

9　民間の高齢者等終身サポート事業者の急増とガイドラインの必要性　　57

の人にとっては、ある程度、事業者の優良性を判断する手段として活用できるともいえます。

　ガイドラインの策定により、一定程度のルールや基準はできたともいえますが、依然として、事業者の届出や許可といった規制はなく、また、第三者機関による監督なども行われてはいません。そのため、各自治体としても身元保証を中心とした高齢者等終身サポート事業に関する相談の増加と相談者からの優良事業者に関する問合せについては頭を悩ませています。

②　静岡市の認証制度について

　そうしたなかで、静岡市では、令和5年度から「終活支援優良事業者認証事業」という国の政策に先駆けて高齢者等終身サポート事業者の優良事業者認証事業を開始しています。高齢者等終身サポート事業者等の質の保証について行政が関与し、市民が安心して終活に取り組んでもらえるように始めたものです。これは、ガイドラインのように事業者の自主性に任せるものではなく、静岡市として優良事業者としての認証基準を定めて、組織運営や契約の締結・履行等について細かく規定をおいて、その基準をクリアした事業者に「終活支援優良事業者」というお墨付きを与えるものとなります。また、事業年度ごとに市への活動報告の提出を義務付けており、優良事業者との認定を受けた後の活動についても市にて監督する体制をとっており、認証基準から外れるようなことがあれば認証の取消しもある制度となっています。

　このように、行政側が積極的に高齢者等終身サポート事業の優良性について判断するのは全国でも初めての試みとなり、利用者側としては優良認証を受けた事業者なら安心して依頼できるということからガイドラインの一歩先を行く制度ともいえます。ただ、注意が必要なのはこれまで問題なく活動してきた高齢者等終身サポート事業者のすべてがこの優良認証を受けているわけではないということです。

58　　第1章　高齢者等終身サポート事業者ガイドライン策定の背景

静岡市の優良認証の基準の一つとして「事業者は、利用者から遺贈を受けず、かつ事業者は、利用者との間で死因贈与契約を結ばないこと。」という基準があります。これは、過去に高齢者等終身サポート事業者が判断能力の衰えた高齢者を言葉巧みに誘導して自社の利益になるように遺贈や死因贈与契約を結ばせていたことに鑑みて盛り込まれた基準かと思われます。

　また、遺贈や死因贈与を巡るトラブルは高齢者等終身サポート事業で発生するトラブルの多くを占めているともいえ、静岡市としても優良認証を行ううえでは外せない基準かと思われます。確かに、これまで裁判になってきたようなケースでの判断能力の衰えた高齢者を誘導したり、身元保証をすることを条件として事業者への遺贈や贈与を迫るといった行為は非難されて然るべきです。ただ、実際に遺言や死後事務の現場、特におひとりさまのケースや親族間で仲が悪くなってしまっている人の相談を受けていると遺贈や死因贈与を決める利用者にも様々な事情があることが見えてきます。

　例えば、おひとりさまからの相談の場合でいくと、相続人がいない場合に遺言書を準備しておかないと故人の財産は国庫へ帰属することになってしまいます。高齢の利用者のなかには、これまでさんざん税金を納めてきて最後にはすべての財産まで没収するのかと憤る人もいますが、そこは遺言書を準備することで国庫への帰属ではなく、利用者本人が望む先へと遺贈をすることができます。

　しかし、高齢の利用者のなかには国へ渡すのは嫌だが、かといって特に渡したい相手や団体等もいないという人も多くいます。そうした場合に遺贈先として選ばれやすいのが、自分の最後の面倒を精一杯見てくれた介護事業所や病院だったりします。そうした希望があるのでしたら、筆者たちのような遺言を取り扱う士業としては、その意向に沿った遺言書を作成することになりますが、専門家としては介護事業所等が遺贈を断ってきた場合についても考えておかなければなりません。

介護事業所によっては、故人の意思を尊重して遺贈を受けることも
あれば、故人の気持ちはありがたいけれど、会社の方針として受け取
ることはできないと拒否することもあるでしょう。遺言書に遺贈先と
して指定した介護事業所に遺贈を放棄されてしまうと、遺贈の効果は
なくなってしまい、遺贈するとした財産は通常の相続手続に戻ること
になります。そのため、相続人のいないおひとりさまのケースでは介
護事業所に遺贈を放棄されてしまうと、故人の財産は国庫へと入って
しまうことになります。

　そうした遺贈先の放棄に備えるためには、「予備的遺言（補充遺言）」
として、「もし、介護事業所Ａが遺贈を放棄した場合は、その遺贈す
るとした財産を入院時にお世話になったＢ病院へと遺贈する」といっ
たように、遺贈先の第二候補を決めておくことで、国庫への帰属を防
ぐことになります。この第二候補に入るのは、基本的に遺贈を拒否し
ない法人や団体等を入れることになりますので、場合によっては、国
庫への帰属を防ぐという意味で、第二候補に高齢者等終身サポート事
業者が入っていることもあるでしょう。

　優良事業者認証を受けるとするなら、こうしたケースでも事業者は
遺贈先として指定されるわけにはいかなくなりますので、国庫への帰
属を防ぐためには遺贈放棄をしない遺贈先の選定や第三、第四候補ま
で決めておく等の対策も必要となってきます。また、一部の高齢者等
終身サポート事業者においては、利用者からの遺贈や死因贈与といっ
た事業者への寄付を自社の収益ではなく、低所得者へのサービス提供
の補填として使用しているケースもあります。

　最初期から活動している高齢者等終身サポート事業者においては、
行政側とのつながりが強いところもあり、場合によっては事業者の通
常価格を支払えないような低所得者と呼べる人の身元保証や死後事務
に関する相談が入ることも珍しくはありません。もちろん事業者側と
しても料金が支払えないのでしたら利用をお断りするという選択もあ
るのですが、「我々がこの人の利用を断ってしまったらこの人はどう

なってしまうのか？」というジレンマにも陥ることになります。

　多くの高齢者等終身サポート事業者は、身元保証や死後事務といった問題で困っている高齢者等の支援をするために活動しており、たとえ無償のボランティアになってしまったとしても困っている人がいるなら手助けしたいと考えている事業者も多くいます。しかし、公的な支援を受けているわけでもない一企業が通常のサービス料金の負担ができない人ばかりの支援をしてしまうと、今度は事業者自身の経営の悪化を招き、事業の継続自体を難しくしてしまうこととなります。

　そうした際に、過去の利用者からの善意で行われた遺贈や死因贈与といった寄付は大いに役立つこととなり、いまだ行政的な支援が届かない地域における高齢者の支援を民間の事業者が行うための重要な活動の原資となっているケースがあります。上記の例のように、高齢者等終身サポート事業者によっては遺贈等を受けることが利用者の意思の実現や社会的弱者の救済につながっていることもあるので、遺贈や死因贈与を受け付けている事業者を一概に悪質な事業者と決めつけるのは非常に危険な行為でもあります。

　同様に、静岡市の認証基準では、遺贈や死因贈与を受けないことが認証の基準となっているだけであり、静岡市の認証基準から外れた事業者はすべて危険な事業者と判断するのもまた危険な行為となります。認証を受けていない事業者のなかには、認証を受けることで生じるメリットとデメリットを考慮したうえで、広く高齢者等の支援を行ううえであえて認証を受けないことにした事業者があることも知っておく必要があるでしょう。

　静岡市の認証制度をはじめとして、今後行政側としても社協を中心として高齢者等終身サポート事業に類する活動を広げていくと予想されます。高齢者等終身サポート事業者としても、行政側の政策や活動が自社の業務と競合するなかでどのようにサービスを展開していくのかをよく検討していく必要があると考えます。

第2章
死後事務委任契約とは

1 死後事務委任契約を始めたきっかけ

　本章からは、高齢者等終身サポート事業のうちの「死後事務委任契約」について解説していきます。

　筆者が初めて死後事務委任契約を交わしたのは 2017 年（平成 29 年）で、約 8 年前となります。筆者は、行政書士になる前は遺品整理専門の企業に勤めており、一般的な遺品整理や生前整理、そして孤独死や自殺現場といった、いわゆる事故物件の後片付けを何年にもわたり行っていましたので、行政書士として開業した際も遺品整理専門の行政書士として活動を始めました。

　そして、遺品整理専門の行政書士として活動するなかで、生前整理の際の相談や両親の遺品整理を行った後の単身者の人から「自分の最後の遺品整理の予約はできないのか？」等の相談をしばしば受けました。少子高齢化がますます進む日本においては、「遺品整理を行う親族が将来的にはいなくなるのでは？」と危惧したのが死後事務委任契約を始めるきっかけでした。しかし、当時は「死後事務委任契約」はあまりメジャーな業務ではなく、任意後見契約に付随する業務のようなイメージがあり、死後事務委任契約を専門的に扱う士業というのもほとんどいませんでした。

　当時の死後事務委任契約は、NPO 団体等が行う身元保証業務のなかでサービスの利用者が亡くなった後に行われる葬儀の支援が死後事務委任契約に該当する行為と思われますが、当時は葬儀の支援として行われる行為が、「死後事務委任契約」という契約の一種とは認識されてはおらず、身元保証契約内の「葬送支援」という分類に含まれていたように感じます。周りに死後事務に精通した士業もいなければ死後事務に関する専門書もないといった、まさに手探り状況のなかでの業務開始ではありましたが、死後事務委任契約の業務を始めて最初に

64　　第 2 章　死後事務委任契約とは

契約した依頼者に救われることになります。

　筆者は、死後事務委任契約を始めてみたものの、実際にはまだ契約ゼロの状況でもありましたので、業務に関する自信もゼロの状況でした。死後事務委任契約の依頼が来ることを期待していると同時に、依頼が来たら来たで上手く手続きを進めていくことができるのかといった不安も抱えていました。

　そんな折、死後事務委任契約に関する最初の相談が事務所のホームページの問合せフォームから入ってきました。相談者は60代の女性で、ステージ4の癌を治療中でした。問合せフォームには、ひとり身で入院時や施設入所時の身元保証人を心配していること、兄弟へ財産を渡すための遺言書も作りたいこと。そして万が一のときは、自分の死後の手続きをすべて任せることのできる経験豊富な先生を探しているといったことが記載されていました。

　筆者にとっては初めての死後事務に関する相談ではありましたが、「経験豊富か？」と問われると当然経験はゼロの状況でしたので、そのことを黙って受任するわけにはいきませんでした。ですので、メールでの回答には「ご依頼いただければ精一杯努力させていただきますが、死後事務に関する業務は始めたばかりでもあり、経験豊富とは言えません。経験豊富な先生をご希望でしたら残念ながら当事務所ではお応えすることができません。」と返信しました。

　普通でしたら、ここで相談者からのメールは途切れて終わるところですが、相談者からは「それでしたら一緒に勉強していきましょう」という予想外のメールが届くこととなり、その後面談を経て受任することになりました。自分の病気で辛い時に、こちらに成長する機会を与えてくれた依頼者のことは今でも忘れることはありません。

　契約後もその人の身上監護や財産管理を通して学ぶことも多くありましたし、何より一番心配していた委任者の死亡後の手続きなど、死後事務委任契約を行っていくうえで一番大事な経験を積ませてもらったと感じています。依頼者の好意で未熟ながらも死後事務委任契約の

1　死後事務委任契約を始めたきっかけ　　65

一連の流れを通して行えたことで、契約時の聴取りで足りなかった部分や公正証書作成時の文言で追加しておいたほうがよい部分、入院期間中の身元引受人としてどの程度の活動が要求されるのか、そして死亡時に死亡届を施設の管理者に書いてもらう場合の注意点等々、いろいろと学ぶこととなり、経験豊富とはいえませんが多少の自信を付けることができ、次の業務へとつなげることができるようになりました。本書でも最初の依頼者から受けた好意のように、一緒に勉強していくつもりで実際の経験を通して学んだことを少しでも多く伝えていけたらと考えています。

2　死後事務委任契約とは何か

　近年は「死後事務委任契約」という用語も一般的になってきていて、週刊誌等でもよく目にするようになりましたが、実際のところ「死後事務委任契約とは何か？」と問われると難しいところがあります。あえて、簡単に言うなら、「死後」に発生する様々な「事務」手続を信頼できる第三者に「委任」する「契約」となります。

　ただし、死後事務委任契約については、遺言のように民法に細かな定めがあるものではなく、民法の委任に関する規定や過去の判例等を基に運用されている委任（準委任）契約の一種であり、「死後事務委任契約」として直接定めている実定法があるわけではありません。したがって、通常は当事者（委任者または受任者）の死亡によって終了する委任契約を、当事者（主に委任者）の死亡では終了させず、委任者の死亡後にも委任事務を受任者に行わせるために結ぶ委任契約が「死後事務委任契約」ともいえます。

　死後事務委任契約で定める委任事務の範囲は広く、基本的には委任者（依頼する人）と受任者（依頼の内容を遂行する人）の間で自由に契約内容を決めることが可能ですが、いくら自由に決められるからといって、犯罪的な内容や公共の福祉に反するような内容を委任事項として盛り込むことはできません。

　また、委任者の地位を相続している相続人は特別な準備をしておかなくても、「相続人」として、亡くなった委任者と同じ権限を持つことになり、委任者に関するあらゆる手続きが可能となりますが、死後事務受任者は相続人とは異なりオールマイティーな権限を有しているわけではありませんので、事前に手続きに必要となる権限を受任者へと付与しておく必要があります。そのため、委任者の死後事務を執行するにあたり、どのような手続きが必要で、またどのような権限を死

後事務委任契約書に盛り込んでおく必要があるのかを知っておく必要
があります。

　一般的な死後事務委任契約に盛り込まれる委任事務の内容としては、
次のようなものがあります。

●死後事務委任契約に記載される主な委任事務

委任者の親族や知人等の関係者に対する連絡	委任者が死亡した場合に、委任者が死亡したことを委任者の親族や友人、会社関係者等へ連絡したりします。委任者の希望によっては、委任者が死亡したことだけを伝えることもあれば、葬儀に参列してもらえるよう関係者と日程の調整等を行うこともあります。
病院や入所施設等からの委任者の遺体の引取り	委任者が死亡した際に入院している病院や入所している高齢者施設等から死亡の連絡を受けて、病院等へ赴き遺体の引取りや委任者（故人）の手荷物品等を引き取ります。 実際の遺体の引取りは葬儀社等を手配することになりますが、深夜に死亡した場合などでも病院から遺体の引取りを要請されることがあります。
委任者の葬儀や埋納骨に関する手続き	死後事務委任契約時に定めた方法で委任者の葬儀や焼骨の供養を行います。必要に応じて委任者の菩提寺などへの連絡調整、式への参加等も行います。
医療施設、入所施設等に対する未払いの医療費や施設利用等の支払い	入院や施設入所時に委任者が死亡した場合は必ず未払い利用料が発生していますので、その清算を委任者（故人）に代わって行います。
役所等の行政機関への諸届出	委任者の年齢等に応じて、健康保険や介護保険の資格喪失手続、年金受給権者の死亡届、葬祭費の申請等を行います。
委任者の住居の遺品整理や賃貸物件の明渡し手続	委任者の住居に残された家財道具等の遺品整理の手配や、賃貸物件の場合は貸主へ明渡し手続を行います。

光熱費や携帯電話、各種サブスク契約等の解約・清算手続	委任者が生前契約していた公共料金や電話回線の解約清算手続を行ったり、定期購入物やVOD（ビデオ・オン・デマンド）のようなサブスク契約の解約清算手続等を行います。

　上記の委任内容はあくまで一般的な内容ですので、必ずこれを委任事務としなければならないわけではなく、また、反対にこれ以外の委任項目を増やすことも問題ありません。死後事務委任契約を希望する多くの人が自分の死後の手続きを頼める親族等がいないことを心配していて、自分が死んだことで誰かに迷惑をかけないように準備しておきたいと考えています。ですので、死後事務委任契約には死亡後に必要な手続きを網羅的に記載しておく必要があり、その委任事務を執行する受任者にも必要とされる手続きについての広範な知識が要求されることになります。

　委任者の親族が手続きをする場合は、簡単な手続きであっても、死後事務受任者のような第三者が行う場合は極端に必要な書類が増えるといった手続きもありますので、依頼された死後事務のなかで何が業務遂行上のネックになりそうな業務なのかは事前に確認しておき、その対処方法についても学んでおく必要があります。

2　死後事務委任契約とは何か　69

3 死後事務委任契約の副次的効果

　死後事務委任契約の主な目的は、委任者の死亡後の手続きを親族等に代わって委任者の希望に沿った形で行うことですが、死後事務委任契約には副次的な効果も期待できます。

　第1章で解説したとおり、高齢者等終身サポート事業者ガイドラインが策定された背景には、過去に事業者が高齢者等の弱みに付け込んで強引に契約を結ばせてきたという背景があります。こうした背景には、入院や施設入所時に「身元保証人」や「身元引受人」を求める病院や施設がほとんどであり、入院や施設に入所するために仕方なく契約をしている高齢者が多数いました。

　しかし、第1章でも説明したとおり、身元保証人がいないことのみを理由として入院を拒絶することは明確な医師法違反であり、福祉施設においても身元保証人等がいないことがサービスの提供を拒否する正当な理由には該当しないとされています。ただ、実際問題として身寄りのない高齢者を引き受けた場合に、万が一の際はいったい誰が遺体を引き取り、未払いの治療費を支払ってくれるのかというのは、病院や施設にとっては大きな関心事であり、建前上は身元保証人等は不要としつつも、そうした場合に備えて身元保証人等はいてくれないと困るというのが本音といえます。

　平成29年の第二東京弁護士会において医療施設等に対して実施された身元保証人に関する実態調査のためのアンケート結果の報告において、身元保証人が必要だと考えられる理由として回答数の多い順番として、次のような結果が出ています。

① 　支払いの保証・担保
② 　遺体引取・居室明渡（死後事務）
③ 　医療同意

④　サービス提供方法の選択・決定・相談

⑤　急変時の入退院手続

　この結果から、病院や高齢者施設として一番心配しているのは、支払いの保証や遺体の引取りといった部分であり、まさに死後事務委任契約の委任事務の範囲でもあるといえます。病院や高齢者施設側としては、結果的に遺体の引取りや未払いの治療費の清算をしてくれるのでしたら、身元引受人に拘る必要はなく、本人と死後事務受任者間において、適切な死後事務委任契約が結ばれていることがわかれば身寄りのない高齢者であっても安心して迎え入れることができるようになるわけです。

　近年はこうした副次的効果を期待して、緊急で一旦は受入れをした身寄りのない患者に対して病院の相談室などから死後事務に関する相談に乗ってほしいという依頼も増えてきています。

3　死後事務委任契約の副次的効果　　71

4 死後事務委任契約の受任者になるのは誰か？

　死後事務委任契約の内容を実際に執行してくれる人のことを「死後事務受任者」と呼びますが、死後事務受任者になるには特別な資格や届出等は必要とされておらず、極端な話、誰でも死後事務受任者になることができます。ただ、誰でもなれるからといって信用できない人に依頼することはありませんので、大前提として自分の死後の手続きを任せられる「信頼できる人」に依頼することになります。

　また、死後事務委任契約の特性上、契約内容が執行される際に委任者である本人は既に死亡しており、契約内容が正しく履行されているかどうかを委任者が自分で確認したり、自分の希望と違った形で進められてしまった場合に是正の要求をしたりすることはできません。ですので、自分が亡くなった後、誰にも監督されていない状況であっても、正しく自分の希望を実現してくれる人を死後事務受任者に指定する必要があります。

　そうした場合に死後事務受任者の候補として挙がるのが、高い倫理観のもとで死後事務とも関連の深い相続業務に精通している士業（弁護士・司法書士・行政書士等）や、長年付き合いのある友人や知人、近年では、お寺の住職等が身寄りのない檀家のために死後事務の受任者になるといったケースも増えてきています。もちろん、こうした人々とは別に身元保証を行っている団体等の高齢者等終身サポート事業者も身元保証事業の一環として死後事務受任者として活動していますし、社会福祉協議会等が直接、高齢者等からの依頼を受けて死後事務受任者となることも増えてきており、資格要件がないこともあり死後事務受任者の担い手としては様々な選択肢があるともいえます。

72　第2章　死後事務委任契約とは

(1) 友人や趣味の仲間に死後事務受任者を依頼する場合の注意点

　では、誰に頼むべきなのかと考えた際に、信頼できる人となれば自分のことをよく知っている友人等が真っ先に候補に挙がる人もいるかと思います。もちろん、長年の友人や趣味の集まりの仲間等に自身の死後事務受任者になってもらうことは可能です。しかし、注意が必要なのは友人や趣味の仲間等は自分と同じ位の年齢の人も多く、死後事務の依頼を受けてくれたとしても場合によっては受任者になってくれた友人が先に亡くなってしまうといったケースもないとはいえません。

　死後事務委任契約は、委任者が死亡した場合でも委任契約は終了しませんが、受任者が先に亡くなってしまうとそもそも手続きを行う人がいなくなってしまうため、契約は当然終了となり、せっかく万が一に備えて契約を結んでいたのに受任者の死亡により契約は無意味なものとなってしまいます。

　また、仮にサークル等の仲間内で比較的若い人が受任者になってくれるとした場合であっても、死後事務委任契約の執行は相続やその他の行政手続と非常に密接した業務でもあり、専門的な知識も必要とされます。さらに、そうした専門的な知識を必要とする業務であることから、受任者は契約上の責任も負うことになりますので、果たしてそうした重い責任を仲間内の人へ負わせてもよいものかという心配もあります。

　当人同士の考えとしては、万が一の際の葬儀や遺品整理といった部分についてだけ家族の代わりにしてくれればよいと簡単に考えているかもしれませんが、死後事務の実務についてしっかりと勉強しておかないと、最初の「死亡届」ですら提出できずに、火葬ができるようになるまでの長期間遺体を保存しておかなければならなくなってしまうかもしれません。そうなってしまうと、遺体保管方法によってはドライアイス代として1日で1～2万円の追加費用が発生してしまい、長

期間の遺体の保管費用として思わぬ高額な出費を強いられることもあります。

　こうした事態は、死亡届を出せる人が誰であるかを事前に確認しておけば防げることであり、事前の準備と知識で対処できることでもあります。結局のところ、死後事務受任者には誰でもなれるとはいっても、友人等では当初想定していなかったようなトラブルを招いてしまうこともありますので、やはり誰でもよいというわけにはいかず、死後事務に精通した専門家や団体に頼む必要があると考えます。それでも友人間で死後事務委任契約を結びたいと思う場合は、専門家に相談のうえで死後事務委任契約書を作成し、契約内容に「復代理人」（※）の規定を設けておき、もし、受任者である友人が手続きで困った場合は、専門家のバックアップを受けられる形にしておくとよいでしょう。

※　委任契約は委任者と受任者の信頼関係で成り立っていますので、受任者は委任者の許可なく委任された内容を他人に行わせることができません。復代理の規定を死後事務委任契約に盛り込んでおくことで、受任者は自分では手に負えない手続を士業等の専門家に依頼して処理してもらうことが可能となります。

(2)　士業なら誰に頼んでもよいわけではない

　死後事務委任契約は委任者の死亡後の手続きを第三者へ依頼することから、死後事務受任者に相続業務を専門に扱っている士業を指定するのは理に適っているともいえます。ただ、士業のなかには相続業務は専門だが死後事務は素人という人もいます。実際に当協会が受けた相談のなかには、「遺言書の作成を依頼して遺言執行者にもなってもらっている先生に死後事務も頼んだら断られた」というケースが相当数あります。

　一般の人には、遺言執行と死後事務執行は同じ相続手続の一環で相続手続を扱っている士業なら誰でもできるものと思われているかもしれませんが、実は遺言執行と死後事務執行は実務上ではかなり業務内容が異なっています。遺言執行は、遺言書に記載された遺言の内容を

実現していく手続きであり、主に預貯金や証券、不動産といった遺言者の財産を遺言書に記載した相続人や受遺者へ引き継いでいく業務となります。これに対して、死後事務の執行は、葬儀や埋納骨、遺品整理に行政機関への届出、未払い債務の清算といった、一般的には故人の「財産」とは認識されていない部分を処理する業務となります。ですので、相続を専門に扱っている士業であっても、銀行や証券会社等への相続手続は日常業務として効率的に行えても、葬儀社や遺品整理事業者、各種寺院の手配等については全く知識や伝手がないということも珍しくはありません。

　そもそも、委任者の遺体の引取りや葬儀社の手配、遺品整理事業者との調整、埋納骨の際の寺院へのお勤め依頼等は士業の通常業務ではありません。もちろん、死後事務委任契約のなかにも未払い債務の清算やお墓への埋蔵届、各種契約の解約手続といった士業の業務の範囲に含まれるものもあります。しかし、死後事務の手続きには、相続を専門に扱う士業であっても一般的に行わないような業務が多分に含まれているため、業務に不慣れというケースも珍しくはありません。ですので、死後事務委任契約の作成や死後事務受任者への就任を士業へ依頼したいという場合は、相続手続はもちろん、死後事務手続に関しても精通している人を探すようにしてください。

(3)　身元保証団体等への依頼

　恐らく、現状死後事務委任契約者数及び実際の執行数として一番多いのが身元保証団体を受任者とした死後事務委任契約かと思われます。士業等が「死後事務委任契約」として受任するはるか以前より、身元保証団体等の高齢者等終身サポート事業者では、身元保証をした高齢者等が死亡した際に葬儀の支援といった形で、葬儀や遺品整理といった死後事務を実施してきた経緯があります。ですので、死後事務委任契約の実務について一番経験豊富な事業者は身元保証団体といえるかもしれません。

基本的に身元保証団体が行う死後事務委任契約は、身元保証契約が前提としてあり、身元保証契約をした依頼者に万が一の場合があった際に備えて死後の手続きも支援するという形になっています。その依頼者の多くが、施設入所を考えている身寄りのない高齢者であり、契約から死亡までの期間が10年から20年といった長期契約よりも、2年から5年程度の短期契約になることのほうが多く、規模の大きな身元保証団体で取り扱う死後事務の契約件数や執行件数はかなりのものとなります。

ただ、高齢者等終身サポート事業者ガイドラインが策定されたように、身元保証団体を始めとした高齢者等終身サポート事業者を巡るトラブルが多発しているのも事実であり、自身の死後の手続きを身元保証団体へと託せるかどうかは、身元保証団体の運営者や経営基盤、ガイドラインに即した運営を行っているのかなど、今一度よく精査したうえで契約を決める必要があります。

(4) 受任者の選定は委任者自身がどのようなサービスを必要としているかを中心に検討する

事業者として、死後事務委任契約を提案する場合に大事なのは、目の前の相談者にとってどういった形での死後事務委任が適切なのかを考えることです。

死後事務委任契約を検討している人の多くは、身寄りがなかったり、親族等には頼れないといった人です。ただ、死後事務委任契約を検討しているからといって、必ずしも高齢者であるとは限りませんし、天涯孤独の人とも限りません。上述のように、高齢者でこれから施設に入るにあたり身元保証人や死後の手続きを行ってくれる事業者を探しているというケースなら身元保証団体が死後事務受任者の候補に挙がります。

しかし、死後事務委任契約を検討している人のなかには、若くして

76　第2章　死後事務委任契約とは

大病を患っている人や海外赴任にあたり万が一に備えておきたいと考えている単身者、まだまだ健康で元気に暮らしてはいるけれど65歳になったのを機に終活を始めたという人など様々な事情で死後事務委任契約を検討しています。そうした人にとっては、必ずしも身元保証団体との契約は必要なく、むしろ死後事務委任契約と併せて遺言や任意後見契約などにも対応してくれる士業が候補に挙がることになります。また、菩提寺や住職が死後事務委任を受けてくれるというケースなら、檀信徒としては、菩提寺であるお寺や長年親交のある住職が死後事務の受任者となってくれれば、よく知らない身元保証団体や士業に依頼するよりもよっぽど安心できることになります。

　つまり、死後事務委任契約を提案する場合には、相談者の置かれている状況をよく聴き取り、その人の困り事を解決するにはどのような契約や事前準備が必要で、それに対応するにはどういった専門家や事業者に依頼するのが最適なのかを考える必要があるということです。誰を死後事務受任者に指定するかは、委任者の年齢や健康状態、死後の希望、財産状況等によって様々となり、この事業者に頼んでおけば絶対に大丈夫という解はありません。ですので、事業者側としても、そうした様々な需要に応えられる準備や自社の専門性を磨いておくなど、死後事務受任者に指定してもらえるだけのセールスポイントを備えておく必要があります。

4　死後事務委任契約の受任者になるのは誰か？　　77

5 成年後見人がいても死後の手続き が安心ではない理由

　死後事務委任に関する相談者のなかには、「後見人がいれば死後の手続きも後見人がしてくれるから安心なんですよね？」と考えている人がいますが、これは必ずしも正しいとはいえません。

　死後事務の相談に来る人の言う「後見人」とは成年後見人のことであり、成年後見人とは、認知症や知的障害、精神障害などにより判断能力が低下した人の財産管理や身上監護を行う人のことを指します。成年後見人は、家庭裁判所が選任する「法定後見人」と本人に判断能力が十分にある段階で任意後見受任者と契約を結ぶ「任意後見人」の2種類があり、法定後見は、本人の判断能力の程度に応じて、さらに「後見」「保佐」「補助」に分類されます。

　成年後見人の主な役割は次のとおりです。

① 財産管理（不動産や預貯金などの管理、遺産分割協議などの相続手続など）

② 身上監護（介護・福祉サービスの利用契約や施設入所・入院時の契約締結、履行状況の確認など）

③ 医療費の支払、必要な福祉サービスや医療が受けられるための利用契約の締結など

　成年後見人の役割は、本人が認知症等で自身の財産管理や適切な医療契約や医療費の支払いができなくなった場合に成年後見人が本人に代わって財産管理を行い、身上監護に必要な福祉サービスの利用契約などを行ったりすることです。ただし、成年後見人の役割は、本人（成年被後見人）が生きている間の財産管理や身上監護を目的としていることから、本人が死亡した場合には成年後見人の職務は終了とな

ります。このことは、成年後見人には死後事務に関する権限が与えられているわけではないことを意味し、成年後見人というだけで本人死亡時の葬儀や埋納骨、遺品整理といった死後事務を当然に行うことができるわけではないということです。

　成年後見人がいるからといって、本人が身寄りのない高齢者とは限りません。本人を取り巻く家庭環境が複雑だったり、財産状況が複雑で親族が管理するのが困難なような場合には、士業等の専門職が後見人に就任することは珍しくありません。そうした場合なら、本人死亡後の葬儀等の手続きついては親族が行えば済むことですので、本人死亡時には成年後見人の職務は終了し、成年後見人として管理していた財産を相続人等へ引継ぎを行うことで、成年後見人としての役割も終わることとなります。

　ただ、成年後見制度を利用している人のなかには当然身寄りのない高齢者等もいます。では、こうした身寄りのない高齢者が亡くなった場合に成年後見人がどうするのかというと、成年被後見人が死亡した場合について民法では次のような定めを置いています。

民法 第873条の2（成年被後見人の死亡後の成年後見人の権限）
　成年後見人は、成年被後見人が死亡した場合において、必要があるときは、成年被後見人の相続人の意思に反することが明らかなときを除き、相続人が相続財産を管理することができるに至るまで、次に掲げる行為をすることができる。ただし、第三号に掲げる行為をするには、家庭裁判所の許可を得なければならない。
一　相続財産に属する特定の財産の保存に必要な行為
二　相続財産に属する債務（弁済期が到来しているものに限る。）の弁済
三　その死体の火葬又は埋葬に関する契約の締結その他相続財産の保存に必要な行為
　（前二号に掲げる行為を除く。）

　　　　　5　成年後見人がいても死後の手続きが安心ではない理由　　79

民法873条の2第3号に規定されているように、成年後見人が身寄りのない高齢者の火葬等を行う場合は、家庭裁判所の許可が必要とされ、許可があれば成年被後見人の死亡によって本来職務が終了しているはずの成年後見人であっても火葬等を行うことができるとされています。このように成年後見人に認められている死後事務の範囲は限定されたものであり、成年後見人がいれば死後事務については心配する必要はないとの考えは間違っているともいえます。また、同条は、法定後見のうちの「後見」類型に該当する場合にのみ適用される条文であり、「保佐」「補助」「任意後見」類型の場合に同条文の規定に基づいて火葬を行うことはできません。

　民法873条の2の規定は、2016年の「成年後見の事務の円滑化を図るための民法及び家事事件手続法の一部を改正する法律」により施行されたものです。同条が施行される前の身寄りのない高齢者の問題については、同654条（委任の終了後の処分・応急処分義務）や同697条1項（事務管理）といった規定をもとに対処してきた経緯があります。応急処分義務や事務管理の規定に基づく対処方法は、同873条の2の規定が施行された後でも否定されているわけではありませんので、「後見」類型以外の成年後見人は応急処分義務や事務管理といった規定を根拠に身寄りのない高齢者の問題に対処していくこととなります。ただ、応急処分義務や事務管理の規定に基づく死後事務手続はその範囲が明確ではなく、成年後見人の立場も不安定なものとなりますので、成年被後見人の生前に死後事務委任契約を準備しておくなどして委任事務の範囲や権限を明確にしておくのがよいと考えます。

　これは「後見類型」の場合も同様であり、民法873条の2が規定する死後事務の範囲は限定的なものであり、必ずしも本人の希望に沿った通りの死後事務を執行できるとは限りません。成年被後見人たる本人が自身の死後事務について明確な希望を持っているような場合でしたら、成年後見人が本人を代理して第三者との間で死後事務委任契約を締結することも検討していく必要があります。

身寄りのない高齢者の遺品整理を
国や自治体が行うことはない

　死後事務に関するいろいろな相談を受けていると、相談者には「最後はお国（自治体）がなんとかしてくれるだろう」と楽観的に考えている人がいますが、死後事務に関しては国や自治体は頼りになりません。特に遺品整理のような賃貸物件に残されている故人の残置物の撤去等については、身寄りのない高齢者だからといって国や自治体が親族に代わって遺品整理をしてくれるということはなく、これは生前に生活保護を受給していたような人が亡くなった場合でも同じです。

　生活保護受給者の場合は、生前は生活費の支給や各種減免措置などが図られていますので、受給者が死亡した場合も、受給者が生活していた賃貸物件に残された生活用品等の遺品整理は役場で対応してくれたり、遺品整理費用の補助が出たりするのではないかと思われがちですが、こうした対応はありません。生活保護を受けている人の支援は、あくまでその人が生きている間だけのものであり、受給者が亡くなった後は、通常どおり故人の相続人や連帯保証人等が対応していく問題となります。そのため、生活保護を受給していた人も含めて、身寄りのない人の遺品整理を国や自治体が行ってくれるということはなく、大家等の貸主に迷惑を掛けたくないと考えているのでしたら、遺品整理や賃貸契約の解除に関する権限を死後事務受任者に与えるなどして準備しておく必要があります。

また、賃貸物件のオーナーも単身高齢者が増えるなかで、高齢者だからといって入居をすべて断っていたら入居率の悪化へとつながり、賃貸経営に悪影響を及ぼしてしまうかもしれません。国土交通省及び法務省においては、単身の高齢者が死亡した際に賃貸借契約及び残置物を円滑に処理できるように、賃借人と受任者との間で締結する賃貸借契約の解除及び残置物の処理を内容とした死後事務委任契約等に係る「残置物の処理等に関するモデル契約条項」を策定しています。

　賃貸物件のオーナーとして、身寄りのない高齢者の入居について不安を感じるのであれば、こうしたモデル契約条項を基にした残置物の処理に関する契約を入居契約と併せて行うことで、身寄りのない高齢者が死亡した場合の対応をしやすくすることができますので、賃貸オーナーや管理会社としても「残置物の処理等に関するモデル契約条項」についてもよく知っておく必要があるでしょう。

6 今後増えてくる夫婦二人、兄弟姉妹での死後事務委任契約の利用

　死後事務委任契約と聞くと、身寄りのない高齢者が自分に万が一のことがあった場合に備えて作成するものと考えられていますが、死後事務委任契約を検討すべき人は身寄りのない高齢者ばかりとは限りません。近年は少子化が進んでいますが、その背景には非婚化と晩婚化があり、そもそも結婚しないという選択をする人や結婚しても子供はあえて作らないという選択をする夫婦も珍しくはありません。そうした人が増えることが結果的に少子化の要因となっているともいえますが、未婚の人や子供のいない夫婦にとっては、身寄りのない高齢者と同じ問題を抱えてしまう可能性があることを知っておく必要があります。

　死後事務委任契約の契約者のなかには、夫婦や兄弟といった2人で一緒に死後事務委任契約の作成を希望する人がいます。これは、子供のいない夫婦や未婚の兄弟が一緒に暮らしているケースで契約することが多いのですが、どちらも根本に抱えている心配事は一緒となります。例えば、「今現在は、二人で生活しているので、どちらかが病気や事故などで死んだとしても、残った配偶者（兄弟）が手続きをしてくれるので心配はしていない。しかし、残された一人に万が一のことがあった場合は子供もいないし、頼れる親族もいないので心配だ」というものです。

　子供のいない夫婦や兄弟の二人暮らしというのは、潜在的なおひとりさまであり、同時に身寄りのない高齢者になってしまう可能性のある人ともいえます。もちろん、他に親交のある親族等がいれば、そうした二人暮らしの人であっても心配はないのですが、年々、兄弟や子供のいない夫婦からの相談は増えているように感じます。

「夫婦や兄弟のどちらかが亡くなり、本当におひとりさまになってから契約すればよいのでは？」と思うかもしれません。しかし、死後事務委任契約を検討する人の多くがそれなりの年齢に達している人が多く、今は健康で元気に暮らしていたとしても、いつ病気や認知症等を発症してしまうかわからない人でもあります。ですので、おひとりさまになるまで待っていたことで、自身も認知症になってしまい、契約が必要になった時点では死後事務委任契約を結ぶことができず、結果的に手遅れとなってしまうという事態が実際に起きています。

　基本的に死後事務委任契約は、残った相続人の意思に関係なく委任事項を遂行していくことができる契約ですので、例えば夫婦二人と同時に死後事務委任契約を結んだ第三者である受任者がいた場合、もう一人の生存配偶者がいたとしても、受任者が葬儀等の執行を行うことができることになってしまいます。しかし、夫婦の一方が亡くなった段階であれば、残された配偶者が葬儀等を行うのが通常であり、そこに契約しているからといって第三者である受任者が問答無用で喪主等になってしまうのはトラブルとなってしまいますし、亡くなった委任者もそのような対応は望んではいないでしょう。

　死後事務委任契約は、最初にも述べたように、委任者と受任者との間で自由に委任事項を決めることができる契約でもあり、そこには委任事項を執行する際の条件を定めることも可能です。上の例でいうなら、夫婦の一方が存命の場合は死後事務委任契約を無効とする等の契約条項を入れておくことで、死後事務受任者が生存配偶者の意思を無視して手続きを進めることを防ぐといったこともできます。また、さらに条件を追加して、生存配偶者が存命であっても、認知症等で委任事項を遂行できる状況でない場合には、受任者にて執行できるといった予備的な契約条項を追加することで、生存配偶者がいる場合でも実際には生存配偶者で手続きを行えないような場合に、受任者にて手続きを行えるような柔軟な対応ができる契約にしておくことも可能です。

　非婚化、晩婚化による少子化が進む現代においては、夫婦や兄弟と

いったおふたりさまも将来のおひとりさま予備軍として、死後事務委任契約を検討すべき対象であることは知っておく必要があり、死後事務委任契約はそうした方々に対しても契約内容を調整することで柔軟に対応できる契約として活用できるものでもあります。

先に死んだ者勝ち

　ある兄弟から死後事務に関して話を聞きたいとの連絡をもらい相談に伺った際の話です。相談内容は、死後事務委任や相続全般についてであり、実際に何か具体的な問題が発生しているわけでも緊急に契約を結ぶ必要があるといったわけでもありません。あくまで将来に備えていろいろと情報を集めているといった段階での相談です。状況としては、兄弟での二人暮らしでどちらも未婚で子供もおらず、親戚はいるけれど法定相続人に該当するような人はいないといった状況です。2人とも70歳代で今はそれほど大きな病気などはないけれど今後も健康でいられるかわからず、最近よく聞く終活についても考えねばと思い始めた矢先に知り合いから当協会のことを聞いての連絡でした。

　現在は兄弟での二人暮らしで、仮に片方に万が一のことがあっても、もうひとりで葬儀や埋葬、その他の手続きについては行うことができるかと思います。もちろん、二人とも元気に過ごされてかなりの高齢になった後にどちらかが亡くなったとなれば、体調や体力的な問題で自分では手続きができないかもしれませんが、その年齢でしたら地域の見守りや介護保険の利用などで何らかの公的サービスを受けている可能性も高いでしょうから、誰かしらの手を借りることもできると思われます。

　問題は、片方を見送った後に、「自分の番になったら誰がどうするのか？」という部分です。やはり、おひとりさまに

なった段階で何も準備をしていないと、高齢になってからでは契約行為自体も難しくなるので早めに準備だけはしておいたほうがよいことは二人とも理解していました。その際に兄がポロっと「こりゃ、先に死んだ者勝ちだな。俺の葬儀は任せたぞ。ハッハハハ」と言った一言が今でも頭に残っています。

　今回のように子供や死後事務をしてくれる親戚がいないような、兄弟や夫婦ふたりで暮らしている人にとって、どちらかを看取った後に残された一人は、二人分の負担を背負い込むことになります。もちろん、片方が亡くなった際の葬儀や埋葬、行政機関への届出等は自身でできなければ専門家等に手を借りて終えることはできるでしょう。しかし、死後すぐに行うべき手続きが終われば本当に一人分の手続きが終わったといえるのでしょうか？

　自宅には二人分の家具や家財はもちろん、場合によっては両親と暮らしてきた時からの思い出の品も残っているのではないでしょうか。これらの家財や思い出の品をどのように整理していくのか考えなければなりません。

　お墓はどうでしょうか。もし先祖代々のお墓があり今回亡くなった人をそのお墓に埋葬しているのでしたら、残された人が亡くなった場合にそのお墓はどうするのでしょうか。事前に墓じまいをして永代供養や合祀墓等へ改葬するのか？改葬するとしてお寺との話し合いはスムーズに行くのか？実際の改葬手続は誰に頼めばよいのか？

　二人で暮らしていた時には深く考えていなかったことも一人になったら、いろいろと頭を悩ませる問題が出てくることになります。万が一のときは「自分の後始末の準備だけすればよいだろう」と考えている人は多くいますが、そう簡単に

コラム　先に死んだ者勝ち　　**87**

はいかないケースも多々あります。特に今回の相談者のように二人暮らしの人の場合は、最後に残された人が先に逝った家族の分も含めてすべての事後処理の準備をする必要が出てきますので非常に大変な作業となります。手続面は筆者たちのような専門家でもお手伝いはできますが、「お墓をどうするのか？」や「残った財産をどうするのか？」といった意思決定の部分については本人に決めてもらうしかありません。

　こうした苦労を考えると先の相談者のようにいろいろな面倒事で頭を悩ませるくらいなら「先に死んだ者勝ち」という表現のとおり、後の事は残された家族に任せて先に逝ってしまったほうが気も楽だというのはあながち間違っていないのかもと考えさせられました。大家族で生活していた頃はこのような心配をする必要はなく、健康で長生きできることが幸せではありましたが、「小さな世帯」が増える現在では、「先に死んだ者勝ち」という価値観も普通になってきてしまうのかもしれません。

7 同性婚や事実婚などの法律婚以外の人にも利用価値のある死後事務委任

　近年、日本において多様性が叫ばれるなか、家族の形として「同性婚」や「事実婚」といった婚姻の形についても否定的な意見は減ってきています。日本では、同性婚は認められてはいませんが、2015年の東京都渋谷区を皮切りに各自治体において同性カップルのパートナーシップ制度を導入しているところが増えてきています。

　パートナーシップ制度を利用することにより、同性カップルは社会的な配慮や自治体におけるサービスを受けやすくなるほか、病院での付き添いや生命保険の受取人への指定など、これまで家族にしか認められていなかった対応を求めやすくなるといったメリットがあります。しかし、各自治体において導入されているとはいえ、パートナーシップ制度での証明はあくまでパートナーシップ制度を導入している自治体内で効力を持つといった限定的な効果であり、法律婚のような法的安定性を有しているわけではありません。

　そのため、パートナーシップ制度を導入していない自治体での同性カップルや法律婚でしか認められていない相続といった場面では依然として、同性婚は法律婚と同等の法的保護を受けているとはいえない状況です。また、事実婚の場合も同様に法律婚では認められることが当然には認められないことも多く、例えば、相続人になれないことをはじめ、入院同意書や手術同意書、集中治療室への入室等を断られるなどパートナーに万が一のことが起きたときにそばにいることができないといったことが起きています。

　死後事務の場面でいえば、死亡届についてはパートナーシップ制度を利用したり、親族以外の同居者として死亡届を出すことは可能です。

ただ、死亡届を出せるからといって、そのまま葬儀や埋納骨をしてしまっても問題ないのかといえばそうではありません。法律婚の夫婦であれば、亡くなった配偶者の葬儀を生存配偶者が喪主として施行して、埋納骨を行うのは普通ですが、同性カップルや事実婚といったケースでは、他に親族がいるとなった場合は、必ずしもパートナーの最後に立ち会えるとは限りません。

　実際に過去の裁判例では、40年以上連れ添った同性パートナーの火葬への立会いを親族に拒否され、二人で築き上げた財産を相続できなかったのは不当だとして、大阪府内の男性が親族に慰謝料700万円の支払いと財産引渡しを求めた裁判がありましたが、一審（地裁）、二審（高裁）とも原告の男性の訴えを退ける結果となっています。

　こうした事例からも、パートナーシップ制度や事実婚といった現代日本においては法律婚に類似する新しい家族の形と認められる婚姻形態であったとしても、実際には法律婚には及ばない部分があり、いざというときに大切なパートナーの最後を他人に任せなければならないということが起きています。当然、このような結果は同性カップルや事実婚のパートナーとしては受け入れがたいことでしょう。

　しかし、現状、日本において同性婚は認められておらず、事実婚においても遺族年金や財産分与といった場面で法律婚と同様に扱われることがあっても、すべてが法律婚と同じといえる状況ではありません。そのため、同性カップルや事実婚においてパートナーに財産を相続させたいと考えるなら遺言書を残しておく必要がありますし、自分の死後の手続きをパートナーに任せたいと考えるのでしたら、死後事務委任契約書を作成しておくことでパートナーを守ることにつながります。

　先にも述べたとおり、死後事務委任契約は、自身の死後に発生する様々な手続きを信頼できる人に予め委任しておく契約ですから、同性カップルや事実婚のパートナーは受任者として最もふさわしい相手といえるでしょう。また、死後事務委任契約書は、本人の生前の意思に基づいて作成されているものであり、死後の手続きの希望（誰が喪主

になって、どのような葬儀を行い、誰と一緒の墓に入るなど）については、当然本人の意思が優先されることとなり、たとえ故人の家族が反対の意思を示したとしても、受任者としては契約に基づいて本人の希望を実現することも可能となります。

　先に紹介した40年以上連れ添ったパートナーの相続や死後事務に関する裁判の例であっても、公正証書で死後事務委任契約書を作成しておけば、生前の本人の意思を強く証明することができることとなりますので、たとえ故人の家族の反対にあったとしてもパートナーは死後事務受任者として、葬儀や埋納骨等を行うことができ、裁判例のような悔しい思いをしなくても済んだかもしれません。

　多様性を尊重する社会においては、法律婚以外の家族の形も尊重されて然るべきですが、実務においては法律の整備が追い付いておらず、法律婚以外のカップルには大きな溝が立ちふさがっているのも事実です。同性婚や事実婚を希望される人は、死後事務委任契約を法律婚との溝を埋める手段の一つとして活用する方法も検討してみてください。

8 依頼者が求めているサービスの見極め

　死後事務委任について相談に来る人の多くは漠然とした死後の不安について心配している人がほとんどで、実際のところ相談者が望んでいるサービスが何なのかについては、事業者側にて丁寧に聴取りをしていく必要があります。

　相談者の多くが身寄りのない人や親族はいるが頼れない、頼りたくないといった事情を抱えている人であり、心配事の根本にあるのは「ひとり」であるということです。「ひとり」であるがゆえに身元保証人の心配をしたり、体を悪くした場合の日常生活の心配をしたり、万が一の際の死後の手続きを心配する必要が出てくるわけです。ですので、相談者の多くがこうした「ひとり」問題について漠然とした不安を抱えている状況で相談に来るため、相談者が求めているサービスが「身元保証」なのか「日常支援」なのか「死後事務」なのか、もしくは遺言や任意後見といった異なる内容なのかは、本人の置かれている状況や心配していることをしっかりと洗い出していく必要があります。

　例えば、80歳の人からの相談であるなら、その人が施設に入るための身元保証を必要としているのか、死後事務を心配されているのか、もしくは、年齢的にも万が一のことを考えて遺言や任意後見等も検討されているのか、はたまた、こうしたサービスのすべてを希望しているのかなどのように高齢者の抱える不安は人それぞれとなります。反対に、比較的若い60代位の人からの相談であれば、何か大病を患ってしまい緊急で遺言や死後事務を検討しないといけない状況もあれば、単に万が一に備えて保険的な意味で遺言や死後事務を検討しているといったケースもあるでしょう。

　さらに若い年代、例えば20代や30代の人からの相談となった場合

92　　第2章　死後事務委任契約とは

はさらに注意が必要となります。基本的に死後事務委任契約というのは、20代や30代といった若い人が考えるような契約ではありません。確かにコロナ禍においては、ワクチン接種前に万が一に備えて契約したいという人も何名かいましたし、仕事の関係で海外出張に備えて念のために準備しておきたいといったように保険的な意味合いで契約を希望される人もいます。

　しかし、若い人の相談者には、生活苦やDV被害等で苦しんだ結果、自死を選択した後の後始末を依頼したいといった内容で相談してくるケースがあります。もちろん、電話相談等では「自殺するから後の片付けをお願いしたい」とは言いません。電話相談を受けているなかで、年齢や家族構成、心配していることは何かなど、死後事務委任契約を受任する際に当然確認していく内容を聴いているだけでも違和感を覚えるケースもありますし、電話口で泣きながら不安を吐露される人もいます。そうした場合は、当然死後事務委任の契約の話ではなく、「いのちの電話」等のしかるべき機関へとつなげるなどの対応も必要となってきますので、若い人の相談にはそうした危機的状況に陥っている可能性についても考慮してもらえればと思います。

第３章
死後事務委任契約
締結までに知って
おきたいこと

1 死後事務委任契約の相談者や 依頼者の経路

(1) 依頼者層の変化

　死後事務委任契約を検討している人が高齢者等終身サポート事業者のことを知る方法は、依頼者の年齢や健康状態等によって変わってきます。これまでは、身元保証を中心とした入院や施設入所を目的とした契約が主でしたが、近年は終活ブームをきっかけとして「死後事務委任」という言葉とその意味がマスメディアを通して周知されてきた結果、50代から60代位の高齢者とは呼ばれないような人からの相談も増えてきています。

　施設入所を目的とした判断能力が衰えている高齢者との契約の場合は、高齢者が自ら契約内容を判断することが難しく、周りにいる支援者の言葉を信じて身元保証事業者との契約を行っていることも多くあります。

　しかし、比較的若い世代の人の場合は、体力や頭もまだまだ元気で、各事業者のホームページやブログを読み込み、複数の事業者のパンフレットを取り寄せ、気になる事業者があれば事業者主催の勉強会やセミナーに参加したり無料相談会で実際に話を聞いてみるなど積極的に情報収集をしている人が多くいることが特徴的です。これまでは入院や入所する高齢者との接点が多い医療機関や介護施設、地域包括支援センター等への営業が積極的に行われてきていましたが、比較的若い年齢層へも訴求していくのなら自社の事業内容をホームページやSNS等の媒体をも活用して広くアピールしていく必要も出てくるでしょう。

⑵　医療機関や介護施設等からの紹介の際について

　医療機関や介護施設から相談者の紹介をもらうことも多いですが、一部注意が必要な場面もあります。医療機関や介護施設等は基本的に身元保証人がいないことを理由に治療や入所を断ることはできません。そのため、身元保証人等がいない人の場合であって一旦は治療等で入院するケースも多いのですが、病院側としては本人に万が一のことがあった場合について当然心配することになります。もちろん、本人に家族や親族等についての確認もしているのでしょうが、本人と家族の仲が悪いような場合は、家族や親族に本人の身元保証等の協力を断られることも珍しくありません。そうなると、病院側としても万が一の際の遺体の引取りや未払い治療費の清算について外部の事業者へと協力を求めることとなり、本人に代わって相談の電話を掛けてくることがあります。

　本人が入院している病院のガン相談支援センターの相談員等から電話を貰うケースが多く、治療中の患者に代わって、病状やそれまでに確認できた家族構成や本人の希望などを基にどういった対応ができるのか等の相談があります。その場合は、本人の意思能力や利用料の負担の可否などを確認したうえで、契約を希望される場合は実際に本人との面談を行い、詳細を詰めていくことになります。

　病院によっては、自宅介護に向けたケアカンファレンスを行う際に呼んでもらい、介護事業所等も含めて、どの事業者が何に対応をするのかを本人の面前で説明する場を設けてくれることもありますので、本人にも遺言や死後事務といった手続きの必要性を理解してもらうことができます。しかし、本人の意向ではなく、病院側の意向、つまり本人に万が一のことがあった場合の病院側の負担を減らしたいという意向が強く働いているようなケースでは、本人が契約について何も考えていないような状況でも面談をセッティングされることがあります。

1　死後事務委任契約の相談者や依頼者の経路　　97

もちろん、医療従事者に遺言や死後事務といった専門的な内容を専門家のように説明してもらう必要はなく、本人の心構えとして「詳しい内容は事業者の説明を聞いてから決める」という状況になっていれば問題ありません。

　ただ、過去に実際にあったケースでは、本人は何も事情を理解しておらず、訪問した事業者が何のために訪ねてきたのかも理解していないということがありました。当然、本人からしたら頼んでもいないのに自分が死んだ後のことについて何か契約をしようとしてきている怪しい会社というふうに見えていることになりますので、まずは、その不信感を取り除くことから始めなければならないため、契約にかかる労力が余計に増えることになります。

　医療機関等からの連絡を受けて病室で面談を行うようなケースでは、依頼者である患者から時間を掛けて聴取りを行うといったことができないこともあります。一般の依頼者でしたら契約に必要ではないことも依頼者の人となりを知るために雑談を交えて聴き出していくところですが、依頼者が治療中の患者のようなケースでは、時間を掛けて聴取りをしていると本人の体力が持たないこともあり、必要なことを可能な限り短時間で確認して患者への負担を減らす必要も出てきます。

　病院や介護施設からの紹介案件においては、依頼者となる本人に残された時間が少ない状況での相談も多く、そうした場合は、公正証書を作成するにあたり公証人へ緊急の依頼を出したり、場合によっては公正証書を作成している余裕がない場合は一般契約書で対応する等、本人の病状に合わせた対応が求められることになります。

(3) 高齢の親族に代わり死後事務受任者を探す親戚の存在

　近年増えている相談のケースの一つとして、親族が一人暮らしをしている家族の死後事務について相談に来るケースです。先に説明した同居している兄弟がお互いに死後事務委任契約を結んで万が一に備え

るというものではなく、未婚で子供もおらず、一人暮らしをしている親族が何の準備もせずに亡くなった場合について心配した親族からの相談というケースです。

相談に来る親族としては、一人暮らしをしている人と仲が悪いわけでもなく、どちらかというと良好な関係の場合が多く、今現在は自分たちでも本人の支援はできているけれども将来的に自分たちも歳を取り、動けなくなった後に自分たちの子供にその負担がいってしまうのではないかと心配して、事前に一人暮らしをしている本人に死後事務委任契約等を外部の事業者と結んでおいてもらいたいといった希望です。相談者には、一人暮らしをしている親族に遺言や死後事務のことについて話すのは気が引けるので、代わりに自分たちが契約しておくことはできないか、といった相談をされる人もいますが、死後事務委任契約は本人が死亡した後に生前の本人との契約に基づいて委任事項を進めていくものであるため、本人以外の方との契約を行うことはできません。

もし、一人暮らしをしている親族が死亡した後の手続きについて心配されているのでしたら、本人との死後事務委任契約ではなく、本人が死亡した後に親族から死亡後の手続きを一括して専門家等へ依頼するという方法があります。死後事務委任契約は、委任者本人が死後の手続きを予め信頼できる第三者へ委任しておく手続きであり、それにより、本人の死後に実現したい内容を親族に代わって受任者が実現する契約でもあります。ただ、本人に死後事務委任契約を結んでまで叶えたい希望がないのでしたら、後は本人が亡くなった後に親族の負担が軽くなればよいのであり、死後事務委任契約の主な内容である「遺体の引取り」「葬儀」「埋納骨」「行政機関への届出」「遺品整理」「債務清算」といった内容は、相続人や親族から委任状等をもらえば第三者であっても問題なく手続きは進められますので、本人との死後事務委任契約にこだわる必要はありません。要は生前に本人と死後事務委任契約を結んで、本人からの委任によって手続きを進めるのか、本人

死亡後に親族からの委任によって進めるのかの違いだけでしかないのです。

　死後事務委任を検討する人はそうしたことを行ってくれる親族がいないので死後事務委任契約を結ぶのであって、良好な関係を持つ親族がいるのでしたら、親族が生前に本人の希望を聞いておき、その内容を本人の死亡後に専門家へと伝えて実現するという方法も取れるわけです。一人暮らしをしている親族のことを心配する人であれば、本人死亡後の手続き全部を自分たちで行うことはできないにしても専門家へ依頼する程度のことは大きな負担とは感じないでしょう。後は、実際に本人が死亡した際に備えて、どのような形式の葬儀で喪主は誰でお骨はどうするのか、死後の手続きに必要な費用をどのように確保しておくのか等を事前に本人と親族とで確認しておくことで、万が一の際にも親族からの委任に基づく死後の手続きにスムーズに着手することが可能となります。

○親族から死後の手続きの依頼を受けた場合の実例紹介

　親族から死後の手続きを一括で依頼された場合の流れについての実例を紹介します。

　長年疎遠だった親族から「病院の先生から余命宣告されたので後のことをお願いしたい」といった連絡を突然受けた人からの依頼でした。依頼者には長年疎遠だった本人がこれまでどういった生活をしていたのかが全くわからず、葬儀等の最低限のことはしてやろうと思うが、実際のところ本人がどういった財産を持っているのかもわからないため、借金があるなら相続放棄も検討しなければいけないと思い、相談に乗ってほしいというのが契約のきっかけです。併せて、依頼者は現役世代であり仕事も忙しいとのことから、本人死亡の際の葬儀社の手配やその後の手続一切についての依頼も受けました。

　電話相談があってから2週間ほどで本人死亡の連絡が入りましたので、事前の打合せどおり、葬儀社に依頼して遺体の引取りをお願いし

100　　第3章　死後事務委任契約締結までに知っておきたいこと

ました。依頼者には事前に死亡届に必要な情報を伝えてありますので、遺体の引取り時に葬儀社へ死亡届の提出代行をお願いして、葬儀の日程調整に入ってもらいました。

　火葬予定時刻にこちらも斎場へと向かい、遺体を火葬している約90分間の待ち時間を利用して今後の打合せを行っていきます。事前に葬儀以外でどのような手続きを希望されるか等を確認しておき、それに合わせた委任状等を用意し、依頼者にもすぐに用意できる範囲での戸籍や印鑑証明書等を準備しておいてもらえば、火葬後すぐに手続きに着手することも可能となります。

　戸籍に死亡の記載が載るには時間がかかりますが、健康保険の資格喪失届や葬祭費の支給申請といった行政機関への届出には必要としないため、死亡届後すぐに取れる本人の死亡記載のある住民票の除票や死亡診断書を持って、まずは役場での手続きを先行して進めます。その後、死亡記載のある戸籍が取れるようになってから法定相続情報一覧図の作成や金融機関等への相続手続へと入っていく流れとなります。

　今回の依頼では、葬儀や行政機関への届出、相続手続の他に下記のような依頼も受任しました。

・故人の住居である遺品整理（電気・ガスの解約手続を含む）
・公共料金等の解約（NHK・NTT等）
・お墓の承継手続及び納骨届
・県民共済の届出代行（診療明細の代行取得を含む）

　上記のほかに、一般的な死後事務委任契約の場合は、携帯電話の解約手続等も入ってくることになりますが、回線契約の解約手続は第三者が行うよりも遺族から行うほうがスムーズに解約できるケースも多いため、携帯電話の解約については遺族から連絡してもらうことにしました。

　このように親族から死後の手続きを依頼される場合も本人と死後事務委任契約を結んだうえで手続きを進める場合も、基本的には執行内

容は同一となり、今回のケースのように遺族の協力が得られるほうが
スムーズに進む手続きがいくつかあります。これから死後事務委任を
業務に取り入れることを検討している人で、いきなり死後事務委任を
受けることに心配がある人でしたら、遺族からの依頼で死後事務を
行っていく方法を経験することで死後事務の予習とすることができま
すのでお勧めです。

(4) お寺の住職が一人暮らしをしている檀家のために死後事務を受任するケース

　近年はお寺の住職や宗教法人が死後事務受任者として活動するケー
スも増えてきています。以前より、お寺の住職等からは一人暮らしを
している檀家さんの死後事務について相談されることはありました。
しかし、死後事務委任に関する認知度が広まるにつれて住職自身や宗
教法人としてのお寺が死後事務受任者になって身寄りのない檀家のサ
ポートをする事例が増えてきています。これは考えてみれば当たり前
のことであり、先に書いたとおり、死後事務委任契約は信頼できる第
三者へと自分の死後の手続きを頼む契約です。

　身寄りのない高齢者にとって一番信頼できる人は誰かと尋ねれば、
菩提寺の住職と答える人は一定数いると思われます。特に死後事務に
関しては将来的には葬儀、納骨という形で菩提寺にお世話になるつも
りでいるのでしたら、住職等、お寺側にすべて任せてしまえるのなら
身寄りのない檀信徒としてはこれほど安心できる相手はいないでしょ
う。

　これまではお寺の住職等は葬儀や埋納骨等いった宗教的部分につい
ては相談に乗ることができても、その他の死後事務については門外漢
でもあり、身寄りのない檀家から相談されても二の足を踏んでいたか
もしれません。しかし、死後事務委任契約に関する認知度の広まりと
ともに、死後事務に関する業務の専門家も増えてきたことで、お寺と
専門家がタッグを組んで身寄りのない檀家等の支援に乗り出す動きが

出てきています。身寄りのない高齢者としても、長年付き合いのある住職に葬儀等を任せることができれば、葬儀や埋納骨までの心配はなくなり、その他の相続手続についてもお寺と提携している士業がいるとなれば、安心して自分の死後の手続きをすべて任せてしまえます。また、宗教法人として受任しているケースなら、たとえ契約時の住職が亡くなったとしても、法人として存続している限りは死後事務委任契約は終了しませんので、お寺の後継者が死後事務委任を引き継いでくれることになり、より安心して任せられることとなります。

　信頼関係という点においては、弁護士のような職業上信頼度の高い士業等であっても、長年付き合いのある菩提寺と檀家の関係には遠く及ばず、お寺の住職や宗教法人といった立場は身寄りのない高齢者にとっては死後の手続きまですべて任せてしまえる心の拠り所となれる立場でもあります。今後は、お寺の住職が受任者になるケースや宗教法人とタッグを組んだ専門家による死後事務受任といったケースがますます増えてくることでしょう。

⑸　契約者が一番心配しているのは事業者の信頼性

　死後事務委任契約を含む高齢者等終身サポート事業に関して契約を検討している人が最も心配しているのは、事業者の評判や信頼性という調査結果が出ています。身元保証契約や死後事務委任契約は長期の契約になりやすいうえ、契約時には契約金や預託金といった名目で多額の前払い金が発生するケースが多く、契約者としても事業者の評判や信頼性について心配することは当然です。契約者としては、こうした事業者の信頼性について自治体や地域包括支援センター等に問合せするケースもありますが、問合せを受ける自治体等においても、事業者の信頼性を担保する法整備が整っていないこともあり、対応に苦慮しているのが実情です。

　こうした事情を踏まえて、「高齢者等終身サポート事業者ガイドラ

イン」が策定され、事業者として守るべき指針が示され、契約を検討する側においてもガイドラインのチェックリスト等を活用して自ら事業者の健全性を確認するよう求められています。ガイドラインにおいては今後、優良な事業者を認定する仕組みの創設を検討課題として挙げており、将来的には先に紹介した静岡市による「終活支援優良事業者認証事業」のような形で事業者の信頼性を担保する制度が始まる可能性があります。

　しかしながら、現状は各事業者にガイドライン等を活用した自主的な運営による健全性の確保が求められている状況でもありますので、事業者としても、自社のホームページやセミナー、相談会等を通して実際の利用者の信頼を勝ち得ていく必要があります。過去の経験上、契約者の多くが事業者の活動や信頼性を確認する手段として事業者のホームページを利用しており、ホームページを用意していない事業者はそもそも検討すらされないこともあります。ですので、ホームページがあることはもちろん、その内容も非常に重要となってきます。特にブログ等による、死後事務の執行状況の様子や契約時に発生した問題についてどのように解決してきたかの事例紹介等は、同じ問題を抱えている多数の人にとっては非常に参考になっているようで、事業者との契約を検討するきっかけとなっています。

　当協会においては、死後事務委任契約に関する問合せをもらうなかで、「ホームページが非常にわかりやすかった」「Ｑ＆Ａが私の疑問にすべて答えてくれていた」「ブログで読んだ状況が私と全く一緒だった」等、実際にホームページの内容をきっかけに契約を決められた人が何人もいます。

　事業者のなかにはホームページを作成してはいるけれど更新がほとんどされず放置されたままというところもあるかもしれませんが、それは自社のサービスを知ってもらううえで非常に大きな損失ともいえます。24時間自動で営業活動をしてくれる自社のホームページを上手に活用してください。

「高齢者等終身サポート事業者ガイドライン」には、事業者の体制に関する留意事項として、事業者がサービス提供に先立って、事業者に関する情報や提供しているサービス情報などについて、事業者のホームページ等で公表しておくことが重要と考えており、ホームページ上にどのような事項を公表すべきかについては、ガイドラインにも記載されていますので、今一度、自社のホームページに必要な事項が記載されているかの点検をお勧めします。

2 死後事務委任契約の契約方法

(1) 死後事務委任契約には決まった方式があるのか？

　死後事務委任契約は、委任者が生前に信頼できる第三者に対して代理権を付与して自分の死後の葬儀や埋納骨等に関する死後事務について委託する委任（準委任）契約の一種です。遺言のように法律で定められた一定の方式に従って作成しなければ無効となってしまうような要式性もなければ、任意後見契約を結ぶ際は必ず公正証書で契約しなければいけないといった制限もありません。極端な話、死後事務委任契約は委任（準委任）契約であり、委任契約は口頭でも成立する契約ですので、当事者間での意思の合致があれば死後事務委任契約書といった契約書面がなくても有効に契約は成立します。ただ、事業者が業として行う以上は口頭での契約というのは親族、その他の関係者に対して自身が死後事務受任者として活動する際の正当性を証明できなくなる恐れもありますので、よほどの緊急案件の場合でもなければ書面による契約書の作成を行うべきです。

　口頭での死後事務委任契約の成立について考えるべきシーンをあえて挙げるとするなら、入院中の人より通帳やキャッシュカード、口座の暗証番号等を伝えられて、自身が死亡した後の葬儀や治療費の清算等の死後事務について頼まれたようなケースが考えられます。病床での依頼の場合は、死後事務委任契約書を作成している時間がないケースや親族が頼まれるようなケースではわざわざ契約書を作成するようなことをしないのが普通のため、親族が受任者となる死後事務委任契約というのは当人たちが気づいていないだけで日常的に行われているともいえます。

106　　第3章　死後事務委任契約締結までに知っておきたいこと

そのようなケースでは、受任者が死後事務のために使用した委任者の金銭等が死後事務委任契約に基づいて支払われた金銭なのか、相続財産から支払われた金銭なのかが問題となることがあります。通常、故人の現金や預貯金等の財産は相続財産となり、遺言がない場合は、相続人間にて遺産分割協議等を経て分配されていくこととなります。そのため、故人の預貯金を使用して葬儀や遺品整理等を行った場合、他の相続人より、「葬儀や遺品整理に使用した金銭は本来相続財産であるのだから勝手に使用した分を返還しろ」といった主張がされる可能性があります。このような場合に、口頭での死後事務委任契約の成立が認められるのなら、後を託された家族としては、死後事務受任者として適正に業務を遂行していると主張し、返還請求等に対抗できることになります。

(2) 私署証書、公正証書で作るメリット、デメリット

死後事務委任契約の相談を受けていると、「死後事務委任契約書は公正証書で作成したほうがよいのでしょうか？」といった質問をよく受けることになります。先程説明したとおり、死後事務委任契約書は要式性を問われない契約ですので、必ずしも公正証書で作成しなければならないというものではなく、依頼者の状況によっては事業者が予め用意している私署証書（以下「一般契約書」という）での契約で対応したほうがよいケースもありますので、場面によって使い分けが重要となってきます。

例えば、死後事務の依頼者（委任者）が身寄りのない高齢者というわけではなく、離婚した奥さんとの間に何十年も会っていない子供がいる場合や、両親の相続の際に険悪な関係となってしまった兄弟がいるようなケースでは、死後事務の執行にあたっては疎遠だった親族とのトラブルも予想しておかなければいけません。

死後事務委任契約の執行の場面は、同時に相続開始の場面でもあり

2 死後事務委任契約の契約方法　　107

ますので、委任者が財産を持っているような人の場合だと、親族が委任者の死亡を聞きつけてあれやこれやと口を出してくるケースがあります。故人の事情を知っている受任者としては、「長年病床にある家族を放置しておいて、何をいまさら」と思うこともありますが、第三者からしてみれば故人の家族が死後の手続きを行うのが当然と考えるのが普通でもあります。そうした状況下でも委任者たる故人の意思を実現するために、相続人である家族の意思に反してでも、委任者たる故人の強い希望を内外に示す必要があり、その強い意思を証明することができるのが公正証書で作成した死後事務委任契約書となるわけです。

　公正証書を作成する際は、公証人が本人の意思を確認したうえで死後事務委任契約書を作成するため、本人の意思について高い証明力を持っています。しかし、公証人に作成を依頼する関係上、時間と費用も掛かることになりますので、緊急の案件や何度も契約書を作り直す可能性がある場合には使いづらいものとなります。

　一方、一般契約書の場合は、公証人といった第三者が関与しませんので、委任者と受任者の2人だけで契約は可能であり、病床での作成のような緊急の案件でも契約書の体裁を整えることが可能となります。ただ、死後事務委任契約のように判断能力の衰えた高齢者を対象とすることの多い契約では、一般契約書の場合、公証人のような第三者が関与していないことから証明力が弱く、事業者の違法性を相続人等から指摘されてしまう危険性もあります。特に、事業者の事務所で高齢の委任者と担当者の2人だけで契約を締結したような場合では、「委任者が認知症で意思能力を失っていた」や「事業者が身元保証を盾に契約を迫った」「本人は契約するつもりがなかったのに無理やり契約させられた」といった内容で過去にトラブルも起きていたりしますので、一般契約書での作成の場合は本人を支援しているケアマネ等の第三者の立会いを求めるなどの対策も必要となります。

(3) 一般契約書、公正証書の両方を作成するケース

　契約を結ぶにあたって、一般契約書での死後事務委任契約書、公正証書での死後事務委任契約書、どちらかでなければいけないというわけではなく、場合によって両方作成したほうがよいケースもあります。

　例えば、病院から連絡をもらうようなケースでは、「相談者は余命数か月と考えられるが、今は小康状態で話も普通にできるので、今のうちに相談に乗ってもらいたい」といったケースがあります。こうした病状の重い患者の場合はいつ何が起きてもおかしくはないといった切迫した状況でもありつつ、治療を継続している限りは今すぐ命の危険があるというわけでもないといった形で、緊急案件として処理すべきなのか、しっかりと公正証書の作成まで行うべきなのか迷うケースというのが必ず出てきます。特に患者の親族とトラブルになる可能性があるようなケースでは、緊急案件だけれど事業者の身を守るうえでも公正証書にしておきたいといった状況もあります。

　こうした状況の場合は、迅速に作成できる一般契約書と証明力の高い公正証書の二つのメリットを活用できるように、一般契約書での死後事務委任契約書と公正証書での死後事務委任契約書の二つの作成を検討します。

　まず、考えるべきは委任者の希望を実現することであり、迅速にその希望を叶える準備をするには一般契約書での死後事務委任契約書が適しています。ひとまず、一般契約書で死後事務委任契約書を作成しておけば、予期せぬタイミングで委任者が死亡したとしても、既に作成済みとなっている一般契約書に基づいて受任者にて死後事務を執行することは可能となります。しかし、事業者の安全も考えるなら公正証書での死後事務委任契約も結んでおきたいところですので、一般契約書作成の後または一般契約書の作成に平行して公正証書の作成の準備もしておきます。公正証書の作成には、公証人との文案の打合せや実際の作成日程の調整で時間を要することもありますので、万が一こ

の期間に委任者が死亡してしまった場合は一般契約書で対応することとして、問題なく公正証書の作成まで終えることができたのなら、その段階で契約書を切り替えれば事業者としてもより安全な準備が可能となります。要は、一般契約書にて予期せぬタイミングでの死亡に保険をかけつつ、本命である公正証書の作成までの繋ぎとすることで、委任者の希望と事業者の安全の両立を図ろうという考えです。

　もちろん、公正証書の作成までに間に合わず作成済みの一般契約書で対応せざるを得ないというケースも出てきます。場合によっては、一般契約書で作成せずに初めから契約を断っておけばよかったと思うケースにも出くわすかもしれませんが、それと同様に保険的に作成しておいた一般契約書で依頼者の希望を叶えることができたというケースも出てきます。

　死後事務委任契約書の作成にあたっては、一般契約書、公正証書のどちらで作成するべきか悩む場面もあるかと思いますが、依頼者の状況に応じて二つの契約書を上手に使い分ける能力を磨いていってください。

×××××××　Column　×××××××

公正証書でなければ第三者からの
葬儀の依頼を受け付けない葬儀社

　死後事務の執行の場面においては、公正証書にしておいて
助かったという場面が何度もあります。

　ある死後事務委任の執行の際に、死後事務委任契約書中に
葬儀社を指定する文言が契約書に記載されていました。死後
事務委任契約書で葬儀社を指定するケースは珍しくはありま
せん。

　今回のケースでは過去に母親の葬儀の際に非常によくして
くれた葬儀社でしたので、自分の葬儀もそこにお願いしたい
という委任者の希望が契約書に記載されていました。基本的
に死後事務受任者は、契約書の内容と異なった執行はできま
せんので、当然受任者としては契約書に指定された葬儀社へ
と葬儀の依頼をすることになります。ただ、実際に葬儀社へ
と訪問して葬儀の依頼をしたところ、「故人の親族以外の方
からの葬儀の依頼は、公正証書で死後事務委任契約書を作っ
ていない限りはお受けできません」と言われたのです。

　今回のケースは公正証書で作成していましたので、問題な
く葬儀の依頼が可能だったのですが、公正証書でなければ依
頼を受けない理由が疑問だったため、担当者にその理由を聞
いてみました。その際に教えてもらった理由が、過去に身元
保証会社より受けた葬儀の依頼において、後から故人の親族
と大きなトラブルとなってしまい、会社が多大な損害を被っ
たというものでした。

死後事務委任契約を結ぶ人は身寄りがなく、身寄りがいて
も親族とは疎遠で誰も関心を持っていないと思われがちです
が、実際の契約者のなかには、遠方に離れて暮らす親族に迷
惑を掛けたくないがために、親族とは良好な関係ではあるが
あえて死後事務委任契約を結んでいるといったケースもあり
ます。

　そうした親族間の仲が良好なケースでは、葬儀を第三者で
ある事業者が行うことに強い反発をされる親族もいますので、
契約締結時には本人から親族の方々に一言伝えておいてもら
う必要があります。そうした事前確認を怠ってしまうと、葬
儀が終わった後に親族から「なんで赤の他人が人の家族の葬
儀を勝手に行っているんだ！」といったクレームが入ること
になってしまいます。

　今回のケースでは、葬儀社としては、身元保証会社から依
頼があったので葬儀をしただけといえますので、苦情は葬儀
の依頼を出した身元保証会社へ言ってもらいたいというのが
本音かと思います。しかし、「お前のところは赤の他人であ
ろうと金さえ払えば誰からの依頼でも受けるのか！」と言わ
れてしまうと、痛いところでもあり、今後の会社の評判にも
影響してくるため強く反論できなかったのかもしれません。

　もし、今回のケースが仮に公正証書で作成されていたとす
れば、「故人が身元保証会社に葬儀の依頼をしていることは
公正証書によって証明されているので、葬儀をお受けしまし
た」といえますので、少なくとも葬儀社が責任を問われる事
態とはならなかったでしょう。こうした過去に起きたトラブ
ルが原因で、今回の葬儀社では親族以外からの依頼の場合は
公正証書での死後事務委任契約を必須としていた様子です。

　死後事務執行において公正証書にしておかなければ執行で

112　　第3章　死後事務委任契約締結までに知っておきたいこと

きないというケースは基本的にはありませんが、外部サービスを利用する際に公正証書でなければ依頼を受けないというのは、各サービス事業者の自由でもありますので、心配な場合は契約時に必要書類を確認したり、万が一断られた場合に備えた予備的な文言を契約書に盛り込む等して対策をしておく必要があります。

3 遺言書執行者と死後事務受任者の関係

　死後事務委任契約を結ぶ際は、基本的には遺言や任意後見契約といった複数の契約を同時に結ぶことが多くなると思われます。もちろん、死後事務委任契約単独での契約も可能なのですが、死後事務委任契約を希望される人の多くが、自身の死後の手続きを頼める親族がいない、またはいても頼みたくないといった人となります。

　死後事務委任契約を希望される人の多くが抱えている問題の根幹は「一人」であることで、一人であることから、自分の死後の手続きに悩むことになりますし、一人であることから遺言などで財産を渡す準備をしておく必要が出てきたりします。場合によっては、生前の身元保証契約や認知症等に備えて任意後見契約等も死後事務委任契約と一緒に契約するケースもあり、死後事務委任契約を希望される人が抱えている問題を解決するには死後事務委任契約単独では足りず、遺言やその他の契約で準備することが必要となってきます。

　よくある相談事例としては、過去の相続トラブル等で兄弟と仲が悪くなってしまった依頼者より、相続人となる兄弟には財産を渡さない代わりに自分の死後の手続きでも面倒をかけないように準備しておきたいといった形での相談が多く、遺言と死後事務委任契約を同時に作成するケース等は非常に多いといえます。

　そうした場合に注意が必要となるのが、遺言執行者と死後事務受任者の関係です。遺言執行者も死後事務受任者も共に委任者死亡後に委任者の意思を実現するために選ばれる人となります。遺言執行者は主に委任者の相続財産の管理や処分を職務とし、死後事務受任者は遺言執行の対象外となる死後の手続き全般を行うことを職務としています。つまり、遺言執行者が担当しない部分を死後事務受任者が補完するこ

114　第3章　死後事務委任契約締結までに知っておきたいこと

とで、委任者の死後に必要となる財産及びその他の手続きを漏れなく行うことができるようになり、遺言執行者と死後事務受任者の関係は車の両輪のような関係ともいえます。ただ、遺言書や死後事務委任契約書に記載されるそれぞれの執行者に与えられる権限によっては、遺言執行者と死後事務受任者の権限が重複することとなり、執行時にどちらが業務を担当するのかでトラブルの原因となることもあります。

　死後事務委任契約を検討している人の場合は、相続人等がいないことも多いため、残された財産を公益団体や福祉団体等へ寄付することを希望される人も多くいます。そうした場合、遺贈先によっては扱いの難しい不動産や動産といった現物は受け取らず、すぐに使用できる現金での遺贈のみ受け付けるといった団体も少なくありません。そうした団体へ遺贈を希望されるケースでは、遺言執行者に遺言者の財産をすべて現金に換金させたうえで、遺言者の債務（未払いの治療費や賃料、公共料金等）をすべて清算した後に残った金銭を遺贈先へと寄付するという「清算型遺言」と呼ばれる形式の遺言書を作成するケースが多く、こうした場合に遺言執行者と死後事務受任者の権限が重複することがあります。

　例えば、一般的な清算型遺言の場合に遺言執行者に与えられる権限は、遺言者の所有する財産すべてを金銭へと換価する権限となります。これは、遺言者が所有する不動産や預貯金、有価証券はもちろんのこと、遺言者が生活していた住居内に存在する家具や日用品といった動産の処分（遺品整理）にもその権限は及びます。

　これ自体は遺言執行者に与えられた権限において遺言執行者が適正に業務を行っているだけであり、単体では何ら問題はないのですが、仮に遺言執行者とは別に死後事務受任者がいて、死後事務委任契約の委任事項として「遺品整理」が入っていた場合はどうでしょうか。死後事務受任者の立場としては、委任者より頼まれていた仕事を横取りされてしまった形になってしまいます。特に業務内容に応じて報酬額を決めるような死後事務委任契約の場合ですと、遺品整理を遺言執行

者が行ってしまったがために、死後事務受任者がその分の報酬を受け取れない可能性もあり、場合によっては遺言執行者とのトラブルに発展してしまうかもしれません。

　また、これとは反対に死後事務受任者が先に死後事務委任契約に基づいて遺品整理を行った場合は、遺言執行者より換金できたかもしれない遺言者の財産を勝手に処分したとしてトラブルになる可能性もあります。先程も述べたとおり、清算型遺言の場合は遺言執行者としては遺言者の財産を換金したうえで遺贈先へと引き渡す必要があります。しかし、死後事務受任者が先に遺品整理をしてしまうと、室内にあった換金可能な動産が遺品整理の際に処分されてしまうこともありますし、そもそも換金可能な財産があったかどうかを確認する機会が失われてしまうため、遺言執行者としては業務を妨害されたと感じてもおかしくはないのです。

　このようなトラブルを防ぐ方法は簡単で、遺言執行者と死後事務受任者を同一の人にお願いすればこうしたトラブルは起きなくなります。先程、遺言執行者と死後事務受任者は車の両輪のような関係と表現しましたが、車を運転するドライバーが二人いるから混乱するのであって、一人で運転をしていればこうしたトラブルは起きないことになります。

　死後事務委任契約の相談者の多くは、遺言書と死後事務委任契約は全く別物の契約と認識されている人がほとんどです。ですので、死後事務委任契約の相談者のなかには既に遺言書は作成済みで、追加で死後事務委任契約のみを頼みたいといって相談に来る人も多くいます。その遺言書を当協会で作成している人なら問題ないのですが、ほとんどが遺言書は別の士業事務所で作成しており、遺言書を作成した事務所で死後事務も頼んだところ、死後事務委任は専門ではないので断られたといった理由で相談に来ます。

　このようなケースでは、先ほどの遺言執行者と死後事務受任者の権限の重複問題が発生する可能性があるため、既に遺言書を作成されて

いる人の死後事務委任契約を受ける場合は、既に作成されている遺言書の内容もしっかりと確認したうえで受任するかどうかを決める必要があり、場合によっては、遺言書の作り直しも検討してもらいます。

(1) 遺言執行者に死後事務受任者の執行を監督してもらうという方法

　遺言執行者と死後事務受任者は、同一人に依頼したほうが権限の重複等は起きないのは確かなのですが、あえて遺言執行者と死後事務受任者を分けておくという考えもあります。基本的に死後事務受任者は信頼できる第三者に頼むことになりますが、身元保証等と一緒に死後事務委任契約を結ぶ場合では、NPO法人や社団法人といった団体へと依頼することも多く、契約までに確固たる信頼関係が醸成されるとは限りません。

　そうした場合に、実際に自身の死後の手続きが希望どおりに行われているかが心配となるのは依頼する側としては当然です。通常の契約行為でしたら、契約したとおりの内容が実施されていなければ料金の支払いを拒否するといった形で自分の目で契約の履行を確認することができますが、死後事務委任契約の場合は、執行時には依頼した本人は死亡しているため、自分の目で確かめるということはできません。そのため、自分の死後に適切に依頼した内容が執行されているかを遺言執行者に確認してもらうという方法があります。

　死後事務委任契約は委任（準委任）契約であるため、委任事務が終了した後は報告義務が発生します（民法645条）。報告相手は相続人が一般的ではありますが、報告相手を遺言執行者として指定しておき、「委任事務の処理のために講じた内容」「支出した費用の金額、内訳」「報酬の収受状況」等を報告内容としておくことで、遺言執行者に死後事務委任契約が正しく行われたかどうかや、無駄な出費や過剰な報酬を請求されていないかといった点をチェックしてもらうということもできます。特に士業等の専門家を遺言執行者に指定している場合は、

こうした形での監督が有効に働きますので、死後事務委任契約が正しく執行されているかどうかを監督してもらう意味であえて遺言執行者と死後事務受任者を分けるという考えもあり得ます。

(2) 復代理規定の利用について

　上記のように、遺言執行者に死後事務受任者を監督させるといった趣旨でもない限りは、死後事務受任者としては遺言執行者としての権限も有しているほうが各種手続はスムーズに進めることができます。

　死後事務委任契約の相談に来る人は基本的には一般の人であり、相続や法律に詳しいわけではないため、何が遺言執行者の役割で何が死後事務受任者にて行うべき範囲なのかを詳しく把握しているわけではなく、「自分が死んだ後のことをすべて任せたい」といった形での依頼になるのが普通です。ですので、遺言執行に係る内容も死後事務委任に係る内容も一度にまとめて信頼できる人へお願いしたいというケースが多く、受任者側としてもまとめて依頼を受けたほうが業務を執行するうえで他の執行者等と業務の調整をする必要もなくなりますので、自身のペースで業務を進めていくことが可能となります。

　ただ、遺言執行や死後事務委任をまとめて受けたとしても受任者自身で対応できない業務が混ざっていることも珍しくはありません。特に遺言執行に関する業務は専門的知識も要求されますので、第三者の遺言執行を一般の人が問題なく処理することはかなり難度の高いものとなります。そうした場合であっても、復代理人の規定をうまく活用することで、依頼者の信頼を損なわずに遺言執行者及び死後事務受任者となることができます。

　先程菩提寺の住職が一人暮らしの檀家の死後事務委任を受けるケースが増えていると述べましたが、こうした事例では、菩提寺の住職が行政書士等の士業とタッグを組んでいるケースがよくあります。例えば、一人暮らしの檀家の人より、遺言執行と死後事務について菩提寺の住職が相談を受けて、住職が遺言執行者兼死後事務受任者になった

とします。お寺の住職ですので、葬儀や納骨、永代供養といった内容は住職自身で手配できますが、それ以外の行政手続や預貯金の解約払戻しといった依頼内容については住職自身では難しい手続きが増えてきます。本来、死後事務の執行は委任者が受任者を信頼して任せている業務になりますので、受任者以外の第三者にその業務を行わせることはできませんが、死後事務委任契約書に「復代理」の規定を入れておくことでこれが可能となります。

　復代理とは、代理人が自分の権限内の行為を行わせるために、さらに代理人を選任して本人を代理させることです。代理人によって選任された代理人を「復代理人」といいます。上の例でいうなら、本来委任者死亡後の行政機関への届出等については、受任者である菩提寺の住職が行うべき内容ではありますが、菩提寺の住職ではその業務を適切に行うことができないと考えるなら、別の専門家へ外注（復代理）して処理してもらうことが可能になるということです。これは遺言執行の場合も同様で、遺言者が遺言で復代理人の選任を認めていない場合を除き、原則（※）として遺言執行者は復代理人を選任することができることになっています。ですので、菩提寺の住職が遺言執行者として専門的な知識を有していなくても、実際の執行手続を復代理人として選任した士業に処理してもらうことで、住職は遺言執行者としての職務を果たすことが可能となります。

※　2019年7月1日の法改正前に作成された遺言書の場合は「やむえない自由」があるか遺言書内に「復任権」を定めている必要があります。

　死後事務委任契約を希望する多くの人にとって、実際の職務を行う人が受任者と別人であることはそれほど大きな問題ではなく、むしろ復代理人を使用してでも、信頼する受任者にまとめてお願いできるほうがよほど安心できるというケースが少なからずありますので、専門外だからと断らずに復代理の規定も含めて複数の契約を一括して受任することも検討してみてはどうでしょうか。

公共料金の解除に関して、
死後事務受任者だと断られたケース

　当協会の話ではありませんが、身元保証業務を行っているNPO団体が死後事務受任者として活動するなかで公共料金の契約解除を断られたという話を紹介したいと思います。

　死後事務委任契約の委任事項には、委任者の住居の整理（遺品整理）とそれに付随する公共料金（電気・ガス・水道・固定電話・NHK・NTT等）の清算と解約手続が含まれることがよくあります。死後事務委任契約の場合は、相続人等の協力が得られないことを前提に各種解約手続を進めていきますので、受任者が公共料金等の契約先に解約に関する電話を入れることになります。その際は、決まって受付担当者から「故人様のご家族の方はいらっしゃらないでしょうか」と聞かれることになります。当然相手方としても全く関係のない第三者から解約の連絡をもらったとしても簡単に応じるわけにはいきませんので、家族や後見人といった正当な権利を有している人なのかを確認してきます。

　死後事務委任契約を正式に結んでいる以上は、受任者には故人の契約解除に関する権限が与えられていることになりますが、先方には当然それはわかりませんので、必要に応じて郵送やFAXなどで死後事務委任契約書の写しを送り解約手続を進めていくのが基本となります。ですので、死後事務委任契約書内に公共料金等の各種契約に関する解約清算条項が記載されていれば、解約を拒否されることはないのですが、

携帯電話の回線契約のような犯罪利用と直結してしまうケースでは、頑なに本人や家族からの連絡でなければ受付をしないといわれることもあります。

そうしたケースでも解約受付の担当者が死後事務委任契約について理解していないだけというケースも多く、何度も事情を説明していくことで解約に応じてくれることがほとんどです。今回のNPO団体の代表から聞いた話では、携帯電話のように犯罪に悪用される恐れのあるケースではなく、単なるガスの解約連絡だったとのことです。当然、解約連絡の際には生前に契約者本人から解約の事務を依頼されていることや契約書の提示もできることを伝えているのですが、それでも解約には応じてくれないため、NPO側でのガスの解約については断念され、別で遺言執行者として動いている士業の先生へと解約手続についてはお願いしたとのことでした。このように、死後事務委任契約を結んでいれば問題なく手続きが可能と思われるような内容であっても、相手先企業によっては想定外の対応をされてしまうこともありますので、死後事務受任者として手続きができない場合に備えて遺言執行者としての立場もあると柔軟な対応が可能となるわけです。ただし、遺言執行者だから必ず解約手続ができるというわけではなく、あくまで遺言書の内容を実現するために必要な行為であることが条件になりますので、その点は十分に注意をしてください。

4 死後事務委任契約と同時に遺言書を作成する場合の注意点

(1) 清算型遺言の注意点

　死後事務委任契約と一緒に遺言書を作成する場合は、遺言執行者にて遺言者の財産を換金、清算したうえで受遺者等へ遺贈する清算型遺言が利用しやすいのですが、清算型遺言ならではの注意点もあります。

　死後事務委任契約の依頼者には、自身の死後の手続きに掛かった経費を除いて余った財産を公益財団や福祉団体等へ遺贈寄付したいという人が多くいます。そうした場合は、遺贈したい団体等にどういった形でなら遺贈を受け取ってくれるのかを団体のホームページや担当者へ電話をして事前に確認することになります。団体により「遺贈寄付は現金のみ受付可能」「遺言執行者に換金させたうえでの遺贈の受付は可能」「現金のみの受付で包括遺贈は受付できない」「包括遺贈での受付も可能」といった感じで、団体の規模や遺贈寄付に対する考え方により、遺贈寄付の受付方法は様々となります。

　寄付をもらう側としては、すぐに使用できる「現金」として受け取るのが一番簡単であり、利用方法を考えたり、売却の手間が発生する故人の自宅や土地といった不動産をそのまま受け取るといったケースは寄付に関する専門スタッフがいるような大きな団体でなら受付してくれるという感じで、小規模な団体への現物での寄付というのは断られるケースも珍しくありません。

　また、遺贈には特定遺贈と包括遺贈の2種類があり、各遺贈の特徴としては次のようになります。

① 特定遺贈

特定遺贈とは、受遺者へ渡す財産を具体的に指定する遺贈です。例えば、「名古屋市○○区1丁目○番地の土地を乙に遺贈する」や「甲銀行の預貯金200万円を乙へ遺贈する」のように遺言書に記載します。

特定遺贈の受遺者は、遺言書に指定された財産の譲渡を受けた人に過ぎず、遺言で指定されていない限り遺言者の借金などマイナスの財産を引き継ぐことはありません。

② 包括遺贈

包括遺贈とは、財産の全部や半分、何％というように、割合のみを指定して遺贈する方法です。例えば、「遺言者の有する財産全部を遺贈する」や「私の全財産の2分の1を遺贈する」といった記載の仕方の遺言書が包括遺贈にあたります。

包括遺贈の受遺者は、相続人と同一の権利義務を有するため、遺産に負債が含まれていると、その負債も引き継ぐことになりますし、他に相続人がいる場合は誰がどの財産を引き継ぐのかを決める遺産分割協議にも参加しないといけなくなります。つまり、遺言者が借金等のマイナスの財産を持っていた場合は、そのマイナスの財産も遺言によって受け取ることとなり、受遺者が遺言者の相続人以外の場合は、第三者が相続人である遺言者の家族と遺産分割協議を行わなければいけないこととなります。

多くの団体が包括遺贈での遺贈寄付の受付をしていないのはこうしたことが理由で、遺贈を受けたがために受遺者側の負担が大きくなったり、知らないうちに借金まで受け取ってしまったということを防ぐため、包括遺贈での遺贈寄付を拒否しているのが実情です。そして、死後事務委任契約と一緒に作成されることのある清算型遺言は、この包括遺贈にあたるため、包括遺贈の受付けをしていない団体等へは清算型遺言での遺贈は避ける必要があります。

清算型遺言の場合は、基本的に遺言執行者によって債務清算が終

わっていることになりますので、プラスの財産のみを受け取るのなら安心ではないかと思われますが、遺言執行者が把握していない債務（例えば、遺言者が事業の連帯保証人になっていたようなケース）がないとは限りません。

　一般的に広く寄付を募っている公益団体においては多数の遺贈寄付を受け付けていることもあり、すべての遺言者の財産状況を事細かに把握しているわけではありません。ですので、清算型遺言の場合で遺言執行者が既に債務清算が終わっていると言ってきたとしても、遺贈される金銭の額によっては受取りを拒否されるケースもゼロではありません。

　実際に当協会が執行したケースでも、依頼者の死後事務に掛かる費用や報酬をすべて清算した後の残金が約70万円でその他の債務は一切なしといった形での遺贈寄付を断られたことがあります。遺贈先は非常に有名な公益財団法人ではありましたが、遺贈額が少ないことから場合によっては債務があるかもしれないと心配されていた様子でした。恐らく遺贈する金額が何千万円といった額になるのでしたら、それだけの資産があるのなら負債はないだろうという判断になるのでしょうが、遺贈額が何十万円といった金額では万が一負債があった場合は、不利益のほうが大きくなる可能性があると判断されたのかと思われます。

(2)　包括遺贈を放棄する場合は家庭裁判所への相続（遺贈）放棄の手続きが必要

　死後事務委任契約で利用されることの多い清算型遺言を含む包括遺贈は、事前の確認をしておかないと受遺者に予想外の負担を強いることになってしまいます。包括遺贈は、相続人と同一の立場となり遺言者が負債を抱えている場合はその負債も引き継ぐことになります。

　相続の場面では、故人のプラスの財産とマイナスの財産を比較して、プラスの財産より借金等のマイナスの財産のほうが多い場合は「相続

放棄」を選択するのが一般的です。死後事務委任契約と一緒に遺言書を作成した場合も同様ですが、死後事務委任契約を利用される人の場合は相続人がいないケースも多く、親族以外へ財産を遺贈するといった遺言書を作成するケースも珍しくはありません。

よくあるケースで言えば、長年の友人や知人またはその子供、晩年介護などでお世話になった介護事業所やその職員等があります。こうした人たちへ最後に報いたいという考えから遺言書を作成されるケースは珍しくありませんが、このときに作成する遺言書を清算型遺言のような包括遺贈のケースで作成する場合は注意してください。なぜなら、先ほども述べたとおり、包括遺贈は相続人と同様の立場となり、場合によっては遺産分割協議への参加や借金などの負債も相続するといった心配があるため、特定遺贈のように受け取るだけで済む話では終わらない可能性があるからです。

また、そうした包括遺贈の遺言書が作成された結果、受遺者に指定された人が遺贈を放棄しようと考えた場合は、家庭裁判所への包括遺贈の放棄の手続きも必要となります。包括遺贈は、相続人と同様の立場となるため、万が一借金等の存在が判明した場合や他の相続人と遺産分割協議をする位なら遺贈を放棄したいと考えた場合、遺贈を放棄する際も相続人と同様の手続きを踏まないといけないことになります。ですので、遺贈を放棄しようと考えた場合、遺言書によって受遺者に指定された人は、自身が包括受遺者と知ってから3か月以内に家庭裁判所へ包括遺贈放棄の手続きをする必要があり、特定遺贈のように単に受取りを拒否するだけでは済まないことになります。

お世話になった人へ最後に金銭で報いたいと考えている人は多くいますが、遺言書を作成する際に受遺者になる人へそのことを事前に伝えている人はあまりいません。「事前に伝えてしまうと遠慮して断られてしまうかもしれない」「事前に伝えると今後の付き合い方が変わってしまいそうで怖い」「先に伝えるのは何か恩着せがましく思われてしまうのではないか」といった様々な思いがあり、事前に受遺者

に指定することを伝えている人は少ないかと思われます。ただ、事前に話をした結果、断られる可能性がある場合は、黙って遺言書を作成していたとしても、遺言執行の際に遺贈を拒否されるケースも少なくありません。こちらの理由も様々であり、「そんなつもりで付き合っていたわけではない」「介護事業所の規定で利用者からの遺贈は受け取れない」「そもそも受け取る理由がない」等、遺言書を作成したのだから必ず受け取ってもらえるとは限りません。

仮に、受遺者となる人に黙って遺言書を作成した場合に受遺者に指定された人が上記のような理由で遺贈を拒否するとなった場合、遺言書の形式が包括遺贈になってしまっていると、受遺者に指定された人はわざわざ家庭裁判所へ包括遺贈放棄の手続きをしなければならなくなってしまいます。遺言者の意思としては、最後の感謝の気持ちで遺言書を作っていたはずなのに、いざ蓋を開けてみれば、受遺者にとってはありがた迷惑となってしまう可能性もあるため、死後事務委任契約と同時に清算型遺言のような包括遺贈の形式で遺言を作成する場合は受遺者の意向を事前に確認するなど、遺贈放棄をされないような準備をしておく必要があります。

この包括遺贈放棄の手続きは、個人相手だけではなく、法人の場合でもそうですし、自治体への寄付のような場合にも該当します。自治体への遺贈のケースでは、遺贈を放棄するにあたり議会の承認を得る必要がある場合もあり、自治体担当者を困らせることにもなりますので、自治体への寄付の場合であっても注意が必要であることには変わりありません。

(3) 死後事務委任契約を解除しても遺言まで無効になるわけではない

死後事務委任契約と一緒に遺言書を作成する際にもう一つ注意してもらいたいのが、死後事務委任契約を解除したとしても遺言書まで無効にはならない点です。死後事務委任契約は長期契約となりやすい契

約のため、長い契約期間の間に委任者と受任者の関係が悪化する場合やより良いサービスを提供する会社へ契約先を変更するということも起こり得ます。

　死後事務委任契約は委任契約の一種とされていますので、各当事者がいつでもその契約の解除をすることができますが、死後事務委任契約は委任者の死亡後に委任事項を履行する契約のため、解除を無制限に認めてしまうと死後事務委任契約を結んだ意味が失われてしまう可能性があります。ですので、死後事務委任契約書には解除に関する条項が設けられていることが一般的であり、委任者及び受任者が死後事務委任契約の解除を希望する際は契約書に記載された契約条項に従うことになります。

　委任者と受任者間の信頼関係が失われたことが死後事務委任契約の解除理由の場合に、受任者と同じ人物が遺言執行者になっている場合は、死後事務委任契約を解除したとしても遺言書まで無効にならないことに注意してください。当事者間の関係悪化が原因で死後事務委任契約の解除となった場合、遺言執行者が受任者と同一人物なら委任者としては当然遺言執行者としての指定も取り消したいと考えるのが普通です。ただ、死後事務委任契約を解除したとしても遺言書まで連動して無効になるわけではないため、委任者（遺言者）にて新たな遺言書を作成して、遺言執行者を指定し直す必要があります。

　しかし、契約手続に詳しくない利用者は、死後事務委任契約書と一緒に遺言書を作成したような場合は、死後事務委任契約を解除したのだから遺言書も無効になっているものと勘違いしている可能性があります。ですので、委任者と受任者間の信頼関係が失われたことを理由とした契約解除の場合は、遺言書に死後事務受任者と同一人物が執行者に指定されていないかを確認し、指定されている場合は遺言書をこのまま生かすのか、それとも遺言執行者を変更する必要があるのか等も確認したうえで、必要であれば遺言書の作り直し等を案内する必要があります。

4　死後事務委任契約と同時に遺言書を作成する場合の注意点　　127

5 任意後見契約書と死後事務委任契約書を同時に作成する場合

　遺言書の他に死後事務委任契約書と一緒に作成されることの多い契約として「任意後見契約」があります。

　任意後見制度は、委任者が自分の判断能力が十分なうちに、あらかじめ後見人となってくれる人と任意後見契約を締結し、そこで選任した任意後見人に、将来、自分が認知症や精神障害等で判断能力が不十分になったときに支援をしてもらう制度です。ただし、任意後見人の業務は「委任者（被後見人）が生存している間」の身上監護や財産管理であり、委任者（被後見人）が死亡した段階で職務は終了となります。ですので、葬儀や遺品整理といった死後事務に関する業務は、基本的には任意後見人の業務とはされていません。

　反対に、死後事務委任契約は、委任者の死亡後に相続人や親族に代わって委任事項を行ってもらうために結ぶ契約であり、死後事務委任契約はあくまで「委任者の死後」に執行が開始される契約であるため、委任者の生前の身上監護や財産管理といった業務は死後事務受任者の委任事項には含まれていません。

　死後事務委任契約を希望する人の多くが身寄りのない人であることから、当然生前の身上監護や財産管理といった面においても本人を支援する人が必要とされることが多く、本人が元気なうちに自身が信頼できる人を将来に備えて選んでおくのが任意後見人となります。ですので、死後事務委任契約を締結する場面においては、生前の身上監護や財産管理といった場面では任意後見人に支援をしてもらい、委任者死亡後の手続きについては任意後見人からバトンを引き継いだ死後事務受任者が手続きを進めていくことで、委任者の生前から死後の手続きまでを途切れることなく支援し続けることができるようになります。

身寄りのない高齢者にとっては、「死後事務委任契約」「任意後見契約」「遺言書」を３点セットで作成することで、生前から死後の手続きのほとんどの問題に対処できる準備が整うことになります。このため、死後事務委任契約と一緒に任意後見契約を契約するケースも珍しくはありませんが、事業者によっては上記の死後事務委任契約、任意後見契約、遺言書を必ず３点セットで締結することを契約条件としているところもあります。ただ、任意後見契約は他の死後事務委任契約や遺言書とは異なり、任意後見契約に関する法律により必ず公正証書で作成しなければならないとされています。

　また、任意後見契約が締結されると、公証人の嘱託により、契約内容が指定法務局（東京法務局）で登記されることとなり、もし任意後見契約を解除する必要が生じた場合は、本人または任意後見人は、任意後見契約の終了の登記を申請しなければならず、任意後見契約は始めるのも止めるのも公証人の関与や費用が発生することになり、遺言や死後事務委任契約に比べて手間と費用が掛かる契約といえます。そもそも、任意後見契約は認知症や精神障害等によって判断能力が不十分になった際に備えるための契約であり、必ずしも死後事務委任契約を希望するすべての人に必要となる契約ではありません。

　また、任意後見人は、委任者の判断能力が不十分になった際に身上監護や財産管理について一任する相手となるため、死後事務委任契約と同様に信頼できる人へ依頼すべきものです。ただ、家族や親族以外の第三者と任意後見契約を結ぶ場合は、契約時に必ずしも任意後見人候補者と信頼関係が築けているとは限りません。病院の相談員や自治体の担当者から身元保証や死後事務の業務を行う事業者を紹介されるケース等では、ある程度事業者の優良性は保証されているかもしれませんが、人には相性というものがあり、紹介された事業者や担当者に大きな問題はなくとも、なんとなく自分とは合わないと感じるケースもあるはずです。

　そうした場合に、死後事務委任契約や遺言書はすぐに契約の解除や

書き直しができるとしても任意後見契約を解除する場合は公証人の認証（※）を受けるなどの手間もかかり、そもそも契約時にも公正証書で作成しないといけないことから、任意後見契約の解除には契約時の費用等も含めてかなり無駄が生じてしまうことになります。ですので、身寄りのない高齢者にとって「死後事務委任契約」「任意後見契約」「遺言書」の３点セットでの契約は確かに今後の備えとしては大事といえますが、比較的年齢が若い人の場合は契約が長期になることも想定されます。

　長い契約期間の間には委任者と受任者間の信頼関係が薄れてしまうということも十分に起こりえますので、契約解除についても予め想定しておくなら、まずは「死後事務委任契約」と「遺言書」の２つから契約を始めるのも有効な方法となります。例えば、65歳や70歳といった人が終活の一環で死後事務について検討される場合なら、遺言書や任意後見契約も当然検討対象となってきます。

　しかし、現代日本においては、65歳や70歳といった人はまだまだ元気に働いている人もいるので必ずしも認知症の心配がある人ばかりとはいえません。そうした人の場合でしたら、まずは死後事務委任契約と遺言書で事故や病気等の予想外の死亡に備えておき、75歳や80歳といった、そろそろ認知症についても心配する年齢になってから改めて任意後見契約を結んでも遅くはありません。

　死後事務委任契約等を先行して契約していることから、任意後見契約を検討するまでの５年や10年といった契約期間で受任者となる事業者の運営方法や担当者の人となりも把握できるようになります。任意後見契約は、そうした事前の見守り期間等のなかで自身の身上監護や財産管理についても任せて大丈夫だと思えるくらいまで信頼関係が築けてから結んでも遅くはありません。

　事業者側としては、最初から３点セットで契約を結べたほうが何かと都合が良い部分も多いのですが、依頼者側の視点に立って考えるなら３点セットにこだわらず、依頼者のライフステージに合わせた柔軟

な契約形態を取ることで、依頼者との信頼関係の醸成に役立つものと
考えます。

（※）

> **任意後見契約に関する法律第9条（任意後見契約の解除）**
> 　第4条第1項の規定により任意後見監督人が選任される前におい
> ては、本人又は任意後見受任者は、いつでも、公証人の認証を受け
> た書面によって、任意後見契約を解除することができる。
> 2　第4条第1項の規定により任意後見監督人が選任された後にお
> いては、本人又は任意後見人は、正当な事由がある場合に限り、家
> 庭裁判所の許可を得て、任意後見契約を解除することができる。

第４章
実際の死後事務委任
契約書の作成

1 死後事務委任契約はカスタムメイド が基本

　死後事務委任契約は、作成方式や作成内容については決まった形式がないため、委任者と受任者との間で自由に作成できることになります。作成方法についても、事業者が用意した一般契約書に委任者が署名捺印するだけといった簡易な方法から、公証人役場に委任者と受任者が赴いて公証人の面前で作成するといった、時間と費用はかかりますが契約書の信用力を高める形で作成することも可能です。

　どういった形式のどのような内容で死後事務委任契約書を作成するかは事業者の運営方針や委任者の健康状態、委任者が死後事務として何を希望しているかによって様々に変わることになります。ですので、死後事務委任契約書は委任者の要望に合わせて作成するオーダーメイドでの契約書の作成が基本となるともいえます。しかし、委任契約を一からすべて作成していくのは大変ですので、実際の実務においては、死後事務委任契約に共通する部分や委任事項をまとめたひな型となる契約書を、委任者の希望に合わせて内容を調整していくカスタムメイドとなることがほとんどかと思われます。

　では、実際に使用されている死後事務委任契約書を見ながら委任者の要望によって変更されやすい部分などを説明していきたいと思います。

134　第4章　実際の死後事務委任契約書の作成

●遺言執行者兼死後事務受任者として遺言執行者の立場で死後事務の費用の清算を行うケース（預託金を預からない場合の例文）

死後事務委任契約書

委任者 ○○○○（以下「甲」という。）及び受任者 ○○○○（以下「乙」という。）は、以下のとおり甲の死後事務委任契約（以下「本契約」という。）を締結する。

第1条（契約の効力）

甲が死亡した場合においても、本契約は終了せず、甲の相続人は、委任者である甲の本契約上の権利義務を承継するものとする。

2　甲の死亡により、甲の本契約における委任者の地位を承継した甲の相続人は、第8条第2項に該当する事由がある場合を除き、本契約を解除することができないものとする。

第2条（委任事務の範囲）

甲は、乙に対し、甲の死亡後における次の事務（以下「本件委任事務」という。）を委任し、乙は、これを受任する。

⑴　甲の相続人を含む親族及び甲の知人等関係者に対する連絡、並びに、これら関係者との連絡・調整

⑵　甲の葬儀、埋葬・納骨・散骨及び永代供養等に関する事務（病院その他医療施設又は老人ホーム等の入所施設からの甲の遺体引取り及びその付添を含む。）

⑶　医療施設、入所施設等に対する医療費、施設利用等の甲の債務の弁済

⑷　行政官庁等への諸届出事務（甲の死亡届を除き、年金・健康保険等の行政官庁・関係団体等への届出手続きの代行を含む。）

⑸　家財家具、生活用品等の甲の遺品・遺産の処分に関する事務

1　死後事務委任契約はカスタムメイドが基本　135

⑹　甲の居住家屋の明渡し事務（家屋の清掃及び返還、家賃及び光熱費等の公共料金の精算代行、並びにその解約・契約終了手続の代行を含む。）

⑺　入院保証金、入居一時金、敷金その他甲の有する一切の残債権の受領

⑻　権限を有する相続人又は遺言執行者等に対する甲の遺産の引継ぎ事務

⑼　前各号の事務遂行上必要な費用の支払いその他一切の付随事務

2　乙は、本件委任事務処理について、必要と認めるときは、復代理人を選任して当該委任事務を処理させることができるものとし、甲は、これをあらかじめ承諾する。

第3条（葬儀・埋納骨等）

甲の葬儀は、○○会館○○斎場に依頼するものとする。

2　甲の焼骨の埋蔵は○○寺（住所：・・・・・）において行い、同寺において永代供養するものとする。

なお、永代供養に関する事務は、永代供養料を支弁し、上記○○寺に甲の永代供養を依頼することをもって終了するものとする。

3　前各項の葬儀、焼骨の永代供養等に要する費用は、すべて甲の負担とする。

第4条（連絡・通知等）

乙は、甲が死亡したときは、甲があらかじめ指定した親族、知人等関係者に対し、甲の葬儀終了後に連絡するものとする。

第5条（費用の負担）

本件委任事務を処理するために必要な費用は、すべて甲の負担とし、乙は、甲の遺産から、又は甲の相続人若しくは遺言執行者からその支払を受けることができる。

2　乙が本件委任事務を処理するために必要な費用を立替払いした場合、乙は、本件委任事務処理完了後、速やかに甲の遺産から、又は甲の相続人若しくは遺言執行者から立替金相当額の求償金を受けることができる。

第6条（報酬）

甲は、乙に対し、本件委任事務処理の報酬として金○○万円（別途消費税）を支払うものとし、乙は、本件委任事務終了後、甲の遺産から、又は甲の相続人若しくは遺言執行者からその支払いを受けることができる。

第7条（契約の変更その他協議）

甲又は乙は、甲の生存中、いつでも相手方に対して本契約の変更を求めることができる。

2　前項による変更の申し出があった場合、その他本契約に定めのない事項が生じた場合は、甲乙が協議して定める。

第8条（委任者からの解除）

甲は、乙に対して○日前に書面で予告することにより、本契約を解除することができる。

ただし、甲は、やむを得ない場合を除き、解除によって生じた損害を乙に賠償しなければならない。

2　甲は、下記各号に定める場合は、乙に対する書面による通知をもって、直ちに本契約を解除することができる。

⑴　乙がその心身の故障その他の事由により本件委任事務を行うことが不可能又は著しく困難であるとき

⑵　乙が本契約の義務に違反し、甲が相当の期間を定めて催告をしたにもかかわらず是正されないとき

⑶　乙が本契約の義務に違反し、その程度が重大であるとき

1　死後事務委任契約はカスタムメイドが基本　137

第9条（受任者からの解除）

　　乙は、やむを得ない事由がある場合は、甲に対して〇日前に書面で予告することにより本契約を解除することができる。

2　前項の規定にかかわらず、乙は、下記の事由がある場合は、直ちに本契約を解除することができる。

　⑴　乙がその心身の故障その他の事由により本件委任事務を行うことが不可能又は著しく困難であるとき

　⑵　甲が本契約の義務に違反し、その程度が重大であるとき

　⑶　本件委任事務を行うことが乙の責に帰することのできない事由により不能となったとき

第10条（契約の終了）

　　本契約は、次の各号の一つに該当する事由があるときは、当然に終了する。

　⑴　乙が、死亡又は破産手続開始決定を受けたとき。

　⑵　乙が、後見、保佐又は補助開始の審判を受けたとき。

第11条（報告義務）

　　乙は、甲の相続人、遺言執行者又は相続財産清算人に対し、本件委任事務終了後の1か月以内に、次の事項について書面にて報告しなければならない。

　⑴　本件委任事務の処理のために講じた内容

　⑵　支出した費用の金額、内訳

　⑶　報酬の収受状況

第12条（守秘義務）

　　乙は、前条までの定めに基づくすべての事務処理に際して知り得た甲の秘密を、正当な事由なく第三者に漏らしてはならない。

(1) 第1条（契約の効力）

> **第1条（契約の効力）**
>
> 　甲が死亡した場合においても、本契約は終了せず、甲の相続人は、委任者である甲の本契約上の権利義務を承継するものとする。
>
> 2　甲の死亡により、甲の本契約における委任者の地位を承継した甲の相続人は、第8条第2項に該当する事由がある場合を除き、本契約を解除することができないものとする。

　死後事務委任契約は、当事者間の個人的な信頼関係を基礎とした委任契約であるため、委任契約である以上、当事者の一方が死亡した場合は死後事務委任契約も終了するものと考えられます（民法653条）。ただし、上記規定は任意規定と考えられていて当事者間の合意によって委任契約を終了させないようにすることも可能なため、その当事者間の合意内容を示すための条項となります。

> **民法653条（委任の終了事由）**
>
> 　委任は、次に掲げる事由によって終了する。
>
> 一　委任者又は受任者の死亡
>
> 二　委任者又は受任者が破産手続開始の決定を受けたこと。
>
> 三　受任者が後見開始の審判を受けたこと。

(2) 第2条（委任事務の範囲）

> **第2条（委任事務の範囲）**
>
> 　甲は，乙に対し、甲の死亡後における次の事務（以下「本件委任事務」という。）を委任し、乙は、これを受任する。
>
> （以下、省略）

1　死後事務委任契約はカスタムメイドが基本　　139

死後事務委任契約は、委任者と受任者の間で自由に依頼したい内容（委任事項）を決めることができる契約のため、反社会的行為や他の法律で規制されていることを除けばどのようなことでも委任事項に盛り込むことができます。

　上記契約書の第2条では、一般的な死後事務手続において委任事項に盛り込んでおくべき代表的な例を挙げていますが、委任者において特殊な事情がなければ概ねこの程度の内容を委任事項に記載しておけば死後事務委任契約で求められる死後の手続きについては、問題なく対応できる内容となっています。

　ただし、委任事項に記載されている内容は業務内容の大枠でしかないため、委任者の希望を細かく反映しているものとはいえません。そのため、委任事項に記載されている死後事務の内容について委任者の希望を強く反映させたいような場合は、委任事項に記載された大枠の業務内容について、より詳しく死後事務委任契約書に記載しておく必要があります。

(3)　第3条（葬儀・埋納骨等）

　第3条がその記載例となります。第2条(2)において、委任者から受任者に対して遺体の引取りを含む葬儀や埋納骨に関する委任がされていることがわかります。ただ、この記載だけでは受任者が葬儀等の権限を有していることはわかっても、どのような方法で葬儀を行い、どういった形で故人の焼骨を供養するのかといったことはわかりません。

⑵　甲の葬儀、埋葬・納骨・散骨及び永代供養等に関する事務（病院その他医療施設又は老人ホーム等の入所施設からの甲の遺体引取り及びその付添を含む。）

↓　第2条第2項の依頼者の希望を明確化

第3条（葬儀・埋納骨等）
　甲の葬儀は、○○会館○○斎場に依頼するものとする。
2　甲の焼骨の埋蔵は○○寺（住所：・・・・・）において行い、同寺において永代供養するものとする。
　・・・・

　したがって、死後事務委任契約書に葬儀等に関する細かな指定がない場合は、受任者としては委任者が死亡した場合はどのような方法でも葬儀を行えば委任事項を適正に執行していることになります。極端な話、参列者等はなくても菩提寺の住職に来てもらい戒名をつけてもらったうえで、菩提寺のお墓に埋蔵してもらいたいと委任者が考えていた場合であっても、そうした内容が死後事務委任契約書に記載されていない以上は、宗教者を呼ばない直葬タイプの葬儀で焼骨を拾わない形で火葬場に焼骨の処分を依頼（焼き切り）していたとしても、外部からは委任者が契約内容に違反しているかどうかを判別する術がありません。

　死後事務受任者は、契約書の記載内容に縛られることとなり、契約書記載の内容と異なった手続きをとることはできませんが、実際のところは契約書の記載内容と異なった手続きを取ったとしても、それを監視する人がいないため、実務においては契約書記載の内容と異なった方法での執行ということはできてしまいます。ただ、契約書の記載内容と異なった方法で執行していたことが後から判明したような場合は、委任者の親族等から契約違反の責任を問われる可能性があるため、受任者の恣意的な執行を防ぐ意味でも、委任者にとって重要となる委

任事項については、大枠の委任事項だけではなく細かな指定を入れた条項を入れておくことが大事となります。

　また、葬儀や埋納骨といった業務に関しては、委任者に相続人や親族等がいる場合には後日、その執行内容についてトラブルになりやすい部分でもあり、死後事務受任者としても、葬儀や埋納骨について死後事務委任契約書に細かく指定しておいてもらうことで、親族等からの苦情に対して適切な執行であることを契約書の内容から明確に主張できるようになり、受任者の身を守ることにもつながります。ただ、先ほども書いたとおり、受任者は契約書の記載内容に縛られることになるため、あまり細かな指定を入れ過ぎてしまうと受任者が柔軟な対応を取れなくなってしまう可能性があるため、なんでもかんでも契約書で縛っておけばよいというわけでもありません。

　委任者によっては、葬儀や埋納骨について強い希望もなく、粗雑に扱われなければ、なるべく安くなる方法で行ってもらえればよいといった希望を持っている人もいます。そうした場合なら、葬儀等については第2条の「委任事項」程度の記載内容にとどめておき、後は執行時において委任者の希望に沿う形で受任者が葬儀の方法等を決めていく形でも問題はありません。要は、委任者にとって死後事務委任契約書でどうしも叶えたいと思う強い希望については、契約書にてその内容を明確にしておき、それ以外の委任事項については大枠だけ決めておき、信頼する受任者に一任するような形を取ることで、委任者の希望を叶えつつ、受任者にとっても柔軟な対応が取れる契約書に仕上げられるということです。

※　死後事務委任契約書の書き方として、第2条の委任事項内にそのまま詳細な希望を書いていく方法もありますが、当協会では、カスタムメイドしやすいように他の依頼者でも共通する部分はそのまま使用できる形にしておき、依頼者ごとの詳細な希望については、別の条文を追加する形で作成しています。

●第３条の（葬儀・埋納骨等）の部分を葬儀社やお寺の指定を外し、収骨をしない形へ変更した場合の例

第3条（葬儀・埋納骨等）

　　甲の葬儀は、甲があらかじめ指定した葬儀社及び葬儀プランがある場合は、それに従うものとする

2　甲による葬儀社及び葬儀プランの指定がない場合、又は、甲によって指定された葬儀社及び葬儀プランを利用できない場合は、甲の葬儀についての利用葬儀社及び利用プラン等については、乙に一任する。この場合、甲の葬儀費用の上限は、金○○万円までとする。

3　甲の焼骨は、収骨せずに火葬場に焼骨の処分を依頼するものとする。

4　前項の場合において、自治体の条例及び火葬場の規則等により収骨が義務付けられている場合は、乙にて収骨を行い合祀等の供養に付するものとする。

　契約時に委任者が葬儀等に関して特に強い希望がない場合であっても、上記第１項のような形で契約書を作成しておくことで、後から葬儀等に関する希望が出た場合でも、契約書の作り直しをせずに委任者から受任者へ希望を伝えるだけで済むようにしておくこともできます。

　また、受任者に一任する場合でもあっても上記第２項のように葬儀費用として使用できる金額について上限を設けておくことで、委任者が想定していないような高額な葬儀の執行を防ぐこともできます。

　第３項にあるような焼骨を骨壺に納めずに火葬場にそのまま処分を依頼する方法（焼き切り）は、主に西日本の一部の火葬場において可能な方法となりますので、上記のような条項を入れる場合は依頼者の住んでいる地域の火葬場が対応可能なのかを必ず確認するようにしてください。

1　死後事務委任契約はカスタムメイドが基本　143

① 死亡届について

　契約書の第2条(4)では「行政官庁等への諸届出事務（甲の死亡届を除き、年金・健康保険等の行政官庁・関係団体等への届出手続きの代行を含む。）」として、健康保険の資格喪失手続等の行政機関への届出に関しての委任事項を定めています。このなかで注意する必要があるのが、「甲の死亡届を除き」となっている部分です。公証人に死後事務委任契約書の作成を依頼した場合等にこのような契約条項の記載方法になることが多いのですが、これは死後事務受任者が「死亡届」の届出義務者または届出資格者にあたらないことを示しています。

戸籍法87条（届出義務者）

　　次の者は、その順序に従って、死亡の届出をしなければならない。ただし、順序にかかわらず届出をすることができる。

第一　同居の親族

第二　その他の同居者

第三　家主、地主又は家屋若しくは土地の管理人

2　死亡の届出は、同居の親族以外の親族、後見人、保佐人、補助人、任意後見人及び任意後見受任者も、これをすることができる。

　戸籍法では、同居の親族、その他の同居者、家主、地主、家屋管理人または土地管理人を死亡届の届出義務者として定めており、同居の親族以外の親族、後見人、保佐人、補助人、任意後見人、任意後見受任者を届出資格者として定めています。戸籍法上、死後事務委任契約の受任者は死亡届の届出義務者でもなければ届出資格者でもなく、委任者と生前に葬儀に関する死後事務委任契約を結んでいたとしても、死後事務受任者の立場では死亡の届出をすることはできません。

　つまり、死後事務委任契約の開始ともいえる委任者の火葬を行うために必要な死亡の届出を死後事務受任者自身はできないということです。ですので、死後事務委任契約にあたっては、死亡届を誰に書いて

もらうのかを契約時に確認しておく必要があります。委任者と親族の関係が良好で、死後事務委任契約を依頼した理由が「高齢の親族に迷惑を掛けたくない」といったような事情でしたら、委任者の死亡後に親族へと連絡をして、死亡届の提出に協力してもらうことができます。

　また、委任者が既に病院や高齢者施設に入院、入所しているといった事情であれば、病院（※）の理事長や施設長に事前に依頼しておくことで、公設所の長または家屋管理人の立場で死亡届に協力してもらうことも可能です。

●死亡届の届出人欄

届出人	住　所 / 本　籍 / 署　名		
	☑1. 同居の親族　□2. 同居していない親族　□3. 同居者　□4. 家主　□5. 地主		
	□6. 家屋管理人　□7. 土地管理人　　　　□8. 公設所の長　　□9. 後見人		
	□10.保佐人　　□11.補助人　　　　　　　□12.任意後見人　　□13.任意後見受任者		
	住　所		
	本　籍	番地 / 番	筆頭者 の氏名
	署　名（※押印は任意）	印　　　　　年　　　月　　　日生	
事 件 簿 番 号			

※　病院が公立の場合は「公設所の長」、私立の場合は「家屋管理人」

　賃貸物件においては、家主等は家屋管理人として死亡届の届出義務者となりますが、公営住宅のような場合は協力を得られやすいものの、一般の管理会社や個人のオーナーが直接管理しているような物件においては、いくら届出義務者となっているとはいえ、他人の死亡届を出すことには抵抗感があり、また後日親族等からクレームが入る心配などもあるため、親族に代わって死亡届を提出してほしいと依頼しても協力を得るのが難しいケースがあります。そうした一般賃貸の場合であっても、個人の大家が直接管理しているような物件では、大家と入居者も長年の付き合いから親交が深く、契約前に本人から事情を説明してもらうことで、万が一の際には大家にて死亡届を書いてくれるということもありますので、依頼者と賃貸物件の大家との関係が良好な場合は、大家に死亡届への協力を打診してみるのも一つの手となります。

　死後事務受任者としては、自身で死亡届が出せない以上は上記のよ

1　死後事務委任契約はカスタムメイドが基本　　145

うに死亡届義務者や資格者に死亡届の協力を仰ぐことが基本となります。しかし、依頼者が契約時には比較的健康であり自宅で生活されているような場合では、病院や施設とは関係が薄いこともあるでしょうし、一般の管理会社が管理している賃貸物件で生活されているような場合ですと、管理会社に死亡届の協力を仰ぎづらいのが実情です。また、病院や施設に事前に死亡届に関する話を通していたとしても、依頼者が外出中に交通事故で亡くなってしまったようなケースでは、病院や施設の管理下から外れているため、死亡届を記載してもらえないといったことも予想されます。

　このように親族の協力を得られない依頼者のケースでは、死亡届の提出について受任者としてはどうしても不安要素が残ってしまうことになります。こうした不安定な状況の解決方法として利用できるのが、「任意後見制度」です。任意後見制度は、先にも説明したとおり、委任者が自分の判断能力が十分なうちに予め後見人となってくれる人と任意後見契約を締結し、将来、自分が認知症や精神障害等で判断能力が不十分になったときに支援をしてもらう制度です。

　任意後見人は、委任者が自ら信頼できる人を事前に選任しておく制度となるため、死後事務受任者と同一人物を任意後見人に指定しておくことも問題ありません。また、任意後見人は、本人が認知症等を発症した場合に後見業務を開始する立場ですが、死亡届に関しては、本人が認知症等を発症せずに亡くなった場合（後見業務がいまだ開始していない状況）であっても、任意後見受任者の立場で死亡届を自ら提出することが可能です。

　親族間の仲が悪く親族がいても死亡届に協力が得られないといった事情を抱えている依頼者の場合は、死亡届等の手続きついても極力親族の関わりを減らしたいと考えている人も多くいます。そうした事情を抱えている人に対しては、本来の目的からは外れることにはなりますが、任意後見契約を結んでおくことで、死後事務受任者が任意後見受任者の立場で、死亡届を提出することができるようになります。た

だし、先にも説明したとおり任意後見契約は必ず公正証書で作成しなければならず、万が一委任者と受任者の関係が悪化して、死後事務委任契約等を解除することになった場合は、任意後見契約については公証人の関与が解除時にも必要となってきますので、手間と費用が掛かることには注意が必要となります。

②　死亡届の届出義務者も資格者もいない場合はどうなるのか

　死後事務受任者としては、死亡届について親族の協力を得られない委任者については任意後見契約も同時に契約しておくことで、執行時の心配をなくしておきたいところではありますが、委任者の年齢や健康状態等によっては、委任者が任意後見契約を望まないことも考えられます。

　では、死亡届の届出義務者や資格者の誰からも死亡届が出されなかった場合、委任者の死亡届は誰が出すことになるのかという疑問が出てきます。まず、死亡届に関して戸籍法についてはどのように定められているかを確認してみます。

戸籍法 44 条（届出の催告）

　　市町村長は、届出を怠った者があることを知ったときは、相当の期間を定めて、届出義務者に対し、その期間内に届出をすべき旨を催告しなければならない。

2　届出義務者が前項の期間内に届出をしなかったときは、市町村長は、更に相当の期間を定めて、催告をすることができる。

3　前二項の催告をすることができないとき、又は催告をしても届出がないときは、市町村長は、管轄法務局長等の許可を得て、戸籍の記載をすることができる。

4　第24条第4項の規定は、裁判所その他の官庁、検察官又は吏員がその職務上届出を怠った者があることを知った場合にこれを準用する。

1　死後事務委任契約はカスタムメイドが基本　　147

戸籍法44条では、届出義務者が死亡届を提出しない場合は、催告した後または催告できる状況でない場合は、市町村長において管轄法務局の許可を取り、職権で死亡の記載をすることができると規定されています。職権記載を行うにあたっては市町村長が死亡の事実を知らないことには始まりませんので、死後事務受任者は必要に応じて、戸籍に死亡事項の記載を求める申出書を提出して職権での記載を促していくことになります。

　この職権での記載を促す申出書は、通常の死亡届書用紙をそのまま利用し、死後事務受任者において必要事項を記載し、届出人欄に死後事務受任者名で署名を行うものと考えられます。その際に、死亡届のその他の欄に、委任者には死亡届義務者がいないことや生前に委任者より死後の手続の依頼を受けている旨を記載して提出するものと考えられています（※）。

※　死亡届のタイトル及び届出人の表記を「~~死亡届~~ 申出書」や「~~届出人~~ 申出人」と修正して提出するケースもあります。

　この申出書が出されることによって、市町村長は職権で死亡事項を記載すべき申出と判断し、管轄法務局の許可を得て職権で記載する手続きに着手することになります。

● (参考資料)「死亡届の届出義務者がいない場合又は届出義務者からの届出を期待することができない場合における職権による死亡事項の戸籍への記載の取扱いについて（通知）」（平成25年3月21日付け法務省民一第285号法務省民事局民事第一課長通知）

法務省民一第285号
平成25年3月21日

法務局民事行政部長　殿
地方法務局長　殿

法務省民事局民事第一課長

死亡届の届出義務者がいない場合又は届出義務者からの届出を期待することができない場合における職権による死亡事項の戸籍への記載の取扱いについて（通知）

標記の場合における死亡事項の迅速な戸籍への記載に資するため，福祉事務所の長及びこれに準ずる者からの職権記載を促す申出であって，届出事件本人と死亡者との同一性に疑義がないものについては，あらかじめ戸籍法第44条第3項及び第24条第2項に規定する管轄法務局又は地方法務局の長の許可を包括的に与えることとし，市区町村長限りで死亡事項の職権記載をして差し支えないものとするとともに，この取扱いにおける戸籍の記載は，平成2年3月1日付け法務省民二第600号民事局長通達別紙戸籍記載例及び平成6年11月16日付け法務省民二第7000号民事局長通達別紙第2号記録事項証明書の記載例170の例に準じて下記のとおりとしますので，これを了知の上，貴管下支局長及び管内市区町村長への周知並びに管内市区町村長への包括的な職権記載の許可の付与について取り計らい願います。

なお，戸籍法第87条第2項に規定する届出資格者の調査については，死亡事項の職権記載をする前提として行わなければならないものではありませんので，念のため申し添えます。

記

1　紙戸籍の場合
　「平成25年3月20日推定午前6時東京都千代田区で死亡同月25日除籍㊞」
2　コンピュータ戸籍の場合
　死亡　【死亡日】　平成25年3月20日
　　　　【死亡時分】　推定午前6時
　　　　【死亡地】　東京都千代田区
　　　　【除籍日】　平成25年3月25日

③　職権で記載される場合の火葬許可証はいつもらえるのか

　市町村長の職権で委任者の死亡事項が記載されるとして、届出義務者への催告や管轄法務局の許可が得られるまで火葬許可証はもらえないのかが死後事務受任者としては気になるところです。極論、死後事務受任者としては、火葬の手続きをすぐに行うことができるなら戸籍への死亡事項の記載については時間がかかったとしても大きな問題はありません。もちろん、死後事務受任者が遺言執行者にもなっているケースなら、相続手続で必要となる死亡記載のある戸籍の入手に時間が掛かることになりますので、そういった意味では困ることはあるかもしれませんが、それでも遺体の火葬と比べるのなら、火葬手続のほうが緊急性が高いといえます。

　では、実際のところ職権記載の場合はどの段階で火葬許可証をもらうことができるのかというと、正直なところそうした事案が起きた場合の自治体窓口の対応次第となります。当協会が主な活動範囲としている名古屋市では、職権記載の申出書が出された場合は各区の判断によるため、各区の担当部署に相談してほしいというスタンスであり、名古屋市としての統一的な運用はなされていませんでした。また、それを受けて名古屋市の複数の区役所へと届出義務者等の協力が得られない場合の死亡届の提出方法と火葬許可証の発行について尋ねたところ、区役所によっては、死後事務受任者等の関係者から申出書が出されれば、火葬許可証はその場ですぐに発行するとしているところもあれば、申出書が出た後に区役所の担当部署から死亡届出義務者となる親族等へ確認したうえで判断するといった区役所もあり対応にバラつきがありました。

　いずれにしても、職権記載の申出は自治体の窓口としてもイレギュラーな対応となり、窓口の担当者がすぐに判断できない可能性もあるため、そうした事案が予想されるケースでは、事前に死亡届を提出する予定の自治体窓口に相談したり、万が一火葬許可証の発行が遅れるようなケースなら遺体の保管方法等についても検討しておく必要があ

ります。遺体の保冷庫を持っている葬儀社の場合なら、ドライアイスを使用した安置ではなく保冷庫で遺体を保管したほうが安いケースや、その葬儀社で葬儀を挙げるなら遺体の保管料は掛からないといった葬儀社もありますので、万が一に備えて利用予定の葬儀社の遺体保管施設や利用料等を事前に確認しておく必要があるかと思われます。

(4) 第4条（連絡・通知等）

> **第4条（連絡・通知等）**
> 　乙は、甲が死亡したときは、甲があらかじめ指定した親族、知人等関係者に対し、甲の葬儀終了後に連絡するものとする。

　第2条(1)では「甲の相続人を含む親族及び甲の知人等関係者に対する連絡、並びに、これら関係者との連絡・調整」として、親族等への連絡について定めています。親族を含む関係者への連絡は、第2条(1)の規定があれば十分ではあるのですが、依頼者の要望によっては、余計なトラブルを防ぐ意味で第4条のように連絡のタイミングを指定しておくケースがあります。

　例えば、委任者が直葬を希望しており、葬儀には誰にも来てもらいたくないと考えている場合に、委任者の死亡後すぐに親族等へ委任者の死亡の連絡をした場合はどうでしょうか。受任者としては、委任者から事前に指定された親族へ死亡の連絡をしているだけですので、死後事務の執行としては問題ないかもしれません。

　しかし、委任者が自分の葬儀には誰にも来てもらいたくないと希望していた場合に委任者の死亡後すぐに親族へ連絡を入れてしまうと、場合によっては連絡した親族から葬儀へ参加したいとの打診を受ける可能性があります。受任者としては、親族から葬儀への参加を希望された場合には断りづらいこともあるでしょうし、参加を認めてしまうと委任者からの依頼に背くことになってしまう可能性もあり、難しい判断を迫られることになります。

1　死後事務委任契約はカスタムメイドが基本　　151

また、委任者が直葬を希望しているような場合に、親族が葬儀前にそのことを知ってしまうと、委任者の希望に反して、親族側で別の葬儀形態での葬儀を要望してくる場合や喪主の変更を伝えてくる可能性もあります。もちろん、死後事務受任者としては契約書の第1条を理由に親族からの要望を断ることは可能ですが、その後の死後事務委任契約において、そうした親族の協力が必要となるケースがないとも限りませんので、できれば余計なトラブルは避けたいところです。

　こうしたトラブルの要因は、連絡するタイミングが早すぎたことが原因ですから、そうであるなら第4条に記載されているような形で親族への連絡を葬儀や埋納骨が終わった後にするよう指定しておけば、受任者としては、契約によってそれ以前の連絡はできなくなります。結果として、親族等が委任者の死亡を知るのは葬儀等がすべて終わった後であるため、事前に連絡した際のような余計なトラブルが生じる余地はなく、葬儀等については委任者の希望どおりに進めることが可能となるわけです。

　もちろん、葬儀等について事前に親族へ知らせなかった場合は、それはそれで別のトラブルが出てくる可能性はありますし、委任者の亡くなり方によっては別のルートから死亡の連絡が親族等へ入ることはあるかもしれません。ただ、実際のところは委任者の家族関係や死亡時の状況に大きく左右されるため、できる限り委任者の要望を叶えつつ、かつトラブルが起きた場合に委任者の意向であることや受任者が故意や過失で連絡を遅らせたわけではないことを証明するためにも第4条のような規定を追加で入れておくことも検討しておく必要があります。

　また、第4条の規定は、受任者に対して関係者への早期の連絡を促す方向でも使用できます。死後事務委任契約を希望する人は身寄りのない人も多く、友人等にわざわざ葬儀へ参加してもらう必要はないけれども、死亡したことは伝えてもらいたいといった考えから、第4条の規定で死亡の連絡のタイミングを調整したりしますが、依頼者に

152　第4章　実際の死後事務委任契約書の作成

よっては、反対に葬儀へ参加してもらいたいと考えている人も当然います。そうした場合は、受任者からの連絡は委任者の死亡後、遅滞なく関係者へと連絡してもらわなければ、親族をはじめとした友人等の葬儀への参加の機会を奪ってしまうことになりかねません。そうしたトラブルを防ぐ意味でも、第4条のように連絡や通知のタイミングを指定しておくことで、死後事務受任者としてはその指示に従う必要が出てきますので、委任者としては、業務の適切な執行を死後事務受任者に促していくことができるようになります。

(5)　第5条（費用の負担）

> **第5条（費用の負担）**
> 　本件委任事務を処理するために必要な費用は、すべて甲の負担とし、乙は、甲の遺産から、又は甲の相続人若しくは遺言執行者からその支払を受けることができる。
> 2　乙が本件委任事務を処理するために必要な費用を立替払いした場合、乙は、本件委任事務処理完了後、速やかに甲の遺産から、又は甲の相続人若しくは遺言執行者から立替金相当額の求償金を受けることができる。

　委任者より死後事務受任者兼遺言執行者として指定を受けている場合であれば、死後事務の執行時に受任者が立て替えた費用等については、遺言執行者の立場で清算することが可能となりますので、受任者としては費用の立替えについて心配がなくなります。費用に相当する金銭を事前に預かっている預託金での契約の場合も同様ですが、預託金の預かりや遺言執行者を兼ねていない場合は、委任者の相続人や受任者とは別に定められた遺言執行者へと費用等の請求をしていくことになります。

　しかし、相続人に対する請求については、委任者と相続人の関係性によっては、相続人が支払いを拒絶する可能性もありますし、受任者

1　死後事務委任契約はカスタムメイドが基本　　153

が関与していないところで作成された遺言書では遺言執行者に与えられている権限が明確ではなく遺言執行者が費用の清算を拒む可能性もあることから、できる限り預託金や受任者自身が遺言執行者として清算できる形にしておいたほうが受任者としては安心できることになります。

(6)　第6条（報酬）

> **第6条（報酬）**
>
> 　甲は、乙に対し、本件委任事務処理の報酬として金〇〇万円（別途消費税）を支払うものとし、乙は、本件委任事務終了後、甲の遺産から、又は甲の相続人若しくは遺言執行者からその支払いを受けることができる。

　委任契約は、原則無報酬（民法648条1項）のため、受任者が死後事務執行の報酬を請求する場合は契約書に報酬に関する定めを入れておく必要があります。また、報酬の支払い時期は、原則として死後事務の完了後となります（同2項）。費用の清算の場合と同様に、相続人等へ報酬を請求する形にしておくと、委任者と相続人の関係によっては支払いを拒まれる可能性もありますので、預託金や遺言執行者として清算できる形にしておくほうが受任者としては清算が容易となるのは費用清算の場合と同様です。

　報酬額は、委任者からの依頼内容によってはその履行に日数や手間が掛かるケースがあり、必然的にそれに掛かる報酬額も高額となってくるケースがあります。死後事務委任契約書に報酬額として記載している以上は、委任者としても納得済みの報酬額の設定となりますが、事情を知らない相続人にとっては高額な報酬額と見えてしまうこともあり、また、高額な報酬を支払うことで自身の相続分が減ってしまうようなケースでは、相続人が報酬の支払いを拒んでくるケースも想定されます。そうした場合は、報酬額を巡って紛争となる可能性もある

154　　第4章　実際の死後事務委任契約書の作成

ため、報酬に関する個別の設定額について契約書内に詳細に明記したり、報酬の根拠となる委任事項の数や報酬の設定額などがわかる資料を別に作成しておき、依頼者の求めに応じた結果、報酬が高額になったことを説明できる準備はしておく必要があります。可能であるなら、作成する費用や報酬の明細についても委任者の署名と捺印をもらっておき、死後事務委任契約書の報酬額の定めについての正当性を示す資料にしておくとよいでしょう。

(7) 第7条（契約の変更その他協議）

> **第7条（契約の変更その他協議）**
>
> 　　甲又は乙は、甲の生存中、いつでも相手方に対して本契約の変更を求めることができる。
> 2　前項による変更の申し出があった場合、その他本契約に定めのない事項が生じた場合は、甲乙が協議して定める。

　死後事務委任契約は、委任者の年齢や健康状態によっては長期に及ぶ契約となります。そのため、契約期間中においても、依頼内容を変更したいという要望が出てくることは十分にあり得ます。

　例えば、もともとの契約では葬儀後の焼骨を菩提寺にある家墓へと埋蔵する予定だったところ、お墓の管理の負担を減らすために菩提寺の管理する合祀墓へと埋蔵先を変更するような場合、契約書に墓地番号等を記載して家墓を示していたような場合は契約書の記載の変更が必要となってきます。

　第2条(2)のように、葬儀や埋葬に関する大枠だけを決めている条文しか入れていない場合は、委任者と受任者間で内々に打合せを行い、埋蔵先を変更しても問題ありませんが、埋蔵先を契約書に詳細に記載しているような場合には、受任者は契約書に縛られることになるため、後々契約違反を問われないためにも契約書の変更が必要となってきます。

1　死後事務委任契約はカスタムメイドが基本　　155

また、第2項においては、契約書に記載のない事項については当事者が協議によって定めることを規定しています。

(8)　第8条（委任者からの解除）・第9条（受任者からの解除）

第8条（委任者からの解除）

　　甲は、乙に対して○日前に書面で予告することにより、本契約を解除することができる。

　　ただし、甲は、やむを得ない場合を除き、解除によって生じた損害を乙に賠償しなければならない。

2　甲は、下記各号に定める場合は、乙に対する書面による通知をもって、直ちに本契約を解除することができる。

　⑴　乙がその心身の故障その他の事由により本件委任事務を行うことが不可能又は著しく困難であるとき

　⑵　乙が本契約の義務に違反し、甲が相当の期間を定めて催告をしたにもかかわらず是正されないとき

　⑶　乙が本契約の義務に違反し、その程度が重大であるとき

第9条（受任者からの解除）

　　乙は、やむを得ない事由がある場合は、甲に対して○日前に書面で予告することにより本契約を解除することができる。

2　前項の規定にかかわらず、乙は、下記の事由がある場合は、直ちに本契約を解除することができる。

　⑴　乙がその心身の故障その他の事由により本件委任事務を行うことが不可能又は著しく困難であるとき

　⑵　甲が本契約の義務に違反し、その程度が重大であるとき

　⑶　本件委任事務を行うことが乙の責に帰することのできない事由により不能となったとき

死後事務委任契約も委任契約である以上、各当事者はいつでもその解除をすることができます（民法651条1項）。ただし、無制限に解除を認めてしまうと当事者にとって不都合なタイミングで解除されてしまうこともあるため、上記のような解除制限を設けておく必要があります。特に相続人からの解除を自由に認めてしまうと死後事務委任契約を結んだ意味が失われてしまう可能性があるため、本契約例文においては、第1条第2項にて委任者の相続人は、上記第8条第2項に該当する事由がなければ解除できないとし、相続人からの解除についても解除事由を明記しています。

　また、受任者からの解除については、死後事務委任契約の性質上、委任者が判断能力の衰えた高齢者であることが多いことから、受任者からの解除を自由に認めてしまうと契約を解除された高齢者が新たな死後事務委任契約を結ぶことができないまま死亡してしまう危険性があるため、受任者からの解除は「やむを得ない事由がある場合」に限って認めるなどとして、委任者からの解除よりも厳しく制限されるべきものと考えます。

(9)　第10条（契約の終了）

> **第10条〔契約の終了〕**
> 　本契約は、次の各号の一つに該当する事由があるときは、当然に終了する。
> ⑴　乙が、死亡又は破産手続開始決定を受けたとき。
> ⑵　乙が、後見、保佐又は補助開始の審判を受けたとき。

　委任契約は当事者間の信頼関係によって成立しているため、当事者の死亡により終了するのが原則ではありますが、この規定自体は任意規定と考えられているため、第1条に記載のように委任者の死亡によって契約は終了しないことを定めておくことができます。ただし、受任者が死亡した場合はそもそも委任事項を履行する人がいなくなっ

1　死後事務委任契約はカスタムメイドが基本　　157

てしまうことから、受任者死亡の場合は契約が終了することになります。

　法人が受任者となる場合は、契約担当者が死亡したとしても死後事務の受任者は法人であるため、契約担当者の死亡に左右されることなく契約は継続することになりますが、法人の場合でも破産や解散等で事業を停止した場合は契約の終了となります。

●法人が受任者の場合の記載例

⑴　乙が、破産手続開始決定を受けたとき

⑵　乙が、解散又はその他の事由により事業の継続をできなくなったとき

　その他にも、受任者が一定の資格、例えば弁護士等の士業としての資格を有していることを信頼して契約を行っているような場合は、受任者が士業としての資格を失ったことを契約終了の事由にすることや、死後事務委任契約と併せて任意後見契約等が結ばれているような場合なら、任意後見契約が解除された場合は同時に死後事務委任契約も解除される形にしておくことなども考えられます。

●特定資格を受任者が失ったことを終了の条件としている例

⑴　乙が、○○士の資格を喪失したとき

●死後事務委任契約とは別の契約が解除された場合は、死後事務委任契約も終了とする例

⑴　甲と乙との間で別途締結した「○○契約」があるときは、その契約が解除されたとき。

　また、死後事務に関する費用や報酬を預託金ではなく委任者の遺産から清算するケースでは、執行時に委任者の資産状況が悪化しており、

死後事務の執行に必要な費用や報酬額が委任者の預貯金等で残っていない可能性もあります。そうした場合は、委任者の預貯金等の不足額によっては死後事務の執行を断念せざるをえないこともあるため、そうした委任者の資産状況の悪化に備える条文を入れるケースもあります。

---

(1) 甲の死亡時における甲の遺産価額が、本件委任事務の処理に必要な費用及び第○条に定める乙に対する報酬額の合計額に満たないとき

相談者は受任者が死亡した場合についても心配している

　死後事務委任契約に関する相談を受けている際に相談者からよく受ける質問の一つが「あなた（受任者）が死んだら契約はどうなるの？」です。

　死後事務受任者が個人の場合でしたら、受任者の死亡によって死後事務委任契約は終了してしまいますし、受任者が法人の場合なら、担当者が死亡したとしても契約自体に影響はありません。

　死後事務委任契約の相談者は自分に万が一のことがあった場合に備えて相談に来ていますので、当然、契約の相手方に何かあった場合についても気になるのは当然です。この質問が来た際に、「私が先に死んだ場合や病気で動けなくなってしまったときは契約は終了となります。」と答えるのか、「受任者は私の勤める法人となりますので、私に何か起きても代わりの担当者が付きますので安心してください。」と答えるのかで、相談者が受ける印象は大きく変わってきます。

　死後事務を依頼する側からすれば、受任者側の事情で契約が左右されるというのはやはり不安に感じる部分も多いでしょうから、個人で受任する場合は上記の質問にどのように答えたら相談者に安心してもらえるのかは十分検討しておく必要があるでしょう。

⑽　第11条（報告義務）

> **第11条（報告義務）**
> 　　乙は、甲の相続人、遺言執行者又は相続財産清算人に対し、本件委任事務終了後の1か月以内に、次の事項について書面にて報告しなければならない。
> ⑴　本件委任事務の処理のために講じた内容
> ⑵　支出した費用の金額、内訳
> ⑶　報酬の収受状況

　死後事務委任契約は委任契約であるため、その委任された事務が終了した後は遅滞なくその経過及び結果を報告しなければなりません（民法645条）。死後事務委任契約の終了時に報告する内容としては、上記の⑴〜⑶のような事項となります。

　問題は、「誰に報告すればよいのか？」となりますが、基本的には委任者の地位を相続した相続人に対して行うことになります。死後事務委任契約の性質上、委任者が全くのひとり身であり相続人がいないことも考えられます。

　相続人がいない場合、遺言書によって包括受遺者を指定しているケースがありますので、包括受遺者がいる場合は、相続人と同等の権利義務を有する包括受遺者へと報告することになります。また、相続人も包括受遺者もいないために、相続財産清算人が選任されるケースにおいては、相続財産清算人に対して管理財産等の引継ぎを行うことになります。

⑾　第12条（守秘義務）

> **第12条（守秘義務）**
> 　　乙は、前条までの定めに基づくすべての事務処理に際して知り得た甲の秘密を、正当な事由なく第三者に漏らしてはならない。

1　死後事務委任契約はカスタムメイドが基本　　161

死後事務受任者は、委任者の死亡後の手続きを行う関係上、委任者に関する多くの情報を知る立場となります。そうした情報のなかには、委任者の健康状態や財産に関する情報、委任者の契約している各種契約内容、そして場合によっては、各種契約の解除に備えて ID やパスワード等を事前に教えてもらうこともあるため、情報の管理には十分な注意を払う必要があります。守秘義務は、受任者として当然に課せられる義務となります。

2　預託金を設定する場合の死後事務委任契約書の一例

　預託金を設定した場合の例文についても変更のある箇所を掲載します。

　基本的な内容は同じとなりますが、預託金を設定した場合は、預託金の授受に関する条項（第5条）や契約終了時の預託金の清算に関する条項等（第12条）が記載されることが一般的です。

死後事務委任契約書

　委任者 ○○○○（以下「甲」という。）及び受任者 ○○○○（以下「乙」という。）は、以下のとおり甲の死後事務委任契約（以下「本契約」という。）を締結する。

第1条（契約の効力）

第2条（委任事務の範囲）

第3条（葬儀・埋納骨等）

第4条（連絡・通知等）

第5条（預託金の授受）

　　甲は、乙に対し、本契約締結時に、本件死後事務を処理するために必要な費用及び乙の報酬に充てるために、本契約締結時に、金○○万円を預託する（以下、「預託金」という。）。

2　預託金には利息を付さないものとする。

3　乙は、預託金を乙の財産と分別して管理しなければならない。

4　乙は、預託金について預り証を発行する。

第6条（費用の負担）

2　預託金を設定する場合の死後事務委任契約書の一例　　163

本件委任事務を処理するために必要な費用は、すべて甲の負担とし、乙は、預託金からその費用の支払いをすることができる。

2　乙が本件委任事務を処理するために必要な費用を立替払いした場合、乙は、本件委任事務処理完了後、預託金から立替金相当額の求償金を受けることができる。

第 7 条（報酬）

　　甲は、乙に対し、本件委任事務処理の報酬として金○○万円（別途消費税）を支払うものとし、乙は、本件委任事務終了後、甲の預託金からその支払いを受けることができる。

第 8 条（契約の変更その他協議）

第 9 条（委任者からの解除）

第 10 条（受任者からの解除）

第 11 条（契約の終了）

第 12 条（預託金等の清算）

　　乙は、本件委任事務終了後、遅滞なく預託金を清算しなければならない。

2　乙は、前項の清算の結果、余剰が発生した場合にはこれを甲の相続人又は遺言執行者に対し返還し、預託金が本件死後事務の費用又は報酬に不足する場合には、乙は、甲の相続人又は遺言執行者に対して、その不足額の支払いを求めることができる。

3　乙は、本件委任事務の処理のために保管している物があるときは、本件委任事務終了後、遅滞なくこれを甲の相続人又は遺言執行者に対し返還しなければならない。

第 13 条（報告義務）

　　乙は、甲の相続人、遺言執行者又は相続財産清算人に対し、本件委任事務終了後の 1 か月以内に、次の事項について書面にて報告しなければならない。

⑴　本件委任事務の処理のために講じた内容

⑵　支出した費用の金額、内訳

⑶　報酬の収受状況

⑷　預託金の保管及び清算結果

第14条（守秘義務）

(1)　第5条（預託金の授受）

第5条（預託金の授受）

　　甲は、乙に対し、本契約締結時に、本件死後事務を処理するため
に必要な費用及び乙の報酬に充てるために、本契約締結時に、金
○○万円を預託する（以下、「預託金」という。）。

2　預託金には利息を付さないものとする。

3　乙は、預託金を乙の財産と分別して管理しなければならない。

4　乙は、預託金について預り証を発行する。

　死後事務の執行に必要となる費用や受任者に対する報酬を契約時に
委任者から予め預託金として預かっておくことで、受任者としては執
行費用及び報酬を確実に清算できることとなります。ただし、預託金
を事前に預ける場合は、受任者が預託金を横領したり、受任者が破産
する等した場合に預託金が委任者に返還されない危険性があるため、
預託金を預かる方法での死後事務委任契約の締結は、委任者への十分
な説明と、預託金を預かった場合の預り証の交付及び預託金を受任者
の財産とは分けて管理する分別管理が徹底される必要があります。

　また、預託金は、最終的には死後事務完了後に清算することになる
ため、清算時に利息の処理を行わないようにするために無利息である
ことを示しておくとよいでしょう。

2　預託金を設定する場合の死後事務委任契約書の一例　　165

(2) 第12条（預託金等の清算）

> **第12条（預託金等の清算）**
> 　乙は、本件委任事務終了後、遅滞なく預託金を清算しなければならない。
> 2　乙は、前項の清算の結果、余剰が発生した場合にはこれを甲の相続人又は遺言執行者に対し返還し、預託金が本件死後事務の費用又は報酬に不足する場合には、乙は、甲の相続人又は遺言執行者に対して、その不足額の支払いを求めることができる。
> 3　乙は、本件委任事務の処理のために保管している物があるときは、本件委任事務終了後、遅滞なくこれを甲の相続人又は遺言執行者に対し返還しなければならない。

① 余剰金等の返還先について

　預託金を預かる形で死後事務委任契約を締結するケースは、預託金を事前に預けておき、委任者の死後に必要となる費用や報酬に充ててもらうという考えですから、委任者が遺言書を作成していないケースも多くあります。遺言書を作成しない理由は人それぞれですが、遺言書を作成していない以上、遺言執行者はおらず、また相続人もいないといったことも十分考えられます

　そのようなケースでは、預託金の余りや委任者死亡時の手荷物品（病院や施設に持ち込んでいた、手許現金、通帳、キャッシュカード、印鑑、自宅の鍵類等）の返還先が問題となります。受任者が遺言執行者も兼ねているようなケースなら、契約時に委任者の家族関係等の聴取りをした段階でそれに合わせた遺言書の内容にすることで、こうした問題も防ぐことができますが、病院や施設等からの緊急依頼のようなケースでは遺言書の作成にまで至らないこともあります。ですので、死後事務委任契約のみを単独で契約しているような場合には、相続人や遺言執行者等の余剰金や預り品の返還先となるべき相手がいないと

いうことが起きてしまう可能性がありますので、そうした事態になった場合にはどのように対処するのかを決めておく必要があります。

②　相続財産清算人へ引き継ぐ方法

相続人が不存在等、余剰金等の相続財産を管理する人がいない場合であるなら、受任者が委任者の財産を預かる利害関係人として家庭裁判所に対して相続財産清算人の選任申立てを行い、選任された相続財産清算人へと余剰金等の財産を引き継ぐことになります。

③　供託する方法

相続財産清算人の申立てには予納金を納める必要があり、受任者が保管している余剰金等の委任者の遺産額では予納金の額に足らず、相続財産清算人の選任申立てへ進めないことも予想されます。契約時に相続人不存在になることがわかっていれば、遺言書の作成や相続財産清算人の選任申立て用の資金も預かるなどの方法で対処すべきところですが、必ずしも準備ができるとは限りません。

相続財産清算人への引継ぎができない状況の場合で、受任者の保管物がもっぱら金銭であるなら供託制度（※）を利用する方法もあります。

民法951条の規定により、相続人がいない場合の相続財産は相続財産法人となります。ただ、相続財産法人が成立したとしても、その相続財産を管理すべき管理者がいないため、受任者としては相続財産法人へと余剰金等を引き継ぐことができません。これは相続財産法人が受任者からの弁済を受けることができない状況といえるため、同494条1項2号の規定に従い供託を行うことで受任者としての責務を果たしたことになります。

供託とは、金銭、有価証券などを国家機関である供託所に提出して、その管理を委ね、最終的には供託所がその財産をある人に取得させることによって、一定の法律上の目的を達成しようとするために設けられている制度です。この供託金等を預けるときや、払い渡すときには、法務局の職員（供託官）が専門的な見地から、法律上の要件を満たしているかの審査を行っています。

　供託が認められるのは、法令（例えば、民法、会社法、民事訴訟法、民事執行法等）の規定によって、供託が義務付けられている場合または供託をすることが許容されている場合に限られています。

（法務局ホームページより抜粋）

④　委任者の指定口座へ返還する方法

　相続財産清算人の選任申立て及び供託制度の利用のほかに、より簡便な方法として委任者が予め指定していた口座へ余剰金を返還するという方法があります。預託金を預かるケースでは、余剰金等の返還が発生することも多いため、予め返還先となる委任者所有の銀行口座番号を確認しておくことで、死後事務の完了後の余剰金等については、委任者指定の口座へ振り込む形で余剰金の返還を終えることができます。相続人や遺言執行者がいないことから、金融機関へ委任者の死亡を知らせる者がおらず、委任者の口座が凍結される可能性はかなり低いため、委任者の了承が得られる場合なら委任者の指定する口座への返金も相続財産清算人の選任申立や供託制度の利用に代わる選択肢の一つとなり得ます。

⑤　余剰金を受任者の追加報酬として処理する方法

　事業者によっては、預託金に余剰が発生した場合には、その余剰金すべてを事業者の追加報酬にするとしているところもあります。追加報酬の規定を置いておくことで、余剰金が発生した場合でも相続人等への返還や相続人不存在時の相続財産清算人の選任申立てをする必要

168　　第4章　実際の死後事務委任契約書の作成

もなくなることとなり、受任者としては非常に簡便に清算手続を終えることができるようになります。

　ただし、余剰金を受任者の追加報酬とする規定を置いてしまうと、受任者が自身の報酬額を増加させる目的で、委任者に本来必要な支出を拒む場合や契約時に定めた依頼内容とは異なる、費用の安い方法で死後事務を執行するなど、受任者がなるべく多くの余剰金が残るように画策する危険が出てきます。こうした余剰金を追加報酬にする規定は、依頼者にとって不利益に働くケースが多くあるため、死後事務の執行に関する監督者を置いていないような場合には追加報酬とする規定を設けるのは避けるべきといえます。

3 夫婦や兄弟での死後事務委任契約利用（条件付き同時契約の条項例）

　第2章6（83ページ）で解説した夫婦や兄弟二人暮らしの人が死後事務委任契約を同時に結ぶ場合の契約書の条項例をここで紹介していきたいと思います。

　夫婦や兄弟二人暮らしの人と同時に死後事務委任契約を結ぶ場合、委任者の希望としては、委任者の片方が亡くなった場合は、生存配偶者や兄弟にてその死後の手続きは行い、残されたもう一人が亡くなった際の死後事務を受任者にて行ってほしいというものです。夫婦や兄弟といった関係は年齢が近いことも多く、どちらが先に亡くなるかについて確実な予測をすることはできませんし、どちらかが亡くなり、おひとりさまになってから契約をしようと考えていると、相談者の年齢や健康状態によっては認知症等によって契約を結べなくなっている可能性もあります。ですので、契約を結ぶタイミングとしては、相談に来たまさにその時であり、おひとりさまになるのを待っていたのでは手遅れとなってしまう可能性があります。こうした場合における契約書のカスタムメイドの仕方としては、まずは夫婦や兄弟のそれぞれと死後事務委任契約を結んでおき、どちらが先に亡くなっても受任者にて対応できる形にしておきます。

　次に、生存配偶者や兄弟がいる場合は死亡した委任者との契約が自動的に無効になるようにしておき、最後にもう一人の委任者が亡くなった際に、死後事務受任者として活動できる契約内容にしておく必要があります。

　具体的には、契約書内に次のような契約条項を盛り込むなどする方法があります。

170　第4章　実際の死後事務委任契約書の作成

> **第1条（契約の効力）**
>
> ・・・・
>
> 2　・・・
>
> 3　本契約は、甲の死亡時に、甲の妻　○○○○（昭和○○年○月
> ○○日生）が死亡しているときに、その効力を生ずるものとする。

　先に示した死後事務委任契約書の例文において、第1条の契約の効
力を定めた条文中に上記の第3項のような形で契約が有効となる条件
を追加しておくというものです。このような形で死後事務委任契約が
有効となる条件を付けておくことで、生存配偶者が存命なうちは条件
が満たされることがないため、亡くなった人と結んだ死後事務委任契
約書は自動的に無効となります。つまり、契約自体は夫婦二人とした
けれども、受任者として実際に執行手続を行うのはどちらか片方のみ
ということになります。

　この形式で契約書を作成するメリットは、死後事務受任者に対して
支払う報酬が1人分で済むようになるということです。契約書は2人
分作成することになり、それぞれの契約書に受任者への報酬規程が定
められることになりますが、契約書が有効となる条件を付けておくこ
とで片方の契約は自動的に無効になるため、報酬の支払いもしなくて
済むようになります。そのため、夫婦2人の段階で死後事務に関する
相談に来た場合であっても、2人分の報酬は必要ないとわかれば、契
約に前向きになる可能性があり、おひとりさまになってからの契約の
ように契約が手遅れとなってしまうことを防ぐことができるようにな
ります。子供のいない夫婦や未婚の兄弟が今後ますます増えていくと
予想される状況では、こうしたおひとり様予備軍に向けた死後事務委
任契約の需要も伸びてくるのではないかと考えています。

4 死後事務委任契約書の作成方法

　預託金のケースも含めて、一般的な死後事務委任契約書の記載例と条項に関する説明をしてきましたが、ここに掲載した契約書例はあくまで一般的な事例を基にした例文であり、委任者の依頼内容によってはより詳細に各条項を作り込んでいく必要があります。本章のはじめにも書きましたが、死後事務委任契約書は委任者の状況に合わせてカスタムメイドしていくのが基本となります。ですので、本来でしたら受任者自身が依頼者から要望を聴き取り、受任者自身がその要望を反映した契約書を作成できるのがベストな方法となります。

　しかし、死後事務受任者のすべてが法律や契約書の作成に精通しているわけではないため、必要に応じて専門家へと依頼していく必要も出てきます。専門家への依頼としては、公証人に死後事務委任契約書を作成してもらうケースがありますが、公証人に作成してもらうケースでは、死後事務委任契約書に関する打合せの手間や公証役場へ委任者と受任者が赴く必要があること、そして作成ごとに公証人へ報酬を支払う必要があります。

　親族間でトラブルを抱えているようなケースであっても委任者本人の意思を正しく記載した公正証書という形で契約書を残すことができるため、受任者が親族間のトラブルに巻き込まれる恐れがあるようなケースにおいては利用すべき方法となります。また、受任者自身が死後事務委任契約書について詳しくない場合であっても、委任者と受任者の要望を公証人へと伝えることで、契約書の内容については弁護士等の専門家へ依頼する場合と同様、公証人において依頼内容に沿った形で作成してもらうことができます。一度、公証人に死後事務委任契約書を作成してもらうことで、次回からは公証人へ依頼する際に前回作成してもらった公正証書の内容に基づいて変更や追加項目の部分

172　第4章　実際の死後事務委任契約書の作成

だけ相談すればよくなるため、2回目以降の作成では作成に要する時間をかなり短縮することも可能となります。

公証人に作成を依頼するほか、事業者によっては、高齢者等終身サポート事業を始める前に身元保証契約等と併せて死後事務委任契約書についても弁護士等の専門家へ作成依頼を出し、専門家が作成した死後事務委任契約書を共通の契約書として使用し、委任者には署名と捺印だけをしてもらえばよい形にしているケースもあります。この方法なら、契約書のひな型作成時に専門家へと支払う作成費用は発生しますが、それ以降は同じ契約書を流用し続けることができるため、公証人へ依頼する場合のように契約ごとの作成費用は不要となります。

ただ、弁護士等の専門家へ依頼することで、死後事務委任契約書のひな型は出来上がりますが、そのひな型がすべての委任者に満足のいくものであるとは限りません。定型のひな型では、委任者の要望が契約書内に十分に反映されておらず、委任者が自身の死後に本当に要望どおりに手続きを進めてくれるのかと不安を感じるケースもあります。

そのような場合は、委任者の要望に応じて契約書の内容を随時作り直していき、依頼者の要望が十分に反映された契約書をカスタムメイドすることで、依頼者の不安を払拭することが可能となりますので、ひな型に捉われない、カスタムメイドの契約書にも挑戦してみてください。ただし、専門家の作成した契約書は各条項が矛盾なく成立するよう組み立てられていますので、1箇所だけ変更した場合であっても、変更箇所によっては契約書全体に影響を及ぼしてしまう恐れもありますので、専門家が作成した契約書への変更や修正については内容を十分に理解したうえで行うようにしてください。

4　死後事務委任契約書の作成方法　　173

第５章
死後事務委任契約に掛かる費用と報酬

1 死後事務委任契約の費用と報酬

　死後事務委任契約における費用や報酬をいくらに設定するのかというのは非常に重要であり、ここを間違えてしまうと費用の清算や業務完了後の報酬の受取りの際に契約時に預かった預託金では不足するといったことが発生してしまいます。しかし、死後事務委任契約に関する費用や報酬の設定については各事業者でバラバラであり、また、契約時に利用者が支払う金銭の名目も「契約金」「申込金」「分担金」「身元保証料」「葬祭費」等、各事業者が提供するサービスに合わせて付けられているため、比較検討をしづらく、利用者が混乱する一因となっています。

　また、死後事務に関するサービスを提供する事業者においては、死後事務委任契約のみを受任するケースは稀で、基本的には身元保証や日常生活支援、見守り契約や任意後見契約といった、死後事務委任契約を結ぶ高齢者が必要とするその他のサービスと併せて提供しているケースほとんどかと思われます。ですので、事業者のホームページやパンフレット等には死後事務委任契約単独での費用が掲載されるケースもありますが、どちらかというと身元保証や日常生活支援といったサービスも含めた全体での契約料金や基本料金、死後事務に備えるための預託金といった形で提示されているケースのほうが一般的といえるかもしれません。

(1) 費用の設定方法の例

　費用の設定方法の一例として、令和5年の総務省行政評価局によって行われた高齢者等終身サポート事業者に関する調査報告書において、事業者のサービスを利用する際の費用の例として次のような調査報告が掲載されています。

費目／事業者	A事業者	B事業者	C事業者	D事業者
実施するサービス	身元保証、日常生活支援、死後事務	身元保証、日常生活支援、死後事務	身元保証、日常生活支援、死後事務	身元保証、日常生活支援、死後事務
基本料等	基本料金 51.6万円（入会金44万円を含む。）	基本契約料金 46.2万円 遺言書を作らない場合の基本契約料金 52.8万円	申込金5万円 分担金 15万円 年会費 1.2万円	契約金 66万円
契約手数料等	弁護士費用 12.6万円	公正証書遺言作成 13.2万円	公正証書作成 10万円 立会人費用 1〜2万円	－
身元保証料	身元保証支援 19.8万円	身元保証料金 33万円	身元保証 5,000円／件 緊急連絡先 3,000円／件	－
生活支援費用	33万円（うち22万円は預託金）22万円超過分は都度徴収 緊急支援1.1万円／4時間 一般支援 1,100円／時	財産管理 1.65万円／月 後見サポート 3.3万円／月 訪問料金 5,500円／時 お手伝い 5,500円／時 夜間お手伝い 7,150円／時等	預託金 20万円〜 サポート費用 2名1.5万円／日 2名7,500円／半日等	見守り支援費用 満80歳となった翌月以降 1.5万円／月 訪問日当 3,300円／時 任意後見申立費用 11万円等
死後事務費用	葬送支援費（預託）73万円	要相談（信託口座に預託）	50万円〜（預託金）	預かり金 120万円
合計（都度払いの費用を除く。）	190万円	約92万円（基本料金46.2万円）99万円（基本料金52.8万円）※いずれも死後事務費用を除く。	約100万円	186万円

（身元保証等高齢者サポート事業における消費者保護の推進に関する調査結果報告書　総務省行政評価局）

上記の表を見てもわかるとおり、各事業者が提供するサービスが概ね一緒の場合でも、料金設定の方法や費用の額はバラバラであり、死後事務に関する費用一つをとっても、事業者ごとで大きく異なっています。そのため、死後事務委任のサービスを提供しようと考えた場合、事業者としては、死後事務委任契約の他にどういったサービスを提供するのか、また死後事務委任を含めた全体のサービスについての料金設定をどうするのかといった部分についても考える必要があります。こうした事情を踏まえたうえで、具体的な死後事務費用にはどういったものがあるのかを見ていきたいと思います。

　死後事務に関する具体的な清算項目や必要な費用がわかることで、預託金等をいくらくらいで設定すればよいのかが見えてくるかと思います。死後事務に要する実費の部分が把握できることで、それ以外のサービスや契約手数料等をいくらに設定して、最終的にサービス全体の価格をどのように設定していけば依頼者にとって利用しやすい価格になるのか参考にしてください。

　下記は、当協会の契約者が亡くなった際の実例を基に作成した死後事務に関しての実費の内訳となります（個人の特定を防ぐために事実と異なる部分があります）。

葬儀費用（直葬）	203,110 円
埋納骨費用 （納骨堂・合祀タイプ）	80,000 円
未払いの固定資産税	26,000 円
医療費と施設利用料 の清算	153,075 円
介護保険料の支払い	2,910 円
公共料金の支払 （電気・ガス）	5,812 円
回線契約の解約・ 清算	32,537 円
クレジットカードの 清算	49,725 円
自宅マンション 管理料支払	21,800 円
遺品整理（2LDK）	256,000 円
合　計	830,969 円

Case1.（依頼者　70代　女性）

・肺ガンのステージ4の段階で死
後事務委任契約を締結
・契約から3年後に入所施設で死
亡
・死亡届は、施設長に記載依頼
・未払い医療費等は、受任者にて
立替清算
・葬儀は参列者のない直葬で実施
・遺骨は合祀タイプの納骨堂にて
永代供養
・自宅マンション内に残っていた
介護レンタル品の返却
・遺品整理後に電気・ガスの停止
及び清算
・すべての清算完了後に相続人へ
と引継ぎ

葬儀費用（直葬）	115,000 円
埋納骨費用 （菩提寺へ埋蔵）	188,500 円
公共料金の清算 （電気・ガス）	4,217 円
回線契約の解約・ 清算	4,104 円
カード利用料の清算	25,977 円
仏壇の魂抜き	30,000 円
遺品整理（3LDK）	434,200 円
合　計	801,998 円

Case2.（依頼者　80代　男性）

・心臓に持病あり
・契約から2年後に死亡
・安否確認の際に受任者が自宅で
の異常を察知して通報
・葬儀は指定葬儀社にて直葬の方
法で実施
・死亡届は住宅供給公社に記載依
頼
・菩提寺にある永代墓への埋蔵希
望
・墓碑への追加彫り依頼あり
・仏壇の魂抜後に遺品整理を実施
・遺言執行者へ業務を引継ぎ完了

1　死後事務委任契約の費用と報酬

葬儀費用 （直葬・収骨なし）	135,900 円
入院費用の清算	60,200 円
公共料金の清算 （電気）	5,855 円
未払い家賃の清算	37,000 円
軽自動車税の清算	12,900 円
回線契約 （端末代一括清算）	75,330 円
遺品整理（1K）	66,000 円
合 計	393,185 円

Case3.（依頼者　60 代　男性）

・緊急依頼
・契約から 1 か月後に肝臓ガンを
　原因に死亡
・死亡届は病院へ記載依頼
・入院前に身辺整理を終えており、
　依頼は最低限の内容
・葬儀は直葬で収骨なしを希望
・緊急依頼のため、自筆証書遺言
　及び一般契約書での死後事務委
　任契約書を作成して対応

葬儀費用（直葬）	115,000 円
入院費用の清算	32,230 円
永代供養料	50,000 円
介護レンタル品の 返却・清算	1,550 円
合 計	198,780 円

Case4.（依頼者　80 代　男性）

・病院からの相談依頼
・契約から 6 か月後に膵臓ガンに
　て死亡
・死亡届は病院へ記載依頼
・葬儀は直葬にて実施
・遺骨は菩提寺へ永代供養を依頼
・遺言書を作成しなかったため、
　預託金（100 万円）で対応
・医療費関連の清算と菩提寺への
　永代供養のみ希望
・死後事務完了後、相続人へ保管
　物引渡しにて完了

　実費の部分で大きく占めることになるのが、「葬儀費用」「埋納骨費用」「医療費」「遺品整理費用」等になってきます。

① 火葬料
　Case1. ～ Case4. は、いずれも名古屋市の火葬場にて火葬をしているため、火葬料は市民の場合は 5,000 円で済みますが、名古屋市近隣

地区で依頼者の住所地に火葬場がないようなケースでは、名古屋市の火葬場に運んで火葬するため、その場合は、市民以外の火葬費用として7万円が必要となります。市民かそうでないかで火葬料金が大きく異なってくるため、こうしたケースでは直送の場合でも20万～30万円近くの費用を見ておかなければならなくなります（通常の直葬費用を10万～20万円で想定）。

　火葬料については、自治体が運営しているのか、民間が運営しているのか、また自治体が運営している場合であっても火葬料金は大きく異なってくるため、広域に渡って死後事務のサービスを提供しようと考えている場合は、各地区の火葬料金については事前に把握しておく必要があります。

●火葬場料金（単位：円／大人1人）

火葬料金	自治体 運営					
	京都市	名古屋市	横浜市	立川市	瑞江葬儀所（東京都）	臨海斎場※
住　民	2万	5,000	1万2,000	無料	5万9,600	4万4,000
住民外	10万	7万	5万	8万	7万1,520	8万8,000

火葬料金	民間 運営	
	東京博善（都内6か所）	小坪斎場（神奈川）
住　民	9万	6万
住民外		8万

（自治体ごとの火葬料金の一例）　※臨海斎場は、港区、品川区、目黒区、大田区、世田谷区の共同事業

　直葬のようなシンプルな葬儀の場合であれば葬儀社へ支払う費用は大きくは変わらないでしょうが、依頼者が葬儀方法を指定するようなケースでは、葬儀費用は依頼者ごとに変動します。また、依頼者が希

1　死後事務委任契約の費用と報酬　181

望する戒名を付けてもらうような場合には、戒名のランクによっては
かなり高額になる可能性も出てきます。死後事務委任契約を希望する
人で何百万円もの葬儀を希望するケースはめったにいないと思われま
すが、身内だけに参列してもらう形での家族葬や互助会の積立金を利
用して葬儀をしてほしいという希望については珍しくはありませんの
で、そうした依頼の場合は事前に葬儀社へ葬儀費用等の概算金額を確
認しておく必要があります。

　火葬後の焼骨の扱いについても、供養の方法によっては費用が大き
く異なってくる部分です。既に所有している墓へと埋蔵する場合でし
たら、住職へのお布施程度で済みますが、墓石へ追加彫りをしたり新
規に霊園と契約をするケースでは費用が大きく変わってきます。また、
最近増えてきている納骨堂をはじめとした海洋散骨や樹木葬等の供養
方法についても、契約プランによって費用が大きく変わってくる部分
となりますので、希望するプランに合わせた予算の確保が必要となり
ます。

②　医療費・施設利用料

　医療費や施設利用料等については、高齢者施設に長年入所している
ようなケースでしたら、利用者の口座から自動引き落としとなってい
るケースも多いため、未払いの施設利用料が高額になるということは
あまりありませんが、上記で示した事例のように自宅療養から体調悪
化で緊急入院しているようなケースでは、入院期間中に依頼者自身で
支払いを行うことが難しく、死亡までの期間の医療費が未払いのまま
残っているケースもあります。医療費については、実際にそのときに
なってみないといくら清算に必要となるのかは予測が難しい部分でも
ありますので、必要に応じて担当医師や相談員等へ確認するなどして、
入院中の委任者の医療費清算の支援等を行っていく必要があります。

③　遺品整理

遺品整理については、近年は生前見積を無料でしてくれる遺品整理事業者は多数存在しますので、複数の事業者に見積りを出してもらい参考にするのがよいでしょう。遺品整理事業者は、事業主体や作業方法によって大きく金額が変わってくる業種でもあるため、なかなか一般の人には遺品整理にいくら掛かるのかといった部分はわかりづらいものです。

依頼者の自宅が戸建てのようなケースでは、家財の物量によっては遺品整理だけで100万円以上の費用が発生するケースも珍しくはありませんので、死後事務委任契約を結ぶにあたって遺品整理の見積りは必ず必要となってきます。ただし、遺品整理業界は入れ替わりの早い業種であり、またゴミの処分費用も年々高額になってきているのが実情のため、死後事務委任契約のように見積りから数年後に遺品整理を行うといったケースでは、当時の遺品整理業者が廃業していたり、生前見積の時と実施時では費用が大きく異なることも十分あり得ます。そのため、生前見積りはあくまで参考程度にして、過信し過ぎないように注意が必要です。

死後事務委任契約を執行するなかで、大きく金額が変わりやすい部分は以上のとおりですが、依頼者すべてに共通するわけではありませんので、依頼者の希望のなかに金額の予想ができないような内容が含まれている場合は、必ず契約前に費用の確認をする必要があります。そうした、死後事務執行時に掛かる費用の大まかな部分を掴んだうえで、細かな清算や予想外の出費に備えるための予備費を加えた額を預託金で預かったり、遺言執行者として清算をする場合なら依頼者の預貯金等で残しておいてもらう形で、死後事務の執行に備えることとなります。

したがって、死後事務委任契約を単独で提供する事業者でしたら、死後事務執行費用に自身の報酬額を追加した金額が依頼者に提示する

1　死後事務委任契約の費用と報酬　　183

契約料となりますし、単独でのサービス提供ではなく、身元保証や生活支援等のサービスを提供する事業者の場合なら、これに加えて事業者の収入とするべき、契約料や基本料金といった項目を定めていくことになります。

2 死後事務委任に要する費用の支払方法

　次に、死後事務委任契約の費用と報酬の清算の仕方について見ていきたいと思います。

　先程、紹介した総務省行政評価局作成の事業者ごとの費用例の一覧からは、事業者ごとに各サービスに合わせた名目で契約費用や基本料金のように契約時に支払うものもあれば、年会費や月額利用料といった形で契約が続く限り継続的に支払いが発生するものなど、費用や報酬の支払方法は様々に見えますが、死後事務費用については、どの事業者も「預託金」という形で預かっているのがわかります。

　死後事務費用とは、死後事務委任契約でいうところの委任者からの委任事項を遂行するのに必要な費用（医療費の清算・葬儀費用・遺品整理費用等）に充てる金銭と考えられますので、多くの事業者が死後事務に関する費用については、「預託金」として契約時に委任者から預かっていることがわかります。死後事務委任契約に関する費用や報酬の支払方法としては、大別すると預託金か預託金以外かで分かれることになります。

　総務省行政評価局の調査では、事業者が高齢者等終身サポート事業と契約する際の預託金の有無や預託金の管理方法も調査しています。

　調査結果から見てわかるとおり、「預託金なし」としている事業者に比べて多くの事業者が「預託金あり」としていることがわかります。事業者としては、死後事務の執行に必要な費用を事前に預かることで、契約期間中の委任者の資産状況の悪化に影響を受けることなく業務を進めていくことが可能となりますので、いざ、費用や報酬を清算しようとしたときに、委任者の遺産が不足していて事業者の持ち出しになってしまったという事態を防ぐことができます。

（単位：事業者）

預託金の有無及び預託金がある場合の 預託金の管理方法	事業者数
預託金あり	157（77.0%）
自社の専用口座で管理する	108（68.8%）
信託会社の信託口座で管理する	29（18.5%）
自社以外の口座（信託口座を除く。）で管理する	33（21.0%）
預託金なし	47（23.0%）
合　計	204（100%）

（「身元保証等高齢者サポート事業における消費者保護の推進に関する調査結果報告書」総務省行政評価局）

　死後事務委任契約は、契約期間が長期に及ぶことから、契約時の委任者の資産状況は全く問題なかったとしても、高齢になるにつれて医療費や高齢者施設の利用等で支払いがかさみ、死後事務執行時には委任者の預貯金等に十分な金額が残っておらず、死後事務に必要な費用を捻出できない状況に陥っていることも考えられます。事業者のなかには、こうした赤字となってしまう依頼であっても、過去の依頼者の厚意で受け取った遺贈寄付等を積み立てておき、執行費用の不足する依頼に対して充当することで、個別の依頼としては赤字であっても依頼を遂行している事業者もあります。ただ、そうした対応は小規模な事業者には難しいため、多くの事業者が予め死後事務の執行に必要となる費用を委任者から預かる「預託金」にて対応しているのが現状です。

　預託金を預かることによって、受任者は委任者の資産状況に影響を受けることなく業務を遂行可能となりますが、反対に受任者の経営状態が悪化したような場合には、預託金の保管方法によっては、委任者は重大な損害を被る危険性をはらんでいます。第1章で紹介した公益財団法人日本ライフ協会の破綻事件がまさにこの預託金の保管方法が

問題になった事件であり、事業者の経営破綻が委任者に重大な損害を与えた事例となります。一口に預託金といっても、その依頼者より預かった金銭の管理方法としてはいくつかの方法に分かれます。

(1)　自社の専用口座で管理する

　預託金の管理方法として一般的に利用されているのが、自社の専用口座で管理する方法となります。ただ、この方法は日本ライフ事件を見てもわかるとおり、自社口座での管理の場合は事業者が預託金を自由に出し入れできる状態のため、事業者による預託金の不正利用の危険性があります。また、事業者が不正利用等をしなかったとしても、経営状態が悪化したことにより事業者が破産してしまった場合は、預託金として預けていた金銭が事業者の財産（破産財団）に取り込まれてしまう危険性があります。

　その場合、事業者の破産手続開始により死後事務委任契約が終了し、契約したサービスの提供を受けられないことになったとしても預託金として預けた金銭は返還されない恐れがあります。このように自社口座で預託金を管理する方法は、受任者の資産と預託金との分別管理が徹底されているとはいえず、長期契約を念頭に置く死後事務委任契約の預託金の管理方法としてはトラブルの原因ともなりやすい管理方法といえます。

(2)　信託銀行や信託会社の信託口座で管理する

　預託金の安全な管理方法として挙げられるのが、信託銀行や信託会社に預託金を信託しておく方法です。信託銀行や信託会社へ預託金を信託した場合、その金銭については、信託銀行や信託会社の固有財産とは分別管理され、仮に信託銀行や信託会社が破産したとしても、委任者の預託金は信託銀行や信託会社の財産（破産財団）に取り込まれることはありません。預託金を信託銀行や信託会社にて管理する方法は事業者の自社口座で管理する場合に比べて、不正利用や破産時の返

2　死後事務委任に要する費用の支払方法　　187

金トラブルの心配がなく、委任者としては安全に預託金を管理してもらえることになります。

　また、信託銀行や信託会社を利用するにあたって、高額の口座の預け入れ金額が信託利用のネックとなるケースがありますが、近年は死後事務委任契約等の契約を対象とした比較的利用しやすいサービスの提供も始まっています。預託金を信託口座で管理する場合は、預け入れ金額や信託報酬等の負担が委任者にかかることになりますので、利用の際は委任者とともに信託銀行や信託会社に詳細を確認するようにしましょう。

(3)　自社以外の口座（信託口座を除く）で管理する

　預託金の管理方法としては、提携士業の口座で管理してもらうという方法もあります。預託金の管理方法として問題となるのは、事業者が預託金を横領したり、破産等の際に事業者の財産として破産財団に取り込まれてしまうことです。要は、委任者の財産なのか受任者の財産なのかを明確にして、受任者が勝手に使用できない状況にしておくことでこうしたトラブルを防ぐことができますので、事業者以外の外部団体に管理してもらうことが分別管理の徹底につながります。

　信託銀行や信託会社の利用には、高額な預入れ資産や管理報酬が発生するケースもあり、死後事務委任契約を希望するすべての人にとって利用しやすい制度とはいえません。そうした状況下で、委任者から預かった預託金を安全に管理する方法として用いられているのが、弁護士事務所等の提携士業の口座で管理してもらうという方法です。預託金を預ける委任者としても、預託金の管理方法として「弁護士事務所で預託金を管理している」と聞けば非常に安心するところであり、事業者としても預託金の管理方法としては説明しやすくなりますので、提携士業がいる事業者なら一度預託金の管理方法として相談してみるとよいでしょう。

188　　第5章　死後事務委任契約に掛かる費用と報酬

3 死後事務委任契約に関する報酬の受取方法

(1) 預託金からの清算

　死後事務委任契約の報酬の受取方法として一般的なのは預託金からの清算です。預託金を預かる場合の死後事務委任契約書の例文の第7条（164ページ）に記載されているとおり、死後事務受任者は委任事務の終了後に預託金から報酬を受け取ることができます。預託金を自社の口座で管理している場合は、管理口座から報酬を差し引くことになりますし、信託銀行や士業口座にて管理しているケースなら、別途預託先へと委任事務の終了の報告とともに報酬請求を行い、報酬額を受け取ることとなります。

　預託金は、委任者より事前に死後事務の執行に必要な費用と報酬額を併せた金額を預かっていることになりますので、契約後の委任者の資産状況には影響を受けることはありません。ただし、入院治療費が高額になるなど、死後事務執行時に契約当初の予想よりも高額な費用が発生してしまったようなケースでは、預託金が不足するということもあり得ます。こうした場合は、委任者の相続人や遺言執行者等へ不足分を請求していくこととなりますが、委任者と相続人の関係によっては、支払いを拒否される可能性もあるため、預託金は長期契約中の物価上昇等も加味して余裕をもった金額で設定しておく必要があります。

(2) 委任者の遺産からの清算

　預託金からの清算とは別に、委任者の遺産から死後事務委任の報酬を清算する方法もあります。死後事務委任サービスを提供する事業者

のなかには、死後事務執行時に必要となる費用や報酬額を事前に預からない事業者もいます。高齢者等終身サポート事業における依頼者と事業者とのトラブルの多くは、預託金等の金銭を巡るトラブルが大半であり、特に途中解約をする際などの預託金の返金トラブル等がその中心となっているといえます。

　こうしたトラブルを避ける一番の方法が何かといえば、預託金をそもそも預からないことです。預託金を預かっていない以上、死後事務委任契約が途中解約になったとしても、そもそも返金するお金を預かっていない以上は、返金トラブル等は起こりようがなく、委任者としても契約時に多額の現金の支払いをする必要がないことから安心して契約を結ぶことができるようになります。また、預託金を預ける必要がなくなることから、提携士業や信託銀行等への管理料等の支払いも発生することがなくなり、死後事務委任契約全般における委任者の負担を抑えることが可能となります。

　では、死後事務の執行に必要となる費用や報酬はどのように回収するのかといえば、死後事務委任契約書を作成する際に、併せて死後事務受任者を遺言執行者とする遺言書を作成しておき、遺言執行者へ委任者の債務清算に関する権限を与えておくことで、死後事務の執行に要した費用や報酬を事業者自身が、遺言執行者の立場で、死後事務受任者たる事業者自身へと支払うことが可能となります。ただし、費用や報酬を委任者の遺産から清算する場合は、預託金の場合とは異なり、契約後に委任者の資産状況が悪化してしまうと、費用や報酬を清算できなくなる恐れがあります。遺言執行者が遺言者（委任者）の預貯金等の解約払戻手続を行えるのは、相続開始後（遺言者が死亡した後）となるため、委任者死亡時に預貯金の残高が清算すべき費用や報酬に対して不足しているとなると、たとえ事業者が遺言執行者になっていたとしても、換金すべき遺産がなければ費用や報酬を支払うことができません。

　このように委任者の遺産から費用や報酬を支払う方法は、委任者と

の金銭トラブル等を防ぐ意味では非常に有効ではありますが、受任者の立場としては費用や報酬を回収できなくなる危険性も含んでいます。死後事務の執行費用や報酬を委任者の遺産から清算を行う場合は、契約後においても随時見守りや安否確認作業等を通して、委任者の資産状況が悪化していないかを確認し、必要であれば預託金への切替えや契約内容の見直し等を行っていく必要があります。

(3) 委任者からの遺贈や死因贈与を清算に充てる方法

　預託金や遺言執行者としての清算の他にも「遺贈」や「死因贈与」を死後事務に要した報酬等の清算に充てる方法もあります。遺言書の内容を実現する人のことを「遺言執行者」と呼び、遺言書によって財産をもらう人のことを「受遺者」と呼びます。死後事務受任者を遺言執行者に指定して、遺言執行者の権限において委任者の死後事務に要した費用を清算する方法をこれまで説明してきましたが、これとは別に、受任者が委任者の財産を譲り受け、もらった財産から死後事務に要した費用や報酬を清算することもできます。

　こうした方法は親族間でのやりとりの場合に多く、例えば、ひとり身の叔父の面倒を甥がみているような場合に、叔父が遺言書で「甥に全財産を遺贈する」といった遺言書を書いているケースです。叔父と甥の関係が良好であれば、あえて死後事務委任契約書等を作成することはなく、親族間でのお世話ということもあり、特に報酬などを決めていないことも珍しくはありません。甥としてはあくまで善意で世話をしているだけで、報酬を目的に叔父の面倒をみているわけでありません。ただ、世話をされる叔父としては感謝の気持ちはもちろんのこと、申し訳なく思うこともあり、自分に何かあったら甥に負担をかけることなく、必要な費用は自分の財産から支払ってもらえればよいと考えていることが多くあります。

　甥としても、日常の生活支援については大した負担ではなくとも、

3　死後事務委任契約に関する報酬の受取方法　191

叔父が死亡した際の葬儀費用などはやはり負担になってきますので、叔父が自由に使用できる財産を遺言で残しておいてくれれば非常に助かることになります。費用や報酬を細かく定めていなくても、叔父が遺言書で葬儀費用等の死後事務に要する費用よりも多めに遺贈する意思を残しておけば、これまでの感謝の気持ちも含めて甥に財産を渡すことができますので、親族間での清算には有効な方法ともいえます。

　死因贈与も同様で、遺言書の代わりに委任者が死んだら、委任者の財産を受任者へ贈与するという内容の死因贈与契約書を生前に委任者と受任者の間で結んでおくことで、受任者が贈与を受けた財産から死後事務に要した費用や報酬に充てることができるようになります。こうした方法は、叔父と甥の事例のように良好な関係の親族間で行う分には問題ありませんが、利益を追求する事業者との間での清算方法として使用する場合には注意が必要となります。

　実際に過去に起きたトラブルの一例として、高齢者施設への入所にあたり身元保証を必要としている身寄りのない高齢者に対して「身元保証や亡くなった後の葬儀の手配などはすべて私たちで責任をもって面倒をみさせていただきますから安心してください。ただ、身元保証や葬儀費用に充てるために遺言書（死因贈与契約）を書いてくださいね」と言葉巧みに誘導して、身元保証会社自身に高齢者の財産すべてを遺贈させたという事例があります。

　もちろん、委任者が本心で事業者に対して感謝の気持ちから遺贈や贈与をしていることもありますので、こうした遺贈や死因贈与での清算方法を取っている事業者すべてが悪質な事業者というわけではありません。ただ、「高齢者等終身サポート事業者ガイドライン」が作成された背景を解説した際にも説明したとおり、身寄りのない高齢者の弱みに付け込み、身元保証を行う代わりに遺贈や死因贈与を半ば強制的に行っていたのではと疑われる事例もあります。

　また、遺贈や死因贈与の内容が「残った財産はすべて受任者に遺贈（贈与）する」といった内容の場合、事業者としては、委任者死亡時

に委任者の財産がなるべく多く残っていたほうが事業者の利益につながることとなります。そうなってしまうと、事業者としてはなるべく委任者にお金を掛けないことが事業者の利益となることから、本来委任者のために使用されるべきお金すら、使用されなくなってしまい、結果的に委任者の不利益に働いてしまう要因ともなってしまいます。

　遺贈や死因贈与を利用して死後事務委任契約に要した費用や報酬の支払を行うことは制度上可能ではありますが、どうしても外部から見た場合、不正を働いているのではないかと疑われやすくもあるため、いらぬ誤解を招かないためにも積極的に利用していく清算方法ではないと考えます。

第6章
実務での死後事務
委任契約の流れ

　本章では、実際の死後事務委任契約の締結までの流れを当協会での契約方法を基に紹介していきたいと思います。

　当協会では、緊急の依頼以外はすべて公正証書で作成していくため、公証人との打合せが必要な分、一般契約書での契約と比べて契約までの時間が多く掛かることになります。普段、一般契約書で契約を行っている事業者であっても、依頼者の状況によっては公正証書での作成を検討する必要がある場合も出てきますので、公正証書で作成する場合に公証人役場とのやり取りでどれだけの時間や手間が必要となりそうなのかといった部分も、契約締結までの流れとともに確認してみてください。

1 死後事務委任契約までの大まかな流れ

当協会での一般的な依頼に対する死後事務委任契約までのおおまかな流れは、次のとおりとなります。

---

1 問合せ

2 面談

3 関係機関等への確認

4 必要書類の収集

5 見積書作成・費用説明

6 死後事務委任契約書の案文の確認

7 重要事項説明書の作成

8 公証人への案文依頼

9 公証人役場での作成

10 契約完了・見守り開始

---

(1) 問合せ

死後事務委任契約の契機となる問合せは、まず、依頼者自身からの電話やホームページ内の問合せフォーム、医療関係者、介護職員、行政職員、お寺等を通して相談依頼が入ることになります。近年増えてきている相談は、離れて暮らしている疎遠な親族を心配して、一人暮らしの本人に代わって死後事務に関する情報を集めているというケースです。

一人暮らしをしている本人自身はそれほど危機感を感じていなくても、親族からすると本人に万が一のことがあった場合は、自分たちや自分たちの子供にすべての負担がのしかかってくるのではないかと心

配しており、できることなら本人が自主的に第三者と死後事務委任契約等を交わして事前に準備をしておいてもらいたいといった相談です。

　死後事務に関する相談は、必ずしも死後事務委任契約の当事者となる本人から来るとは限りません。むしろ、本人の周りにいる親戚や医療従事者等から相談が入るケースも多く、親戚等の相談者の心配事の解決が必ずしも本人の困りごとの解決につながるとは限らないことに注意が必要です。死後事務委任契約は、あくまで身寄りのない高齢者等の本人と行うものであって、親族等の意向で結ぶものではないため、本当に本人が死後事務委任契約等を望んでいるのかどうかは実際に会って話を聞いてみないことにはわかりません。

　したがって、親族等からの問合せの際は、本人の現在の状況や家族関係等について簡単に聴取りを行い、相談者がより具体的な手続きに興味を持った場合は、本人とも面談可能な日程の調整をしてもらったうえで面談を実施することになります。

(2)　面　　談

　面談については、死後事務委任契約を具体的に進めていくにあたり、依頼者の情報を集める必要があるため、本来は依頼者の自宅で面談を行い、必要に応じて各種資料を見せてもらうのが一番なのですが、まだ面識もない電話やメールで話しただけの人間をいきなり自宅に招くというのは、やはり不安を覚えると思います。そのため、初回面談の場所は、当協会の事務所はもちろんのこと、相談者の自宅近くの喫茶店等を利用することもよくあります。

　相談者の心配事のなかには、死後事務に関する相談もあれば遺言や相続、税金関係の相談もあるため、相談内容が事前にわかっている場合には、提携する士業の先生にも同席してもらうために提携先士業の事務所で面談を行うこともあります。死後事務委任契約は、委任者の死亡時に備えた契約となるため、当然相続とも密接に関わってくることとなり、死後事務の相談の枠を超えた相談内容については提携士業

1　死後事務委任契約までの大まかな流れ　　197

の力も借りて相談にあたることになります。

　しかし、士業事務所というのはやはり敷居が高いケースもあるため、そうした人に対しては無料相談会を案内しています。当協会では、毎月1回無料相談会を実施しており、相談会には提携士業の先生にも参加してもらい、死後事務をはじめとした、相続や税務相談に対応しています。無料相談会は7年ほど前から継続して実施していますが、開催当初は死後事務委任という言葉がまだ浸透していない時期でもありましたので、相談会を開催しても相談者ゼロという日も珍しくはありませんでした。近年は相談会への来訪者も増え、多い日には事前予約だけで相談の枠が埋まってしまう日もあるなど、死後事務委任契約への関心が高まっているのを感じます。

　死後事務委任契約を結ぶ際の依頼者本人との面談は、1回だけ行えばよいというものではありません。事業者によっては、定型のひな型の契約書に署名捺印するだけの契約書を用意しているケースもあるでしょうから、そうした場合は契約書を細かくカスタムメイドする必要はないため、契約に関する説明を一度しかしないこともあるかもしれません。

　しかし、過去に身元保証や死後事務等の契約に関して消費生活センター等に寄せられた相談事例においては、
・契約内容がよくわからず高額なので解約したい
・事業者に勧められるままにサービスを追加して、思ったより高額な
　契約になったので解約したい
・預託金として100万円を支払うように言われているが、詳細な説明
　がない
・契約するつもりのなかったサービスも含まれていたので、不要な契
　約を解約したい
等々、高齢者等がサービスの内容を十分に理解できないまま契約した結果、トラブルとなっているケースが非常に多く見受けられます。特に死後事務委任契約といった契約対象者が高齢者となりやすい契約の

場合は、相手の理解度に合わせた丁寧な説明が必要となりますので、一度や二度の説明では契約内容を十分に理解できていない可能性も考慮する必要があります。また、死後事務委任契約を必要としている人の場合では、死後事務委任契約以外にも遺言や任意後見契約についても検討しておかないと万が一のときに依頼者の希望に沿った手続きが取れなくなる可能性があります。そのため、死後事務委任契約の相談を通して、相談者の抱えている問題点を丁寧にすくい上げつつ、浮かび上がってきた問題点をどのように解決していくことが、相談者にとって最適な方法であるかを相談者と一緒に考えていく必要があります。

相談者の多くが相続や死後の手続きについて詳しく知っているわけではありませんので、基本的に自分の置かれている状況の何がトラブルの原因となっているのかを把握していないのが普通であり、面談担当者から質問や説明を受けることで初めて自分の置かれている状況に気づき、真剣に今後のことを考え始めることになります。

面談担当者の質問というのは、相談者が気づいていない問題点を引き出す役目があるともいえ、ときには引き出された問題に関連して、別の問題が浮上してくるといったこともあり、契約の締結までに十数回もの面談が必要となるケースも出てきます。こうした相談者の抱える問題点を発見するには、当然のことながら面談担当者にも幅広い知識と実務経験を求められることになります。特に相続関連の知識は必須ともいえるため、必要であれば面談時に提携士業等にも同席してもらいアドバイスを受けられる体制で面談に臨むことで、相談者の抱えている問題点の洗い出しと解決策の提示を効率的に進めることができるようになります。

相談者が契約内容を十分理解していない場合や問題点の洗い出しが不十分なまま進めた契約は、必ず後でトラブルとなって戻ってきます。トラブルの対応にあたるのは他ならぬ、受任者である事業者自身なのですから、自分で自分の首を絞める結果にしないためにも面談時の聴き取りには最善を尽くすようにしてください。

1 死後事務委任契約までの大まかな流れ　　199

2 死後事務委任契約に関する面談時の聴取り事項の例

　相談者からの聴取り事項については、各事業者の提供するサービス内容によって様々となりますが、面談時に何も用意せずに相談者との打合せに臨んでしまうと、必ず聴き洩らしが発生します。ですので、各事業者のサービス内容と契約書を作成する際に必要となる、委任者から必ず聴き出すべき事項をまとめたチェックシート等を用意しておき、聴き洩らしがないようにしておく必要があります。ただ、相談者全員が面談時に死後事務委任として依頼したい内容がすべて決まっているとは限らず、そうした場合は後日の面談の際に改めて教えてもらうことになりますが、相談者が高齢者の場合はこちらが伝えたことを忘れてしまう可能性があります。

　このような場合は、面談時に使用するチェックシートをエンディングノートのような形式で作成しておき、初回の面談時に相談者へ渡しておくことで、次回の面談時に希望内容を書き込んだものを持ってきてもらうといった対応も取れるようになります。特に葬儀方法や遺言書を作成する際の遺贈先の選定などは、具体的に決まっていない人も多くいるため、自宅でゆっくり考えたうえで、希望を書きやすい形でまとめてあるエンディングノート形式のチェックシートは非常に役立ちます。

　一般的な聴取り事項は次のような内容となりますが、死後事務委任契約において依頼者との面談は一番重要ともいえる部分となります。依頼者の健康状況や家族関係等によって聴取り事項も大きく変わってきますので、依頼者の状況に合わせた聴取りができるようにしておいてください。

(1) 本人に関する情報

> ・氏名・生年月日・本籍地（筆頭者氏名）
> ・婚姻歴及び相続人の有無
> ・住所（持ち家・賃貸・遺品整理の有無）
> ・連絡先（携帯／固定電話／メール）
> ・職業（勤務先情報）
> ・身近な親族（本人との関係）
> ・主治医
> ・地域包括支援センター（担当・連絡先）
> ・ケアマネジャー（担当・連絡先）
> ・利用している行政サービス

　本人に関する基本情報のほか、公正証書作成や死亡届の際に必要となる情報についても確認しておく必要があります。また、相続人以外に身近な親族がいる場合は、万が一の際の死亡届の提出や、入院や施設入所時の身上監護の面で協力を仰げることもあるので、身近な親族がいる場合は必ず連絡先等を確認しておく必要があります。

　その他、本人が高齢の場合は、地域包括支援センターの職員等が支援に入っている可能性もあるため、そうした人と連携を取っておくことで、緊急で入院先を探さないといけなくなった場合や要介護認定の区分変更が必要になった際などに受任者の負担を減らすことが可能となります。

×××××× **Column** ××××××

公的支援とつながらない高齢者の存在

　夫の相続手続で知り合った高齢の女性の話ですが、夫の相続手続で２か月ほど自宅へと伺う機会がありました。基本的に玄関横の寝室スペースで手続きの説明等を行っていたのですが、何回か会ううちに家庭の事情が見えてきました。

　どうも自宅には障害を抱えた子供がいるようで、これまでは夫と一緒に介護をしながら生活をしていたようなのですが、夫が亡くなりこれから一人で子供の介護をしていかなければならないという状況でした。女性自身も足を悪くしている様子で、筆者の目から見ると子供よりも女性の介護が必要なのではと思える状況でした。しかし、女性や自宅の様子を見ても公的支援が入っている様子はなく、完全に自立した生活を続けている様子でした。

　これまでは、夫と二人三脚で生活を続けられてきたかもしれませんが、今後は一人で子供の介護を行っていくのは難しいのではないかと本人に聞いてみると、やはり介護の負担が大きく、夜中に子供が暴れることがたびたびあり、満足に睡眠が取れていないとのことでした。

　そこで、正直このままにしておくと、女性本人が倒れてしまう恐れが高かったため、本人と一緒に近くの地域包括支援センターに訪問して今後のことを相談しにいくことになりました。包括支援センターでも近くに住む高齢者がそうした状況下にあったことを把握できていない状況でしたので、これを機に本人の要介護認定や子供の今後について保健師と面談

するなど公的支援を一気に入れるべく動いてくれることになりました。その後、本人には訪問介護等の支援が入り、子供は専門病棟へと入院することになるなど、本人の負担が格段に減ることで安心した生活が送れるように変わってきました。

　夫の相続手続についてはほどなく完了しましたが、相続手続をきっかけに本人の今後についてもいろいろと相談を受けるようになったため、将来に備えて死後事務委任契約と遺言書を作成したり、社会保険労務士の助言のもと未申請だった子供の障害年金の申請も行うことで、入院治療費についての心配もなくなりました。本人の足腰が悪くなり外出が難しくなってきた頃には、見守り契約を締結して定期訪問や一部の財産管理支援をするようになり、現在は施設入所の際の身元保証と無人となった自宅の管理を受けるなど、かなり長い付き合いとなっています。

　この女性は、たまたま夫の相続手続をきっかけに危険な状況に置かれていることに気づくことができましたが、多くの高齢者は自身が危険な状況にあることに気づかないまま生活を続けていて、公的支援に助けを求めないままになっているのではないかと思います。特に夫婦二人暮らしの世帯でどちらかが亡くなった場合はおひとりさまとなってしまう「おひとりさま予備軍」ともいえる世帯となり、こうした状況になりやすいため、身近でそうした世帯があるようでしたら気に掛けてもらえればと思います。

(2) 死亡時の連絡先

> ・死亡時に連絡を入れる親族の氏名、連絡先、本人との関係
> ・死亡届記載への協力の可否
> ・親族の協力を得られない場合の任意後見契約の希望の有無
> ・連絡時のタイミング（死亡時・葬儀後・埋納骨後・遺言執行時のみ等）

　上記の事項は、死後事務委任契約書内の委任事項ともなる関係者への連絡調整に関する内容で、委任者が亡くなった場合にどのタイミングで誰に連絡を入れるかの確認事項となります。

　親族がいる場合は、死亡届への記載を依頼することもありますし、親族等の協力が得られない人でしたら、死亡届記載のための任意後見契約を結ぶかどうかも検討していくことになる重要な聴取り事項となります。

(3) 葬儀社・葬儀方法・埋納骨の希望

> ・葬儀社の希望の有無（なしの場合は受任者へ一任）
> ・葬儀プランの希望・互助会等の加入の有無（なしの場合は受任者へ一任）
> ・葬儀費用の上限金額
> ・宗旨・宗派及び菩提寺の有無
> ・埋納骨の指定（埋蔵先・納骨先・散骨・樹木葬等の希望）※家墓等がある場合は墓地番号等
> ・祭祀承継者について

　死後事務委任契約を結ぶうえでは、葬儀関連については特に慎重に確認しておく必要があります。葬儀関係に関しては、委任者の親族とのトラブルとなりやすい項目でもあり、葬儀方法や葬儀に掛ける費用などは、親族の喪主としての地位や相続財産にも影響を与えることに

204　第6章　実務での死後事務委任契約の流れ

なるため、受任者としては本人の意思どおりに執行しているように外部にわかる形にしておく必要があります。

また、火葬後の焼骨の供養方法等についても、委任者が生前にお墓を購入している場合や納骨堂と契約しているケースもありますので、そうした場合は墓地番号や納骨堂との契約書を確認しておき、万が一の際にはスムーズに埋納骨の手配をできるだけの情報を集めておく必要があります。

先祖代々のお墓に入れてほしいと希望される場合は、先祖代々のお墓を守ってきている祭祀承継者が誰なのか、また、祭祀承継者にあたる人との話し合いが済んでいるのかなど確認しておく必要があります。委任者によっては、お墓の管理者に内緒でこっそりお墓に入れてくれればよいと無茶なことを言う人もいて、確かにお墓への埋蔵については誰かが常に監視しているわけではありませんので、祭祀承継者をはじめとして、お寺や霊園の管理者に黙って埋蔵してしまうことは実際にはできてしまいます。

しかし、後々お墓の改葬をする際などに埋蔵届のされていない正体不明のお骨があるということでトラブルとなってしまう可能性が高いため、そうした依頼は受けずに祭祀承継者等のお墓の管理者の了承をもらうよう依頼する必要があります。委任者と現在のお墓の管理者との仲が悪いなど、埋蔵への了承がもらえないようであれば、別の供養方法を考える必要が出てきますので、そうした状況の整理をする力が受任者には求められることとなります。

また、委任者のなかには年忌法要を希望される人がいたり、一度は家墓に埋蔵した後で10年くらいしたら合祀墓へ移してほしいといった希望を持つ人もいます。お墓や供養方法については、本人の最後の希望ともいえる部分ですので、できる限り叶える方向で契約を考えるのですが、あまりにも長期に及ぶ契約については慎重に検討する必要があります。

例えば、三十三回忌まで年忌法要を希望する委任者がいた場合に、

受任者としてその年忌法要を業務として受任してしまってよいのでしょうか。もちろん、それに見合う報酬を委任者が支払い、受任者が依頼を受ける覚悟があるのでしたら契約しても問題ありません。ただ、一周忌や三周忌程度ならともかく、30年を超える長期間の契約となると、受任者が法人であっても事業を継続しているかどうか確信が持てず、受任者としての責任が果たせない可能性があります。

　このような依頼内容の場合は、「その依頼は本当に受任者でなければ果たせない希望なのか？」を考えてみてください。依頼者の希望は、三十三回忌の法要まで終えてほしいというものであって、必ずしも年忌法要の施主を受任者にお願いしたいと考えているわけではありません。そうであるなら、依頼者の菩提寺に相談して三十三回忌分のお布施を事前に支払っておくことで、遺骨を埋蔵した後は菩提寺側で適宜法要を実施してもらうように頼んでおくという方法も取れるはずです。

　委任者の依頼の本意がどこにあるのかを考えて手段を模索すれば、受任者が過度の負担を負わなくても済む方法も見えてきますので、あまりにも長期に渡るような依頼内容については一度、別の達成手段がないのかを考えてみてください。

(4)　解約・返却に関する事項

- ・デジタル遺品について（スマホ・PC 等のロック解除番号、VOD（ビデオオンデマンド）等のサブスク及び解約の必要な SNS（ソーシャル・ネットワーキング・サービス）等のログイン ID やパスワード等の情報）
- ・公共料金（電気・ガス・水道）に関する情報（契約先情報・お客様番号・支払方法等）
- ・NHK の契約の有無（解約時の連絡先・お客様番号・支払方法等）
- ・新聞、牛乳、弁当配達等の定期配達物の有無（契約先情報・支払方法等）
- ・雑誌・化粧品・健康食品等の定期購入物（契約先情報・支払方法等）

- 回線契約情報（携帯・固定電話・ネット回線等の契約先及び支払方法等）
- CATV・BS・CS 等の契約の有無（契約先情報及び支払方法等）
- 車両情報（自動車・バイク等の登録情報）
- JAF 契約の有無
- クレジットカード（所有するカード会社・カード払いになっている契約等）
- 登記済権利書（保管の有無・保管場所等）
- 証券会社の利用の有無（証券会社情報等）
- 絵画・骨董品・貴金属等の有価物の有無（遺品整理時に処分してしまわないように）
- 免許証・年金手帳・健康保険証・印鑑登録証（カード）等（行政機関への返却物の保管場所等）
- マイナンバーカードの有無
- 保険・共済契約等（保険証券等の有無及び保管場所等）
- 介護用品等のレンタル品の有無（レンタル会社の情報及び連絡先等）
- その他解約の必要な会員資格等

　死後事務委任契約の業務のなかで大きな割合を占めるのが、委任者が生前に契約していた各種契約の解除手続や行政機関に対する国民健康保険等の資格喪失手続です。近年はデジタル遺品という言葉に代表されるように、委任者がネット上に保有しているデータや VOD 等のサブスク契約の解除手続についても死後事務委任契約の業務範囲と考えられているため、こうしたネット上で完結する契約手続については、委任者から解除手続に必要となる ID やパスワード等を事前に確認しておく必要があります。ただ、そうした情報のなかには生前に受任者に教えてしまうと委任者の不利益につながる情報などもあるため、どこまでの情報を事前に教えておいてもらうかはよく話し合っておく必要があります。

受任者としては、解除手続の際に必要な ID やパスワード等がわかれば十分ですので、契約時に ID やパスワードを記載できるようにした空白の一覧表を委任者に渡しておき、委任者に必要な情報を記載してもらったうえで契約書の控えと一緒に保管しておいてもらう等の方法でも対応できます。必要に応じて個人情報保護シール等を渡しておくことで、日常的に出入りするヘルパー等にうっかり重要な情報を見られてしまうといったことも防ぐことができるようになります。

●情報保護シールの活用例

暗 証 番 号 管 理 シ ー ト		
利用サービス	ID	パスワード
スマフォロック解除		
docomo 080-****-****		
パソコンログイン		
Lenovo		
ネット銀行		
SBIネット銀行(○○支店)		
ネット証券		
楽天証券		
仮想通貨		
その他 サービス		
VOD等のサブスク		
Amazonprime	*****@gmail.com	*******

（中央に）Information protection sticker 情報保護シール このラベルを貼ることで大切な情報をお守りします。 このシールは張り直しができません This sticker cannot be reattached ここからはがしてください。

また、ある程度パソコン等を利用できる委任者の場合なら、解約に必要な情報を Word や Excel といったソフトにまとめてもらい、それをデスクトップ上のすぐにわかる場所に配置しておいてもらうといった方法もあります。この方法であれば受任者としては、パソコンのログインに必要な情報だけを管理しておけば、後はソフトを開くだけで必要な情報にアクセスできるようになります。

デジタル遺品で次に注意すべきなのは、VOD 等のサービス利用料をクレジットカード払いにしているケースです。デジタル遺品は、ネット上で完結する取引も多く、丁寧に遺品整理をしたとしても契約

を示す書類等が部屋からは何も出てこず、契約に気づかずに遺品整理が終わることも珍しくはありません。しかし、そうしたサービスの利用料がクレジットカード払いとなっていると、誰も利用していないサービスに対していつまでも利用料が支払われ続けてしまう可能性が出てきます。

　そうしたトラブルを防ぐためにもVODサービスのようなネット上で契約が完結するサービスについては、事前に委任者より解除に必要となる情報を教えておいてもらい、またその支払方法についても確認しておく必要があります。各種サービスの利用料をクレジットカード払いにしている場合なら、クレジットカード払いになっているサービスの一覧を作成して、死後事務執行時に解約漏れがないようにしたり、相続人や遺言執行者に引継ぎをして解約手続を行ってもらうよう伝える必要が出てきます。

　公共料金等の解約においても、契約先の電力会社等に電話にて解約手続を申し込むことになりますが、その際に毎月届く利用明細等を1通委任者から事前に預かる等しておくと、委任者のお客様番号等の確認もしやすくなります。その他、新聞や弁当等の定期配達物や、雑誌や健康食品といった定期購入物などは委任者死亡時に速やかに停止する必要があるので、契約の有無や連絡先などを確認しておく必要があります。

　登記済権利書や保険証券、絵画・骨董品等の保管場所については、死後事務委任契約の委任事項に遺品整理や居住家屋の明渡し等が含まれているような場合、受任者にて遺品整理業者等を手配することになります。その際に、登記済権利書等の重要書類や貴金属等を間違って廃棄してしまわないように、遺品整理業者等を入れる前に受任者にて回収をしておき、相続人や遺言執行者へと引き渡す必要があります。委任者がワンルームのアパートに住んでいるようなケースでしたら捜索範囲も限られてきますが、戸建住宅のようなケースでは、事前に保管場所を確認しておかないと必要書類を見つけるだけでも相当な労力

2　死後事務委任契約に関する面談時の聴取り事項の例　　209

を要してしまうことになりますので、重要な書類や貴重品がどのあたりに保管されているのかは事前に確認しておくとよいでしょう。

　また、契約者が高齢者の場合、室内に介護ベッドや杖、車椅子といったレンタル介護用品が残っているケースがあります。委任者が死亡した後はレンタル会社へと連絡して介護ベッド等の引取り立会いやレンタル費用の清算を行わなければならず、また遺品整理時に間違って処分しないようにといった注意も必要となるため、介護用品等のレンタル品があるような場合は必ず返却先を確認しておく必要があります。介護用品に限らず、ネット利用のためのモデムやルーター等もレンタル品となっている可能性が高いため、解約時に返却が必要となる物についてはすべて確認するようにしましょう。

　死後事務受任者が行う遺品整理は通常の遺族等が行う遺品整理とは異なり、遺品整理時に廃棄する物については受任者が決定しなければなりません。遺族等がいる場合であれば遺族の指示に従って遺品整理を進めればよいので、間違って廃棄してしまったとしても責任を問われることはありませんが、死後事務の一環として遺品整理を行う場合は受任者が遺品整理事業者へ指示を出す立場となりますので、誤ってレンタル品を廃棄してしまうことのないよう注意して聴取りを行っておく必要があります。

210　　第6章　実務での死後事務委任契約の流れ

✕✕✕✕✕✕✕ Column ✕✕✕✕✕✕✕

死亡してから1か月後に届くAmazonの商品

　筆者が実際にサブスク契約の解約で冷や汗を流したエピソードを一つ紹介しておきたいと思います。

　死後事務委任契約を結んで2年ほど経過していた契約者が自宅で亡くなりました。安否確認に応答がなく自宅に訪問した際に様子がおかしかったことからその場で消防と警察に連絡をして遺体を発見したという経緯です。自宅で誰にも看取られず、また訪問医などのかかりつけの医師もいなかったことから、一般的な孤立死と同様に警察の現場調査や身元確認が行われることとなり、遺体はいったん警察の嘱託医での死体検案へと回されることになりました。

　そのため、すぐには遺体の引渡しを受けることがかなわず、実際に故人の遺品整理に着手できたのは遺体発見から1か月ほど経過した後となりました。その人の自宅は一人暮らしとしては家財が多い家でしたので、遺品整理に3日間ほど日程を要し最初の2日間で仕分けや梱包、そして財産調査や貴重品捜索を行う予定を組んでいました。

　1日目は何も問題もなく終わり、2日目の作業を開始しようと現地へ赴いた際にAmazonの箱が玄関前に置かれていることに気づきます。昨日まではこんな物はなかったはずと不思議に思い宛名を確認すると確かに故人の名前宛てで配送された物でした。

　当時はコロナ禍ということもあり「置配」指定をしていなくても、勝手に置配されていることもありましたので、その

類なのかとも考えたのですが、ただ、不思議なのはこの死後事務に伴う遺品整理は故人が亡くなってから1か月ほど経過した後に着手しているということです。本人は1か月も前に亡くなっているのになぜAmazonから荷物が届くのかと疑問でしかたがありませんでした。再配達かとも思いましたが、伝票を見ると日時指定で発送日は配達の2日前です。当然、亡くなった人がネットショッピングなんてできるわけありませんので、別の誰かからの配達物かとも思いましたが、伝票に記載されている購入者名も委任者である本人です。遺言執行者、死後事務受任者の権限で開梱して内容物を確認してみると、結構いろいろな物が詰め合わされていましたが、中に入っていた品の多くが室内にもたくさん置いてある箱買いされていた健康食品の類いです。

　そこで筆者は、これはAmazonの定期配送（サブスク）だと気づきました。筆者もAmazonではよく買い物をしますが、人によっては同じ物を定期的に何度も購入する人もいます。特に健康食品などはだいたい消費する日数も決まっていますから、2か月ごとや3か月ごとに自動購入して、定期的に配送してくれるサービスは非常に便利です。

　この契約者も持病の関係からか健康食品を定期購入していたようで、それがたまたま遺品整理の日に重なって配送されてきたのだと思われます。死後事務の手続きを進めるうえでは非常に運が良かったといえるでしょう。

　なぜなら、本人からはAmazonプライムを利用しているということは聞かされていなかったため、もしこの配達がされていなければAmazonプライムの契約に気づくのはだいぶ後になっていた可能性があるからです。Amazonプライムの利用料金の支払方法にもよりますが、銀行やAmazon

のギフト券などでその都度支払いをしているなら会費が支払わなけ〲ば自動的に権利は失効するでしょうが、Amazonをよく利用する人はクレジットカード払いにしている人も多いかと思います。そうすると、クレジットカード払いで会員資格も自動更新としていると定期購入も設定を解除しなければいつまで経っても無人の家屋へと配達物が届くこととなってしまいます。まさに今回はこの状態でしたので、もしかしたら遺言執行と死後事務手続の過程でクレジットカードの解約をする段階になるまで Amazon プライムの会員だったことに気づけなかったかもしれません。

　今回の Amazon プライムに限らず、コロナ禍では在宅で気軽に映画を楽しめる VOD などは各家庭に一気に浸透しました。こうした定期で支払いが発生するサービスは、支払方法をクレジットカードで自動更新のようにしておくと家族には全くその存在がわからない状況のまま放置され、誰も使用していないのにサービス料だけがどんどん請求されてしまう事態になりかねません。電子的なサービスの普及で私たちの生活はより便利で快適になっていますが、その反面非常に秘匿性が高く、周りには気づかれにくい側面も持っていますので、遺品整理の際にこうしたサブスクの利用を示す資料が出てきた場合は、必ず契約状況の確認をするようにしましょう。

(5) 契約前に解決しておくべきことの整理

① 墓じまい

　上記のような確認事項についてチェックシート等を用いて丁寧に行っていくことで、委任者の家族関係や現在抱えている心配事、死後事務委任契約を締結するまでに解決しておかないといけない問題点などがだんだんと浮彫りになってきます。例えば、お墓に関することなどはよくある一例といえるでしょう。委任者への聴取りのなかで葬儀やお墓に関する事項は必ず確認すべきことの一つとなりますが、その際にお墓の現在の管理者（使用者）が親族等ではなく、委任者本人であるケースも珍しくはありません。

　死後事務委任契約を希望する人の多くが子供のいない人ですので、現在のお墓の管理者である委任者が死亡してしまうと、その後にお墓を守っていく人がいない状況となってしまいます。委任者のなかには、お墓の管理者がいない状況であっても菩提寺や管理する霊園が何とかしてくれるだろうと簡単に考えている人もいますが、そもそも管理者の変更届をしないことには委任者のお骨の埋蔵届を受け付けてもらえないこともあります。また、委任者の焼骨をお墓に埋蔵しない場合であっても、委任者の後にお墓を守っていく人がいなければお墓の管理者がいなくなってしまうことに変わりなく、管理料の未納が発生することになります。

　管理料の未納が続いた場合、墓地の管理者はお墓の権利者に対して1年以内に申出をする旨を官報へ掲載する等法律に定められた手順を踏んだ後、無縁墓として墓石の撤去等を進めていくことになりますが、既に埋蔵されている先祖のお骨等は合祀墓へ移されるなどの対応が取られることになります。

　いずれにしても、こうした流れは長年付き合ってきた菩提寺等に対して不義理を働く結果となってしまうため、委任者の考えや予算が許すのであれば、事前に墓じまい等の整理をしておく必要があります。

委任者のなかには悪気なく「自分が死んだら残った墓は霊園側で好きなようにしてくれてかまわない」と考えている人もいますが、無縁墓の撤去にどれだけの労力や迷惑がかかるのかを理解していないケースもあります。無縁墓がどういう形で処理されていくのかをわかってもらえれば、委任者側で積極的に行動してくれるようになることもありますので、お墓の状況の聴取りをした際などに上記のような問題点が浮彫りになってきたのでしたら墓じまいの提案をしてみてください。

② 仲の良い親族がいる場合の契約に関する事前連絡

少し前までは、死後事務委任契約を希望する人の多くが、頼れる親族がいない天涯孤独の身であったり、親族とは疎遠のため死後の手続きが頼みづらいといった事情で、契約を希望する人がほとんどでした。しかし、近年は、必ずしもそうした事情ばかりではなくなってきています。

例えば、以前、契約について相談に来た人は、近所には兄弟や甥、姪が生活していたため、交流も多く、甥姪含めて兄弟家族は何かと自分の心配をしてくれているという人がいました。そうした非常に仲の良い関係ですから、当然身元保証や死後事務の心配もいらないように思われるのですが、周りに自分の身を案じてくれる親族がいるケースであっても死後事務委任契約を希望する人もいます。

理由としては様々ですが、最後まで迷惑をかけたくないという気持ちや自分のことは自分で最後まで決めておきたいといった責任感の強さから契約を望まれているケースが多くあります。特に、親族間の関係は良好だがお互い高齢で離れた地域で暮らしているという状況では、こうした傾向が強くなり、「何も自分の葬儀や後始末のためだけに遠くから来てもらわなくてもいい」という考えになりやすいのかもしれません。もちろん、そうした人からの依頼も受け付けてはいるのですが、仲の良い親族がいる場合は、疎遠な親族の場合とは別の注意が必要となってきます。

親族間の関係が断絶してしまっているような場合は、ある意味、依頼内容を事務的に粛々と進めていけばよいのですが、仲の良い親族の場合は仲が良かったがためにトラブルになってしまうこともあります。上の例のように他の親族と良好な関係の場合、万が一本人に何かあった場合は他の親族がすべて面倒をみていくつもりでいるのに、本人が過剰に遠慮をしてしまい、他の親族に黙って第三者と死後事務委任契約等を結んでしまったことで、死後事務受任者と他の親族との間でトラブルになってしまうことがあります。

　仲の良い親族が近くに住んでいるケースはもちろん、移動だけで何時間も掛かるような遠方に住んでいるケースであっても、家族のことは家族で行うのが当然であり、迷惑でもなんでもないと考えている人は珍しくなく、死後事務等の相談者が過剰に心配しすぎているケースは意外と多くあります。ですので、こうした仲の良い親族関係の場合は、死後事務等の相談は受けつつも実際の契約の前には他の親族に死後事務委任契約を第三者と結ぼうとしていることについて委任者から伝えてもらうようにしています。

　実際に過去の実例でも、仲の良い親族へ事前に契約について確認してもらうよう伝えたところ、後日、「水臭いことを言わないでくれと怒られました」と嬉しそうに依頼のキャンセルの連絡をもらったこともあります。こうした状況は本人との面談の際に家族構成や関係等を確認していれば自然と判明してきますので、面談の際に関係の良好な親族がいることがわかった際は、本人から親族へと話をしておいてもらうと執行時のトラブルを防ぐことにつながります。

③　ペット問題

　死後事務委任契約を希望する人が犬や猫といったペットを飼っている場合も注意が必要となります。近年は一人暮らしの高齢者が人生のパートナーとしてペットを飼うということも珍しくはありませんので、委任者がペットを飼育している場合は、万が一の際のペットの扱いに

ついても考えておかなければなりません。

　一番確実なのは、委任者が生前に信頼できる親族や友人または動物愛護団体等へ事前に費用とともに引き渡しておくことですが、自分が生きているうちはペットとともに生活を続けたいと考えている人がほとんどかと思います。そうであるなら、万が一飼い主が死亡した場合にペットをどうするのかということを事前に決めておかなければなりません。もちろん、委任者の親族がペットを引き取って世話をしてくれるというのでしたら問題ありませんが、そうではなく、友人や動物愛護団体等に引き取ってもらいたいと考えているのでしたら、突然引取りを要求しても断られる可能性が高いため、事前に引取り先には話を通しておく必要があります。

　引取り先との打合せの際に、誰がどのような方法でペットを引取り先へ連れていくのか、または引取り先が取りに来てくれるのなら、その間のペットは誰が面倒をみるのか、そしてペットを引き渡した後の飼育費用はいくらくらいで、その支払いはどのように行うのかなど、生き物を引き継ぐ以上は様々なことを決めておく必要があります。

　引取り先が友人等でしたら遺言や死因贈与契約といった形で準備をしておくことができますし、引取り先が動物愛護団体のような場合なら、動物愛護団体が希望する方法で契約書等を準備しておく必要もあります。委任者が死亡後のペットをどのようにするのかは受任者では決められないため、委任者がペットをどのような形で最後まで面倒をみてもらいたいと考えているのかなどをしっかり確認して、引取り先とも十分打合せを行って準備しておく必要があります。

2　死後事務委任契約に関する面談時の聴取り事項の例　　217

××××××× Column ×××××××

ペットの安楽死を希望する依頼について

　ペット問題に関連して印象的だった依頼内容を紹介します。
　ある高齢の男性より終活の一環として死後事務委任契約を
結びたいとの相談があり、ご自宅へ伺うことになりました。
一戸建てに住んでいる人で、万が一の際は自宅の売却も含め
て遺産整理と死後の手続きを一任したいという希望だったの
ですが、その依頼内容のなかの一つにペットの遺骨を自身の
墓に一緒に埋蔵してほしいという依頼がありました。ペット
の遺骨と一緒に埋蔵できるお墓を既に霊園と契約していると
いうことでしたので、依頼者の遺骨と一緒にペットの遺骨を
持っていくだけでしたら大した手間ではありません。

　仏間には、ペットの遺骨と思わしき小さな骨壺が写真と一
緒に安置されていましたので、「あちらの骨壺のことです
か？」と聞くと、「そうです、あの骨壺とあと、この子もお
願いします」と依頼者の横に座っているワンちゃんを指さし
ます。依頼者の横に座っているワンちゃんはかなりの老犬と
のことでしたので、依頼者へ「ワンちゃんが先に亡くなって
骨壺に入っている状況でしたら、もちろん可能ですよ」と伝
えると、「もし、私が先に亡くなった場合はこの子を安楽死
させて一緒にお墓に入れてほしいのです」と言いました。

　死後事務委任契約の際に生存しているペットの引取り先で
悩むということはありましたが、ペットを安楽死させてほし
いという依頼は初めてで正直「そんなことできるのか？」と
悩みました。依頼者に事情を確認してみると、ペットの犬は

かなりの高齢でいろいろと病気を抱えているため恐らく依頼者より先に亡くなるだろうと考えている様子ではありました。ですので、このままの生活が続けば、依頼者がペットを看取った後に自分も亡くなるだろうから、安楽死の手伝いをしてもらう必要はないが、死後事務委任契約を考えるにあたって、ペットより先に自分が亡くなる可能性もゼロではないと考えたそうです。そうした場合に、病気を抱えた老犬を引き取ってくれる友人や施設を探すよりも、いっそ安楽死させたうえで、自分と一緒に埋蔵してもらったほうがこの子のためなのではないかと真剣に考えたそうです。

　飼い主と死別したペットにとって何が幸せなのかは正直わからないため、依頼者の考え方も答えの一つなのかもしれません。ただ、死後事務受任者の仕事として見た場合に、当然受任者ヨらが依頼者の自宅に残された犬を自らの手で殺すということはできませんので、依頼を受けるにしても安楽死させてくれる獣医を見つける必要があります。ですので、依頼者が安楽死の処置をしてくれる獣医を事前に見つけておいてくれるのなら、委任事項の一つとして受けることとしました。

　後日、安楽死させてくれる獣医を見つけたとの連絡をもらったため、ペットを安楽死させる内容と安楽死させてくれる動物病院の名前を書いた死後事務委任契約書を作成することにしました。安楽死の処置は獣医がしてくれますが、動物病院までは受任者が連れていかないといけないため、正直、そうした状況にならないことを願いつつの契約となっています。

　依頼者が急な体調不良や不慮の事故といった形で急逝でもしない限りは無効になる委任事項です。そして、契約内容に盛り込むことで依頼者が残されるペットについて心配しなく

て済むようになるのであれば委任事項に入れる意味もあると
考えての契約でしたが、死後事務委任を続けていくなかでは
避けられない問題なのかもしれないと考えさせられる案件で
もありました。

3 関係機関等への確認

　委任者かう死後事務委任等に関する希望の聴取りを行うことで、受任者として活動するにあたっての様々な疑問が沸いてくるかと思われます。例えば、

・互助会を利用した葬儀が委任者の希望どおりのプラン内容になっているのかどうか

・戒名を付けない直葬で菩提寺は遺骨を受け入れてくれるのかどうか

・賃貸物件の解約にあたって物件の設備や敷金はどうなっているのかどうか

など、様々な疑問点が生じてくるのが普通です。

　そうした疑問を残したままにしておくと、いざ死後事務を執行する際に委任者が希望したとおりの手続きができないといったトラブルの元となってしまいますので、疑問が出た場合は関係機関へ直接問合せをして、委任者が死亡した際の流れについて確認しておく必要があります。

　葬儀プランの作成など、受任者の一存で決められないような場合は、委任者と一緒に葬儀社へと行き、担当者に事前見積を作成してもらうのがお勧めです。事前見積を作成しておけば委任者が希望する葬儀プランやオプション等は委任者が自身の口で担当者へと伝えてくれますので、万が一の際は、その事前見積書のとおりに施行してもらえば、過不足なく委任者の希望を叶えることが可能となります。

　また、葬儀社によっては事前見積の際に同行した受任者についてもデータとして控えておくこともあり、葬儀を依頼する際にも委任者本人から生前に依頼された死後事務受任者としてスムーズに手配を行ってもらえることもあります。葬儀方法に限らず、面談時に疑問に思ったことはすべて確認を取るようにしましょう。委任者本人が生存して

いるうちでしたら、確認時点で執行に問題があるとわかれば別の方法を検討することもできますし、第三者からの問合せでは答えてくれない関係機関であっても本人からの問合せなら答えてくれますので、委任者本人が生存しているうちに必要な情報は集められるだけ集めておくべきです。委任者本人が死亡した後ではそうした対応もできなくなってしまいますので、「なんとかなるだろう」という考えは捨てて、疑問点はすべて解消してから契約手続に入るようにしてください。

×××××× **Column** ××××××

お墓に入れる人は誰？

　日本でも有名なある宗教団体が管理する墓地への埋蔵に関する死後事務委任についての話です。未婚の兄弟二人との死後事務委任契約を結ぶ際に、遺骨については信仰する宗教団体が管理するお墓へ埋蔵してほしいとの要望がありました。そのお墓には現在両親が眠っていて墓の現在の管理者は兄のため、自分が先に亡くなった際はもちろん、弟が亡くなった際も同じ墓地へ埋蔵してほしいという希望です。

　兄弟ともに未婚なので、一般的な考え方からすれば二人とも本家の墓に入ることに問題はないと思われますが、寺院墓地や宗教団体が管理する墓地では埋蔵できる範囲に制限が設けられていることもありますので、念のため確認してみることにしました。

　確認の結果、判明したのが墓に埋蔵できるのは現在の管理者とその配偶者のみとのことで、兄弟の遺骨を埋蔵することはできないとのことでした。今回のケースで言うと、現在の管理者である兄が先に亡くなった場合は、兄を埋蔵することは問題ありませんが、弟が先に亡くなった場合は、たとえ管理者である兄が埋蔵について了承していたとしても、墓地の管理者が認めないという理由で埋蔵ができないことになります。ですので、兄が先に亡くなった場合は、兄を埋蔵した後に管理者を弟に変更すれば、弟が死亡した際も埋蔵はできるとのことですが、弟が先に亡くなった場合は埋蔵することはできないため、同敷地内にある納骨堂等での供養を検討しな

コラム　お墓に入れる人は誰？　　223

ければなりませんでした。

　当然、死後事務委任の契約時点ではどちらが先に亡くなるのかはわかりようもありませんので、兄が先に亡くなった場合と弟が先に亡くなった場合の両方のパターンで対応できるように死後事務委任契約書を調整しておく必要がありました。「未婚の家族なら本家の墓に一緒に入ってもおかしくない」といった、先入観に捉われていると足元をすくわれる危険性に気づかせてくれる良い例だったかと思います。

4　必要書類の収集

　面談を通して委任者の希望の聴取りや契約書へ記載する内容等が決まったら、次は契約書を作成するための必要書類の収集作業となります。契約書作成にあたって必要となる書類については、各事業者がどのような形態で契約書を準備するかによって大きく変わってきますが、ここでは公正証書で死後事務委任契約書及び遺言書を作成する例を紹介していきます。

(1)　死後事務委任契約書を公正証書で作成する際の必要書類

①　発効から３か月以内の印鑑証明書＋実印（または委任者及び受任者の運転免許証（マイナンバーカードも可）＋認印）

②　死後事務委任契約書に記載する契約内容の案文

③　死後事務委任契約書に特に記載しておきたい内容に関する資料（菩提寺名、墓地番号、指定葬儀社、ペットの引取り先等）

※　死後事務委任契約書を作成するうえでの必須となるのは①のみで、②と③についてはなくても公証人と相談のうえで作成可能です。

(2)　遺言公正証書の必要書類

①　遺言者本人の発効から３か月以内の印鑑証明書＋実印（または運転免許証（マイナンバーカードも可）＋認印）

②　遺言者と相続人との続柄がわかる戸籍謄本や除籍謄本

③　財産を相続人以外の人に遺贈する場合には、受遺者となる人の住民票、手紙等の他、住所の記載のあるもの。法人の場合には、その法人の登記事項証明書または代表者事項証明書（登記簿謄本）（※１）

4　必要書類の収集　　225

④　不動産の相続の場合には、その登記事項証明書（登記簿謄本）と、固定資産評価証明書または固定資産税・都市計画税納税通知書中の課税明細書

⑤　預貯金・有価証券等の相続の場合には、銀行名（証券会社名）や口座番号（証券番号）がわかる資料（預貯金通帳や通帳のコピー、証券会社から送られてくる口座番号等が記載されているお知らせ等）

⑥　遺言執行者の住所・氏名・生年月日がわかる資料（住民票等）・職業を書いたメモ

⑦　証人2名の氏名、住所、生年月日および職業のメモ＋証人となる人の認印（※2）

⑧　その他、公証人より指示された参考資料

※1　公益法人等への遺贈の場合は、遺贈先に連絡すれば登記簿謄本の写しやPDFのデータを送ってくれるケースもあります。

※2　証人2名は、公証役場に用意してもらうことも可能です。その場合は証人に関するメモ等は不要です。死後事務受任者が遺贈を受けるといった事情がなければ受任者や受任者の従業員を証人とすることも可能です。

(3)　委任者の戸籍等はどこまで集めておくべきなのか

　死後事務委任契約書だけを作成するのでしたら委任者の戸籍は必ずしも必要とされていませんし、遺言書を作成する場合であっても、遺言者と相続人の関係性がわかる範囲でそろえておけばよく、相続手続の際のような被相続人の出生からの戸除籍すべてを用意する必要はありません。しかし、遺言執行者はもちろん死後事務受任者として活動する場合に委任者の相続関係を把握しておくことは非常に重要となります。

　死後事務委任契約の対象となる高齢者のなかには、自分は天涯孤独の身で親兄弟は誰もいないという人は多くいます。しかし、実際に戸籍を調査してみたら甥や姪といった相続人がいるケースや本人も知ら

ない兄弟がいたという事例も稀にあります。「自分の兄弟を知らないことなんてあるのか?」と不思議に思われるかもしれませんが、本人が物心つく前に兄弟が養子に出されていた等の事情があると、本人は兄弟を知らないまま過ごしているため、自分は一人っ子と勘違いしているケースがあります。

　そうした事情では、本人にいくら丁寧に聴取りを行っていたとしても本人自身が兄弟の存在を知らないため正確な相続人の把握はできません。兄弟姉妹といった傍系血族の戸籍まですべてそろえるのは難しくとも、現在は広域交付制度も始まり、直系血族の戸籍でしたら委任者本人が役場の窓口へ行って申請することで、本籍地がどこであっても最寄りの役場窓口でそろえることができるようになりました。

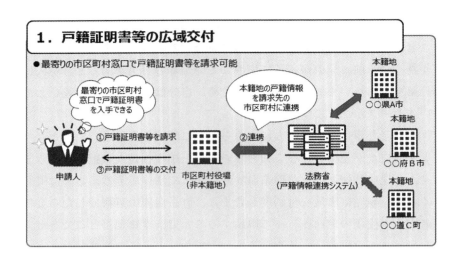

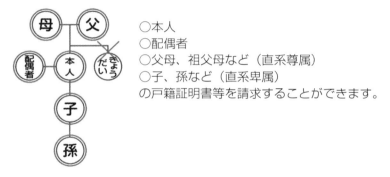

（「広域交付制度とは」法務省 HP より抜粋（https://www.moj.go.jp/MINJI/minji04_00082.html））

仮に委任者本人が未婚で子供がいないとなると、相続人となるのは直系尊属か兄弟等の傍系血族（甥姪含む）となります。傍系血族の有無を確認するだけなら、委任者本人の両親の戸籍（直系尊属）を出生から死亡まで取り寄せて確認すれば、両親の出生から死亡までの間のどこかに必ず兄弟の情報が出てきます。

　また、委任者本人が小さい頃に兄弟が養子に出されていたとしても、養子縁組をした事実が戸籍に記載されていますので、古い戸籍まで辿って調べることで委任者に兄弟がいるのかどうか（※）まではわかります。

※　養子縁組した後に兄弟等が死亡しているのかどうかや甥や姪にあたる親族が生まれているのかは、養子縁組後の戸籍を調査しなければわかりません。

　また、死後事務受任者兼遺言執行者として活動する場合は、遺言者死亡後は相続人の確定をするために戸籍をすべて取り寄せなければなりませんが、遺言執行者のような代理人は広域交付制度を利用できないため、相続人の戸籍を収集する際は該当の市区町村役場へそれぞれ請求していく必要があります。相続人が他の都道府県に本籍地を有している場合には遠隔地の市区町村窓口へ郵送で請求をすることになるため、相続人が複数に及ぶ場合は戸籍をそろえるだけで何か月も掛かってしまうことがあります。遺言執行者等が相続人の戸籍を集めるにはかなりの時間を要するケースであっても、直系血族に限れば本人が広域交付制度を利用すれば１日で取得できてしまいますので、生前に本人が取得できる範囲の戸籍は本人に集めておいてもらうことで、契約時の相続人の確認はもちろん、遺言執行時の相続人確定業務の短縮にもつなげることができます。委任者本人に役場の窓口へ直接赴いてもらい、広域交付制度を利用しての戸籍収集に協力してもらえるのなら、実際の遺言や死後事務の執行時の業務に大いに役立つことになりますので、集められる範囲の戸籍をできるだけ契約時に取得しておくことをお勧めします。

　委任者との死後事務に関する面談の際には、お墓や葬儀の要望、公

共料金を始めとした各種契約の清算や解約手続、遺品整理と賃貸契約の解除といった様々な相談をされると思います。そうした相談の際には、墓地の利用契約書、葬儀の生前見積、公共料金の領収書、各種契約先の資料、賃貸物件の契約書等々、相談内容に応じた資料も併せて確認することになります。そうした資料すべてが公正証書の作成に必要となるわけではありませんが、死後事務委任の執行の際には必ず必要となってきますので、各種資料のコピーや画像での保管やメモ等を行い、執行時に備えておく必要があります。

(4) 私の診療に関する希望書（事前指示書）

契約書に必要な書類とは別に、当協会では希望者に対して「私の診療に関する希望書（事前指示書）」を任意で提出してもらっています。死後事務委任契約を希望する多くの人が家族はいないかまたは家族がいても何らかの事情により頼ることができないといった人のため、加齢や病気等で本人が意思表示をできない状況になってしまった際に備えて、医療行為に対する希望を予め本人に書面で残しておいてもらう必要があります。

一般的な入院や手術の際でしたら、本人が自らどのような治療をしてもらいたいのかを決めておけばよいのですが、加齢や病気等で本人が医療に対する希望を自ら伝えることができないことも想定されます。

そうした場合に、本人に身近な親族がいるのでしたら、本人の日頃の生活や言動から本人がどういった医療行為を希望していたのかを身近な親族の同意のもと（家族等に同意権限があるわけではありませんが、家族等の意思表示により本人の意思を推定するための同意と考えられています）医療行為を進めていくことになります。しかし、死後事務委任契約者のほとんどがそうした親族等がいない人であり、親族の代わりに各種手続を行う死後事務受任者や任意後見受任者がいたとしても医療行為に対する同意ができるわけではないため、予め本人がどういった医療行為を希望しているのかを確認しておく必要がありま

す。

　そうした、本人が将来判断能力を失った際に自分に行われる医療行為に対す希望を前もって意思表示するための文章が「事前指示書（リビングウィル）」となります。事前指示書は、医療機関のホームページや市区長村役場等のHPで配布されていますので、内容を確認して各事業者において利用しやすいものを見つけてみてください。

　事前指示書は、本人が意思表示できない際などに医師に対して本人の医療行為に対する考えを医師に提示するための書面となりますが、事前指示書自体に法律的拘束力があるわけではなく、担当医師に指定の医療行為を強制できるものではありませんので、その点は委任者にも十分理解しておいてもらう必要があります。

　死後事務受任者は、身元保証人や任意後見人を兼ねていることも多く、医療関係者はそうした立場にある人に家族に代わって医療に関する意見を求めてくることもあります。しかし、医的侵襲行為への同意はあくまで本人が為すべきものであり、死後事務受任者等が行うべきものではありません。医師から医療行為に関する意見や同意を求められた際に、医師に本人にとって最適な医療行為が何であるのかを判断してもらう資料が事前指示書（リビングウィル）となるため、当協会では契約者に任意で提出をお願いしています。

4　必要書類の収集　　231

私の希望表明書 ❶

【記入は任意です。書きたい時がきたら記入してください。迷う場合は書かなくてもよいです。】
リビング・ウイル3箇条に加え、私の思いや人生の最終段階における具体的な医療に対する要望にチェックを入れました。自分らしい最期を生きるための「私の希望」です。

記入日　　　　年　　　月　　　日　　　　　　本人署名

希望する医療措置について
- □ 点滴　　　　　　　□ 輸血　　　　□ 酸素吸入
- □ 人工呼吸器装着　　□ 人工透析　　□ 抗がん剤　　□ 心肺蘇生　　□ 昇圧剤や強心剤

希望する栄養や水分補給
- □ 口から入るものだけを食べさせてほしい　　　□ 状態に応じた少量の点滴
- □ 胃ろうによる栄養　　□ 経鼻チューブ栄養　　□ 中心静脈栄養

緩和ケア
- □ 医療用麻薬や鎮静薬も使用して、痛みを感じることがないよう十分な緩和ケアを行ってほしい
- □ 肉体的な苦痛だけでなく、精神的・社会的な痛みのケアも行ってほしい
- □ 私の死に直面し、喪失感と悲嘆に暮れる人々への精神的・社会的なケアを行ってほしい

意思の疎通ができなくなったとき
- □ リビング・ウイルと「私の希望表明書」だけでは判断しきれない場合は、
　私の代諾者や医療・ケアに関わる関係者が繰り返し話し合い、私の最善を考えてください
- □ 私が少しでも意思表示をする場合は、その意図をくみ取る努力をお願いします

最期の過ごし方
場所
- □ 自宅（自分の家・子供の家・孫の家・親戚の家：具体的な名前 _____ ）
- □ 自宅以外（ _____ ）
- □ 高齢者施設の居室　　□ 介護施設　　□ 病院　　□ ホスピスや緩和ケア病棟
- □ 分からない　　　　　□ その他（ _____ ）

誰と（ペットの名前を書かれても結構です）
1. _____
2. _____
3. _____

どのように

公益財団法人
日本尊厳死協会
JAPAN SOCIETY FOR DYING WITH DIGNITY

（公益財団法人 日本尊厳死協会のリビング・ウイル https://songenshi-kyokai.
or.jp/living-will）

私の希望表明書 ❷

私が大切にしたいこと

医療・ケアについて
- ☐ 何よりも痛み、苦しみ、不快感を取除いてほしい
- ☐ これから予想される経過を詳しく知りたい
- ☐ 医療者・介護者との信頼関係を築きたい
- ☐ 揺れる気持ちを受け入れてほしい

自立について
- ☐ できるかぎり自立した生活をしたい
- ☐ 自分で食事を口に運びたい
- ☐ できるかぎり自分で排泄をしたい

尊厳について
- ☐ 弱った姿を他人に見せたくない
- ☐ 人に迷惑をかけたくない
- ☐ 社会や家族の中で役割があってほしい
- ☐ 私が生きてきた価値を認めてほしい
- ☐ 敬意を持って接してほしい

人間関係について
- ☐ 大切な人に伝え残しがないようにしたい
- ☐ 家族や友人と多くの時間を過ごしたい

環境について
- ☐ 落ち着いた静かな環境で過ごしたい
- ☐ 楽しくにぎやかな環境で過ごしたい
- ☐ 清潔を保ってほしい

気持ちについて
- ☐ 楽しみ、喜び、笑い、ユーモアのある生活を送りたい
- ☐ 病気や死を意識しないで過ごしたい
- ☐ 信仰に支えられたい

その他

公益財団法人
日本尊厳死協会
JAPAN SOCIETY FOR DYING WITH DIGNITY

4　必要書類の収集　233

5　見積書作成・費用説明

　委任者の死後の手続きに関する希望の聴取りや関係先機関や関係書類の確認を行っていくことで、死後事務委任契約の内容や実際の執行時に必要な手続きが見えてきます。次は、委任者が死後事務委任契約で叶えたいと希望する内容にどの程度の費用が必要なのかを見積書として出していきます。

　葬儀費用や埋納骨費用そして遺品整理費用等は、各業者へと依頼すれば生前見積を出してくれますが、公共料金や各種契約、治療費等の清算金額は委任者が死亡した段階にならないと正確な金額はわかりませんので、これまでの支払履歴等を参考に概算金額を出していきます。そうして出された金額が、委任者から預かる預託金の目安金額となるわけですが、当協会では、基本的に遺言執行者として遺産から清算する方法をとっているため、上記の方法で算出した金額に当協会の死後事務に関する報酬額を加えた額を委任者の預貯金等に残しておいてもらうようにしています。

　必要な見積書の取寄せと公共料金等の清算に必要な概算金額及び自社が受け取るべき報酬額が出た時点で委任者へと費用の説明を行っていきます。死後事務の執行に必要な費用については、予め委任者の希望と予算を考慮しながら作成していますので、委任者の予想を大きく外れた金額が出てくることはありませんが、緊急の案件等では委任者も自身の希望と予算を十分に検討する余裕もなく依頼をしてくるケースもあります。

　そうした場合では、いざ見積書がそろった段階で予算が足りないとなるケースもあり、委任者が本来求めていた内容よりグレードダウンしたものに変更したり、場合によっては一部依頼を取り止めたりといった判断も必要となってきます。

234　第6章　実務での死後事務委任契約の流れ

実際の例としても、火葬後の焼骨を地元の個別タイプの納骨堂で供養してほしいという希望のところ、個別タイプの納骨堂の利用料が高く合祀タイプへ変更したケースや焼骨については火葬場で処理（収骨なし）してもらう方法に変更したケース等があります。すべての委任者が十分な金融資産等を保有している裕福な人ばかりとは限らず、むしろギリギリの予算のなかでいかに委任者の希望を叶えていくかを事業者としては常に考えていく必要があるといえます。

6 死後事務委任契約書の案文の確認

　見積書の作成と費用の確認が終わった段階で委任者の希望の洗い出しとそれに対する予算について委任者の了解が取れたことになりますので、次はこれまでに確認してきた委任者の要望を契約書に起こしていく作業となります。当協会では、死後事務の執行に必要となる費用や報酬を委任者の遺産から清算する形を取っているため、基本的に公正証書で死後事務委任契約書と遺言書をセットで作成し、必要に応じて任意後見契約書も併せて作成する形を取っています。

　公正証書の作成は、委任者と受任者が一緒に公証人役場へと赴いて作成することになりますが、基本的に公証人役場では事前に公証人が作成した死後事務委任契約書等の内容の読合せを行い、委任者の希望する内容と相違がないかの確認を行うだけで、その場で契約書の内容をあれこれ考えるといったことはしません。もちろん、公正証書作成当日に勘違いや間違いに気づくといったことも当然あるため、そうした場合は修正を行うこともできますので、間違った内容のまま契約書を無理やり作成するといったことはありません。しかし、公正証書作成当日にあれもこれもと修正依頼をするくらいでしたら、事前に委任者と受任者間で契約書の内容を確認しておき、委任者の了解が取れている内容に沿って公正証書の案文を作成してもらうほうが効率的に契約を進めることができます。そのため、公正証書の案文の作成を依頼する前に、まずは当協会（受任者）が死後事務委任契約の内容をまとめた契約書の下書きを作成して、委任者の希望する契約内容になっているのかどうかを委任者に確認してもらうようにしています。

　この段階であれば、まだ委任者と受任者間でのやりとりですので、契約内容の変更は自由にできます。当協会では、公正証書の作成依頼の前に再度、契約内容の見直しを行う機会を設けるようにしています。

236　　第6章　実務での死後事務委任契約の流れ

7 重要事項説明書の作成

　死後事務委任契約書の下書きについても委任者の確認が取れたら、次は公証人へ公正証書による死後事務委任契約書の案文作成の依頼へと進むところなのですが、実はその前に契約における重要事項の説明を行うようにしています。

　死後事務委任契約を検討する人の多くは高齢者であり、年齢や健康状況によっては判断能力が衰えていることもあれば、入院や入所を急いでいて契約に前のめりになっている人もいます。先にも説明したとおり、死後事務委任契約を含む高齢者等終身サポート事業は、事業者ごとに提供するサービスの内容や組合せも異なり、サービス内容を一律に比較検討するのが難しい業態です。場合によっては、委任者が「死後事務の契約ができるなら身元保証も行っているだろう」「身元保証を行っているなら、病院への付き添いや買い物の代行もしてくれるだろう」と勝手に思込んでしまっているケースもあります。

　こうした思込みのもとで契約をしてしまうと、後々、希望していたサービスが提供されないといった理由で、クレームや途中解約といったトラブルに発展してしまうことになります。特に判断能力の衰えた高齢者相手の契約の場合は、事業者側がしっかりと説明しているにもかかわらず、「そんなことは聞いてない」「できると言ったではないか！」と自分に都合の良い形で思い込んでしまっている場合や契約時はしっかりと理解されていても年齢からくる認知機能の衰えから、契約時の話を忘れてしまい、そうした主張をし始めてしまうこともあります。

　こうした場合に事業者を守るのが、契約書であり重要事項説明書となります。先に紹介した「高齢者等終身サポート事業者ガイドライン」においても、重要事項説明書の作成を推奨していて、下記のよう

に記載されています。

> （省略）・・・判断能力の低下が懸念される高齢者を主な対象としていること、契約期間が長期間にわたること、サービス内容が多岐にわたること等の高齢者等終身サポート事業の特徴を踏まえ、高齢者等終身サポート事業者は、契約に際して重要な事項に関する説明を行う際には、個々人ごとに提供するサービス内容や、利用者の判断能力が低下した場合の対応方針などの以下の事項について、利用者本人との面談等を通じ、利用者の年齢、心身の状態、知識及び経験を踏まえた丁寧な説明を行うとともに、重要事項説明書として作成・交付することにより、利用者の理解促進に努めることが重要である。

　死後事務委任契約を結ぶ場合は、身元保証契約をはじめとして遺言や任意後見等の複数の契約を一度に結ぶことも珍しくはありません。事業者には見慣れた契約書の文章であっても、利用者にとっては初めての経験でもあり、複数の契約を一度の説明ですべて正しく理解できる人はいませんし、複数の契約の内容を混同して間違った解釈をしているのが普通ともいえます。

　そうした間違いを正すためにも、契約書の文章より平易な言葉遣いでわかりやすく、短く、大事な要点だけ押さえた重要事項説明書を作成し、読合せとともに☑マークを入れてもらうなどして最終確認をしておく必要があります。

　重要事項説明書に委任者の署名捺印をもらっておくことで事業者側と委任者側の思い違いを防ぐと同時に契約内容にない苦情やトラブルが発生した際に事業者の正当性を証明する証拠にもなってくれるのが重要事項説明書となります。

　高齢者等終身サポート事業者ガイドラインでは、主な重要事項として次のような内容を挙げています。

238　第6章　実務での死後事務委任契約の流れ

①	契約者に対して提供するサービス内容や費用
②	当該利用者の費用の支払方法
③	契約者に対して提供するサービスの履行状況を確認する方法
④	入院・入所等が必要となった場合における対応方針、医療に係る意思決定の支援
⑤	利用者の判断能力が低下した場合の対応方針
⑥	契約するサービスの債務不履行や不法行為により利用者に損害が発生した場合の賠償に関するルール
⑦	契約するサービスの解除方法・解約事由や契約変更や解約時の返金に関する取扱い
⑧	預託金の管理方法等
⑨	死後事務として提供されるサービスの内容
⑩	寄附や遺贈に関する取扱方針
⑪	個人情報の取扱方針と管理体制
⑫	相談窓口の連絡先

　事業者ごとで提供するサービスの内容が異なってくるため、上記の内容すべてが重要事項説明書に盛り込まれている必要はありませんが、事業者ごとのサービスの組合せに応じて、利用者にわかりやすい重要事項説明書の作成が求められているのは確かです。

××××××× Column ×××××××

重要事項を作成しておけば防げた失敗例

　重要事項説明書を作成しておけば防げたかもしれない失敗
事例を紹介します。

　高齢者等終身サポート事業者ガイドラインが作成される前
における重要事項説明書の作成割合は事業者全体で約２割程
度でした。当協会においては、遺言や死後事務委任契約書は
緊急時以外はすべて公正証書で作成しているため、重要事項
説明書は作成しておらず、身元保証については契約時には依
頼者に対して口頭で説明を行い、公正証書には記載していま
せんでした。

　当協会では、死後事務委任契約を主体としていて、身元保
証は死後事務委任契約に付随する業務としての扱いのため、
身元保証は本業ではなく、死後事務委任契約を結んでいる人
が入院や入所の際に必要となった場合は無料で身元保証を
行っています。ですので、身元保証はあくまで死後事務委任
契約を結んだ人へのサービスの一環であり、身元保証を行う
ことについての料金等は請求していなかったことから、契約
時の身元保証に関する説明も口頭にて行っていました。

　そうした状況のなかで、ある契約者から「身元保証はどう
なっているんだね？」との問合せがありました。その契約者
は既に３年近く契約している人で日頃からよく電話や面談で
も話をしていて、こちらの業務方針もよく理解していると考
えていました。しかし、身元保証に関するこちらの対応につ
いて説明しても「契約書に書いてあるかね？」との一点張り

240　　第６章　実務での死後事務委任契約の流れ

で、報酬を請求しないサービスであることや契約時に口頭ではあるが説明していることを伝えても納得できない様子です。結果的に、「そちらの説明には納得できない」とのことで途中解約となったのですが、実は、この契約者は過去の入院や手術の際の入院申込書には当協会を身元保証人として、記載して提出されています。

　つまり、自身で過去に何度も身元保証人として当協会を指定して身元保証サービスを受けているのですが、そのことを忘れてしまっているのか、身元保証料を払っていないこともあり、料金を支払っていない以上サービスの提供も受けていないという思い違いをしていたのかもしれません。定期面談の際には年相応の物忘れがあることなども聞いていましたので、そうした点も影響していた可能性もあります。

　このケースでいえば、身元保証については無償サービスであることから公正証書に記載していなくても、重要事項説明書に記載して最終確認を行っていれば、解約は防げた事案だったのではと考えています。当協会では、年会費や月額利用料、預託金等は預かっていませんので、解約時には返金トラブルということは一切起きませんが、それでも契約時の公証人等へ支払った費用は依頼者に返金されませんので、公正証書の作成費用が無駄になってしまうこととなります。依頼者から「契約書に書いてあるかね？」と聞かれた際に「重要事項説明書に記載されていますし、確認してもらった際に署名捺印もいただいていますよ」と回答できていれば、恐らくそれ以上依頼者が不満に思うことはなく、当協会としても大事な依頼者を失わずに済み、依頼者も改めて別の事業者を探す手間も必要なかったのではと反省しています。

　当協会では、ガイドラインの策定を機にこうした事案を防

ぐ意味でも重要事項説明書を作成することにし、より丁寧な
説明と確認の実施をするように改善をしているところです。

8　公証人への案文依頼

　重要事項の説明及び重要事項説明書への署名捺印まで終わった段階で、委任者の死後事務委任契約に関する内容及び費用や報酬についての確認も済んだことになるため、いよいよ公正証書の作成へと入っていきます。

　当協会では、Word で作成した死後事務委任契約書の下書き（委任者確認済み）と「必要書類の収集」で紹介した資料一式を PDF にしたものを公証人へメール送信して、公正証書での死後事務委任契約書の案文作成の依頼を行っています。作成する公証人役場や公証人については、指定があるわけではありませんので、委任者や事業者の住所地に近い公証人役場に依頼するのが基本になるかと思われます。また、公証人役場によっては複数人の公証人が在籍していますので、公証人が複数いる場合はどの公証人へ依頼するかも決める必要がありますが、初めて利用するケースでは、公証人役場の事務員にその旨伝えれば、事務員のほうで公証人を選んでくれるかと思われます。どの公証人へ依頼しても公正証書作成は問題なく行ってくれますが、公証人によって作成当日の説明の仕方や公正証書の作成様式などが異なってきますので、何回か作成していくうちに依頼しやすい公証人と出会えたのでしたら、同じ公証人を指名することも可能です。

　公証人への案分作成依頼のメール送信後、おおよそ 1 週間から 2 週間程度で、公正証書としての死後事務委任契約書の案文がメールにて届きます。返信までの日数は、死後事務委任契約書の内容や遺言、任意後見契約といった契約書も一緒に作成依頼しているかどうか、また指定した公証人の忙しさによっても前後することになります。委任者の健康状況によっては緊急で公正証書の作成を依頼したいというケースも出てきますので、その場合は事前に緊急である旨を伝えれば、公

証人のほうでも通常より早いペースで契約書の案文まで作成してもらえますが、指定した公証人が忙しくどうしても間に合いそうにないなら別の公証人へと切り替えるなどの対応も考える必要が出てきます。

　公証人より返信のあった案文を確認して問題なければ委任者にも公正証書としての案文の内容を確認してもらいます。基本的に公証人から返信のあった案文がそのまま公正証書となり、作成当日は同じ内容を委任者と受任者双方立会いのもと公証人と読合せを行っていくことになります。ですので、事前に委任者に内容を確認しておいてもらい、修正や変更がある場合は再度公証人へと修正依頼等を行っておけば、作成当日は読合せと署名捺印を行うだけの作業となり、トラブルなく作成を終えることができるようになります。

　公証人からの返信には案文のほかに、作成当日に公証人へ支払う手数料の明細も一緒に送られてくると思われます（死後事務委任契約だけなら約11,000円）ので、当日は現金でなるべくお釣りのない形で準備をしておきます。

9　公証人役場での作成

　公正証書の案文の確認も終わったら、次は実際の作成日程を決めて
いくことになります。公証人役場の忙しさによっても変わりますが、
依頼者の多い地域では、時期によっては2週間近く先まで予定が埋
まっているといったこともありますので、委任者の通院や仕事の関係
上で公証人役場へ行ける日時に制限があるようでしたら早めに予約の
連絡を入れる必要があります。

　また、委任者が病院に入院しているようなケースで公証人役場まで
出かけられない場合は、公証人に入院先まで出張して公正証書を作成
してもらうことも可能です。ただし、この場合には、通常の手数料に
病床執務加算があり、また、日当と現場までの交通費が加算されるこ
とになりますので、出張日時の打合せに併せて加算される料金につい
ても確認が必要となります。公証役場と作成日時の打合せが終わり次
第、最寄りの駅から公証役場までの地図や作成日時及び作成手数料、
当日の持ち物等を記載した案内図を委任者へと渡します。また、死後
事務委任契約の対象者は高齢者が多いことから、電話だけではどうし
ても忘れてしまうこともあるため、当協会では一目でわかる案内図を
渡すようにしています。

　公正証書の作成当日は、公証人より送られてきた案文と同じ内容を
再度、公証人が読み上げて内容に間違いがないかの確認と委任者と受
任者の署名捺印だけですので、間違いや修正がなければ30分程度で
作成完了となります（併せて遺言書等も作成する場合でも1時間程
度）。

×××××××　**Column**　×××××××

遺贈による寄付を受ける場合の
公正証書の利用について

　筆者は行政書士の仕事として、公正証書遺言の作成支援を行っています。死後事務委任に関する仕事を行っている関係でひとり身の高齢者の遺言作成の手伝いをすることも多いのですが、遺言者のなかには自身の財産を最後まで面倒をみてくれた介護施設等へ寄付したいといった希望を持っている人もいます。こうした希望が遺言者の本心から来ている場合でしたら何ら問題もないですし、他に親族等がいない人の場合ですと遺言を残しておかないと国庫へと入ってしまうことになりますので、その希望どおりの遺言書が作成できるように支援しています。

　ただ、死後事務委任契約の受任者となる事業者が委任者から遺言で遺贈を受けるケースは、過去に身元保証事業者がひとり身の高齢者の不安に付け込み、高齢者の意思に反して身元保証等を行う代わりに財産を事業者へ遺贈させるような悪質な事例が頻発したことから、あまり良い印象を持たれていません。ただ、遺言者が本心で遺贈したいと考えているのでしたら、その希望を叶えるべきであり、死後事務受任者や身元保証事業者等で生前から本人と関係がある人が受遺者になるのが一概に悪だとはいえないと考えています。要は、過去に悪質な事業者が行っていたような、判断能力の衰えている高齢者に対して自筆証書遺言や死因贈与契約のように第三者が関与しない状況下で、事業者に有利となるような遺言書や

246　　第6章　実務での死後事務委任契約の流れ

贈与契約書を半ば強制的に書かせるような行為が非難されるべきであり、遺言者本人が本心でそうした遺言書等を作成したいと考えているのでしたらそれは叶えるべきものとなります。

　そうした遺言者の真意を担保する方法が、公正証書遺言であり、公正証書遺言では遺言書作成時に証人２名が公証人とは別に必要とされていて、公証人と証人２名の計３名が遺言書の内容が遺言者の本心であることを確認することになります。利害関係のない３名において遺言書の内容が遺言者の本心であることを確認することで、自筆証書遺言で作成されるケースと比べて遺言者の真意を担保することができ、遺言者の真意に反する遺贈等を防ぐことができるようになっています。

　事業者が死後事務委任契約書と遺言書の作成支援をするようなケースで、事業者が外部の士業事務所等を利用せずに遺言書の案文を遺言者と一緒に考えるケースもあるかと思います。そうしたケースで、仮に遺言者が事業者に財産を寄付したいと言ってきたとすると、外観上は事業者が遺言者に事業者の都合の良い遺言書を書かせているようにも見えてしまいます。

　このようなケースでは、公証人によっては公正証書遺言の作成前に遺言者とマンツーマンで面談を行い、「本当にあなたの意思で事業者に対して遺贈をするのか？」といった意思確認を行っているケースもありますので、形だけの確認ではなく本人の意思を確認しようと公証人側でも注意をしていることがわかります。死後事務委任契約を始めとした高齢者等終身サポート事業者は、高齢者の生前から亡くなった後の手続きにまで関与していく仕事であることから、委任者から大

変感謝される仕事でもあり、場合によっては感謝の気持ちとして遺贈等の打診を受けることもあるかと思います。その気持ちが本人の真意であるなら、遺贈等を受けることは何ら問題ありませんが、外部から見た場合に不正を疑われてしまっては、せっかくの本人の気持ちも台無しになってしまいますので、正しく本人の意思を実現できるように公正証書を積極的に利用してもらえればと思います。

10　契約完了・見守り開始

　公証人役場での公正証書による死後事務委任契約書の作成が完了した後は、委任者との今後の見守り方法等について再度確認します。

　当協会では、年齢や健康状況に合わせて安否確認等を行うようにしていますが、預託金や入会金、年会費等が発生しないことから60代や70代前半といった死後事務委任契約を結ぶ層から見れば比較的若い人が予期せぬ事故等に備えた保険的な意味合いで契約をしているケースも多く、ほとんどが施設等に入らずに一人暮らしをしています。そのため、自宅での急な体調悪化や外出時の事故等で死亡してしまう危険性はゼロではなく、そうした事態に速やかに当協会へ連絡を入れてもらえるように、緊急連絡先として当協会を指定している自宅掲示物や警察や救急隊員等が身元確認等をする際に見つけてもらえるように財布に入れておける緊急連絡先カードを契約時に渡しています。

　また、緊急連絡先カード等以外にも、公正証書での死後事務委任契約書と併せて、これまで聴取りを行った内容をまとめた「チェックシート」「費用確認書」「重要事項説明書」「事前指示書」「解約手続一覧表」、その他、葬儀や遺品整理等の「事前見積書」等をファイルにひとまとめにして、委任者へと渡しています。

　死後事務委任契約は長期に及ぶ契約となるため、契約から実際の執行までには相当な期間が空くことになります。当然その期間において契約の見直しを行うこともありますし、また、高齢者が契約者となることからどうしても契約の詳細については忘れしまうこともあります。そうした場合に、すぐに見直しができる資料として死後事務委任契約書とそれに付随する関係資料を一つにまとめたファイルを渡すようにしています。

● 自宅掲示用

```
          重　要！

 ※※ ※※ 様は

 葬儀及び遺品整理等の事務を既に依頼されています。

 もしもの際は下記事務所までご連絡をお願いいたします。

  一般社団法人      名古屋市熱田区六番2丁目9-23-604
  死後事務支援協会   TEL:052-653-3117 担当：※※
  （第2連絡所）※※※※司法書士事務所 TEL：
```

※　冷蔵庫や玄関扉、寝室の入り口等に掲示しておいてもらう

● 財布用緊急連絡先カード表

```
         緊 急 連 絡 先 カ ー ド
  署 名 人           生年月日
                    T・S・H　　年　月　日

  住　　所


  かかりつけ病院      主治医


  持　　病
  □ なし
```

● 財布用緊急連絡先カード裏

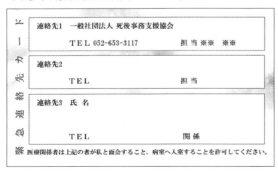

※　緊急連絡先カードは、縦でも横でも財布のカード入れに入れた際に「緊急連絡先カード」の文字が見えるサイズで作成

公証人役場での公正証書による死後事務委任契約書の作成が終われば契約手続はひとまず完了となりますが、契約完了後も、見守り業務を通して委任者の年齢や健康状況等のライフステージに合わせて、財産管理や任意後見契約の提案など委任者が安心した生活を継続できる支援を行っていくことになりますので、契約手続の完了は長期に渡る死後事務受任者としての使命のはじまりともいえます。

第7章
死後事務委任契約から
執行までの見守り期間

1 執行までの委任者との関わり方

　死後事務委任契約は、契約から執行までの期間が長期に渡ることになるため、契約から実際の執行（委任者の死亡）までの間の委任者との関わり合い方も大事となってきます。

　死後事務受任者の業務は、委任者が死亡して初めて契約書に定められた権限を行使できるようになるため、死後事務委任契約を単体で結んでいる場合は、基本的に委任者が死亡するまで受任者としての業務は発生しません。しかし、死後事務委任のサービスを提供している高齢者等終身サポート事業者においては、死後事務委任契約以外にも身元保証や日常生活支援等の契約を結んでいることも多く、判断能力が衰えてきた高齢者には、財産管理契約や任意後見契約といった契約も付加して、委任者の死後の手続きだけではなく、生前の生活から支援できる形で動いているのが普通です。

　ただ、近年は終活ブームの影響なのか以前のように入院や高齢者施設への入所に必要だからといった理由での契約に留まらず、比較的若い年代の人が死後事務委任契約を利用するケースも増えてきました。当協会の契約者の例を挙げれば、一番若い年代としては30代の契約者がいますが、特に健康上の問題等があるわけではなく、一人暮らしで親族とは疎遠でもあることから契約している人もいます。

　このように、死後事務委任契約を希望する人の年齢層は以前に比べて幅広くなってきているため、契約後の付き合い方も以前と同じままとはいきません。当協会の契約者でいえば、30歳から64歳までの現役世代の契約者でしたら、大病を患っている等の事情がなければ普通に働いている契約者がほとんどであり、不慮の事故でもない限りは死後事務を執行する状況にはならないため、当協会では頻繁な見守り等は不要と考えて、3か月に1回や半年〜1年に1回といった形で安否

確認や契約内容の見直しについて確認するに留めています。

　実際、元気なうちは頻繁に訪ねてきても逆に迷惑だと感じる契約者もいて、当協会でも最初のころは若い年代の契約者も含めてすべての契約者に同じ頻度で安否確認を行っていました。しかし、契約者から「健康に過ごしており、今のところ問題になるようなこともないため、安否確認の回数を減らしてほしい」といった申し出を受けることもあり、現在は、依頼者の年齢や健康状態に合わせた見守り活動を行うように変更しています。

　高齢の契約者の場合であっても高齢者施設へ入所している場合や、親族との仲が良好で日頃から頻繁に委任者宅への訪問がある場合はそれほど心配はいりませんが、一番心配な契約者としては、80歳を過ぎても比較的健康で介護認定などを受けずに一人で生活をされている人です。介護認定を受けている人でしたら、デイサービスや訪問介護といったケアプランに沿ったサービスを受けることになるため、定期的にヘルパー等により安否確認が行われることになりますので、一人暮らしの高齢者の場合であっても安心できます。しかし、高齢であっても認知症等の症状もなく問題なく自活できているがために、介護認定を受けることもない人の場合は、ヘルパー等が訪ねて来ることもないため、孤独死の危険にさらされることになります。

　また、高齢者には頑なに他人の世話になることを嫌う人もいるため、本来なら介護認定を受けて介護サービスの適用を受けるべき人であっても、そもそも介護認定の申請をしてくれず不自由な生活を無理に続けている人もいます。当協会の契約者にもそうした人がいて、その人は契約当初は病院や買い物に一人でバスを乗り継いで行くことができていましたが、契約から年数を重ねるごとにだんだんと体力も落ちてきて外出が難しくなってきました。また、見知らぬ人間が自宅に来ることを酷く嫌う人ではありましたが、死後事務委任契約を機に長年付き合いのある当協会については、いつ伺っても歓迎してくれる関係を築けていましたので、いよいよ一人暮らしが危ないと感じたときに介

護認定やホームヘルパーについて話し合ってみたところ、当協会が引き続き支援を続けてくれるなら介護認定を受けてくれることになりました。もともとこちらとしても仕事として受任していますので、介護認定を受けたからといって後はケアマネ等にすべてお任せといった考えはありませんでしたので、見守り契約や財産管理契約等の本人に必要な契約をその都度追加していき、現在は特別養護老人ホームにて生活しています。

　死後事務委任契約は契約から執行までの期間が長期に渡る契約ではありますが、裏を返せば委任者との信頼関係を築く時間がそれだけあるともいえます。

　死後事務委任契約が終活の一環として認知されはじめてからは、死後の手続きを考えるには比較的若いと思われる年齢の人も万が一の備えとして死後事務委任契約を検討するようになってきています。そうした人との契約においては、契約者のライフステージに合わせて財産管理や任意後見といった契約を追加していくといったことも可能であり、また長期に及ぶ見守り期間は契約者のことをより深く理解する時間ともなりますので、追加契約等を行う際でも本人の事情に即したより良い契約内容とすることができるようにもなります。死後事務委任契約特有の契約から執行までの長い期間を是非有効活用してみてください。

2　見守り期間中に異常を察知した場合は

　死後事務委任契約を結んだ後、実際に委任者が死亡するまでの期間は見守り期間となりますが、見守り期間中であっても定期的に本人の安否確認を含めて、契約内容に変更がないかや健康状態が悪化していたり認知機能が著しく衰えていないか等を気にしておく必要があります。特に死後事務委任契約とは別に財産管理契約や任意後見契約を結んでいるのでしたら、管理している本人の財産状況について定期的に本人に報告する必要もありますし、また、本人の認知機能に衰えが見られるようなら、本人や医師とも相談のうえ、任意後見監督人の選任の申立てを行う必要が出てきます。

　財産管理や任意後見監督人の選任について検討しているケースであれば、本人もそれなりに高齢であることが多く、施設に入所していたり介護サービスを受けるなどして受任者以外の第三者の目も入っているかと思われます。

　そうしたサービスを受けていない高齢者であっても 80 代前後ともなれば、近所の人が何かと気にかけてくれることも多いのですが、先ほど説明したような比較的若い年代の人が死後事務委任契約を保険的な意味で契約しているようなケースでは、健康的に一人暮らしを続けているため、周りの人も本人の安否については特に注意を払っていないのが普通です。また、65 歳になったのをきっかけに死後事務委任契約を検討する人も多くいますが、65 歳前後の年代はまだまだ仕事を続けている人も多くいる年代でもあり、一人暮らしで急な体調不良で死亡したとしても、1 週間や 2 週間程度でしたら仕事や旅行で不在にしているだけだろうと思われてしまい人知れず孤独死へ至ってしまう危険性の高い年代でもあります。

(1)　安否確認の方法

　こうした状況を防ぐ意味でも受任者は、委任者の安否確認を定期的に行っていくところではありますが、頻繁な安否確認は委任者としても迷惑に感じるケースも多く、必ずしも安否確認の際に命を救えるとは限りません。むしろ、安否確認の結果、異常を感じて駆けつけてみたところ委任者の遺体を発見するといったケースのほうが多いともいえるかもしれません。

　当協会では、年齢や健康状況によって確認期間はそれぞれ異なりますが、1年ごとの面談を除いて基本的に安否確認はメールや電話での確認を行っています。メールや電話の際に応答が全くない場合でも、高齢者の場合はメールや電話の着信に気づいていないことも珍しくはないので、2日ほどは様子を見ますが、それを過ぎても返信がない場合は改めて電話した後に自宅へと伺うことになります。

　自宅到着後は、周辺を見て回り異臭やハエ等が大量に窓に張りついていないかなどの異常を確認し、そうした兆候があるようなら、警察及び消防へと連絡を入れます。この際に契約者によっては事前に自宅の鍵を預かっているケースもありますが、明らかな異常が認められる場合は、室内への入室はせずに警察や消防の到着を待ち、警察等の指示に従うことになります。仮に契約者が室内で孤独死をしていたような場合ですと、警察において事件性の有無を調査することになり、鑑識等も来て室内の調査を行うことになりますので、受任者が保管していた鍵で事前に入室してしまうと捜査の邪魔になってしまう可能性もあるためです。

　自宅訪問時に明らかな異常がなく声掛けにも応答がないような場合は以下の対応を取るようにしています。

①　玄関前で電話してみて携帯電話の音がなるかどうかの確認
　　…室内から音が聞こえれば在宅中の体調不良の可能性あり
②　本人が普段利用している自動車や自転車の有無の確認

…普段の移動手段がなければ外出中の可能性あり

③　室内の電気の点灯状況の確認

　…深夜にも電気が点いたままなら在宅中の体調不良の可能性あり

④　エアコンの室外機が動いているかどうかの確認

　…応答がないのに動いていれば在宅中の体調不良の可能性あり

⑤　テレビやラジオの音が聞こえるかの確認

　…応答がないのにテレビ等の音が聞こえれば在宅中の体調不良の可能性あり

⑥　浴室の水が流れて続けていたり、給湯器が長時間稼働していないかの確認

　…ヒートショックで浴槽内で倒れている可能性あり

⑦　洗濯物が干されているのかの確認

　…何日も同じ洗濯物が干されていないかを確認

⑧　集合ポストの郵便物がいつ頃から溜っているかの確認

　…消印等が見えるならいつ頃から回収されていないかを判断

⑨　電気・ガス・水道メーター等の外部から確認できる装置の数値確認

　…次回訪問時に再確認して使用量を確認

　特に、①④⑤⑥は室内に人がいるのに反応がない状況である可能性が高いと判断できるため、この時点で警察等を呼ぶかの判断をすることになります。上記のような内容をできる範囲で確認を行い、場合によっては近隣住民や本人が介護サービス等を利用している場合ならそうした施設職員等へも確認を行っていきます。

　委任者に身近な親族がいて、こうした状況下でなら電話を掛けても問題ないと事前に了解が取れている場合は、親族にも連絡を取って状況を説明して何か知っていることはないかなども確認します。その際に、親族が駆けつけてくれるようであれば、親族と相談のうえで親族が預かっている鍵で開錠して室内の状況を確認したり鍵等の預かりがない場合は警察や消防を呼んでの安否確認を行います。

玄関扉が施錠されており窓ガラス等も開いておらず、中に入るためには窓ガラスを割らなければならない状況では、消防等は受任者に窓ガラスを破壊してもよいかの確認を取ってくることがありますが、当協会では、こうした安否確認の際に応答がなかった場合は窓ガラス等を割って中に入ることと破壊してしまった窓ガラス等の弁償をしない旨を重要事項説明書に記載して委任者には予め承諾を得るようにしています。

　身近な親族がおらず警察等を呼ぶ判断がすぐにできないような場合は、いったんその場での確認作業を終えて、玄関に安否確認のメモや名刺を挟んだうえで、引き続き電話にて安否確認を継続していきますが、数日経ってもやはり応答がない場合は再度自宅訪問をして、挟んだメモや名刺が消えていないか（入室していればメモ等が落ちていたり回収されているため）や前回確認した郵便ポストの状況や電気メーター等の数値から状況の把握に努めます。郵便物が回収されずにさらに溜っていたり、水道メーター等の数値が動いていないようなら、近隣への再度の確認やマンションや市営住宅であれば管理事務所や棟長等にも確認を行ったうえで、警察や消防へ連絡して安否確認を実施してもらうことになります。警察や消防へと連絡すると当然、委任者との関係を確認されますので、警察等を呼ぶ可能性のある安否確認を実施する場合は、委任者との間で結んだ契約書等の写し等を持っていくと関係性を証明しやすくなります。

　また、委任者が孤独死等で発見されて警察の現場検証等が始まると通報者としての受任者も事情聴取等でその場から離れられなくなる可能性がありますので、その後のスケジュールがあるような場合は注意が必要となります。

××××××× **Column** ×××××××

公正証書で作成した死後事務委任契約書があっても遺体の引渡しを受けられるとは限らない

　一人暮らしをしていた男性契約者は、心臓に持病を抱えていることもあり比較的若い年代ではありましたが、万が一のことを心配して死後事務委任契約を結びました。相続人として甥と姪がそれぞれいましたが、長年付き合いもなく疎遠でもあったことから、いまさら甥や姪に面倒をかけるわけにもいかないといった理由からの契約です。

　その契約者は、普段から折に触れて喫茶店に誘ってくれたり、安否確認にもすぐに返信を返してくれるため、見守りをする側からすると非常に付き合いやすい人でした。

　ある時、定期の安否確認メールに返信がなく、また電話にも応答がないため自宅へと様子を伺いに行ったところ、玄関に「外出中」との札がかけられている以外は特に異常を感じる様子はありませんでした。玄関扉に入れられている回覧板や郵便ポスト等を確認してその日はいったん戻り、引き続き電話やメール等で連絡を試みますがやはり応答はありません。

　数日後に再度自宅へと訪問してみると、前回1つだった回覧板が2つに増えており、異常事態といえる状況でした。契約者が住んでいたのは市営住宅でしたので隣室の人や棟長、同敷地内にある管理事務所にも確認を取ってみますが、誰も何も知らないということでしたので、管理事務所等に事情を説明して警察と消防を呼ぶことにしました。

　警察には死後の手続きを一任されている受任者であること

や定期的な見守りを行っている関係を伝えて来てもらい、警察の指示で消防にも連絡を入れることとなりました。警察も消防もすぐに来てくれて、市営住宅の高層階でもあったことから隣室の人にも協力してもらい消防がベランダ越しに契約者の部屋へと渡り窓ガラスを割っての安否確認となりました。

　残念ながら契約者は遺体で発見されることになり、警察の現場検証等が行われ通報者としての筆者も事情聴取で現場に留まることになります。警察からは再度故人との関係を聞かれることになりましたので、公正証書で作成した契約書を提示して関係性を証明し、安否確認に至った経緯を説明します。死後事務受任者としては、委任者が死亡したことで当然その後の葬儀等の手続きに入らなければならないため、警察に遺体の引取りを求めましたが、警察としてはまずは故人の親族へと確認をしてからでないと引渡しをするかの判断ができないと言われました。

　そのため、こちらで把握している親族状況を説明して、遺体の引渡しを受けられる状況になったら連絡をくれるように伝えていましたが、2週間以上経っても何も連絡がないため確認をしてみたところ、警察側での親族調査がうまくいってないようで、いまだに親族への連絡ができていないとのことでした。また、遺体発見時に渡した公正証書のコピーについても印鑑マークがあるのに印鑑が押されていないのは契約前だからではないのかといった疑いを持っているようで、なかなか受任者としての執行手続を進めることができませんでした。しかし、公正証書への捺印は公証人役場で保管されている原本にされているため、正本や謄本には捺印がないことを説明したり担当公証人に警察から直接確認してもらうなどして、やっとこちらの受任者としての権限を認めてもらい遺体

の引取っをすることができました。

　警察としても、親族でもない第三者へと遺体を引き渡すことには慎重にならざるを得ないので仕方のないことではありますが、こうした状況下で契約者が亡くなってしまうと通常の手続きとは異なる負担が増えていきます。しかし、死後事務委任契約の特性上、こうした事例への遭遇は避けて通れないものでもあると感じていますので、もしそうした状況になった場合はどのように安否確認や関係機関への連絡を行っていくのかについてはしっかり事業所内でも話し合っておく必要があるでしょう。

第8章
実務での死後事務
執行の流れ

　本章では、死後事務委任契約の委任者が亡くなった場合の当日の対応から一般的な死後事務の執行の手続きを流れに沿って解説していきます。

　死後事務委任契約は、受任者が契約書に記載された委任事項とそれを執行するために与えられた権限の範囲内で手続きを進める形になるため、段取り八分、仕事二分の言葉のとおり、事前の準備さえしっかりされていれば執行時は何も慌てる必要はなく、粛々と契約書に記載された委任者の希望を実現していくのみの手続きとなります。

1　委任者の死亡

　死後事務委任契約の執行は、委任者の死亡を契機に開始することになりますが、急な体調不良や不慮の事故死というケースを除けば、基本的に契約者の多くは病院や高齢者施設、または自宅療養中等のように医療関係者の管理下にあるケースが多いかと思われます。そうした医療関係者の管理下にあるケースでは、委任者に死の兆候が確認でき、いよいよとなった段階で事前に連絡をくれる病院や施設も多いため、突然死亡の連絡が来るケースに比べて色々と事前の準備を行っておくことが可能となります。

　ただ、そうした事前の連絡も受任者が「緊急連絡先」や「身元引受人（身元保証人）」となっているからこそ、病院や高齢者施設から連絡が入ることになるため、万が一の際に駆けつけてくれる親族がいない人との契約の場合は、「緊急連絡先」や「身元引受人（身元保証人）」の役割を受任者が担う必要が出てきます。また、病院や高齢者施設といった場所での死亡ではなく、一人暮らしの人が孤独死で発見されたようなケースでは、261 ページのコラムのとおり、警察の現場検証や遺体の状況によっては DNA 鑑定等を行って本人確認をした後に遺体の引取りを受けることになります。

　医師は、診療管理下にある患者が、生前に診療していた傷病に関連して死亡したと認める場合には「死亡診断書」を交付して、それ以外の場合は「死体検案書」を交付することになりますので、孤独死で発見されたようなケースでは、基本的に「死体検案書」が交付されることになります。「死亡診断書」の場合でしたら、発行手数料は一般的に 3,000 ～ 1 万円といわれていますが、死体検案書の場合、死因調査のための検案代や遺体の搬送代金、保管料なども発生することから、地域により差はあるものの死体検案書の発行手数料は約 3 ～ 10 万円

266　　第 8 章　実務での死後事務執行の流れ

程度が必要となり死亡診断書より高額になる傾向があります。

　遺体の引取りは、葬儀社に依頼することになると思われますが、葬儀社によっては死体検案書の受取りの代行をしてくれる場合や、発行手数料も一旦立て替えて支払ってくれることもありますので、特殊な事情があるケースでは葬儀社がどこまで対応してくれるのかを確認しておきましょう。

2　遺体の引取り

　病院や高齢者施設等から委任者の死亡が近いことを知らされた場合、受任者としてはいつ死亡の連絡があっても大丈夫な状況で準備をしておくことになりますが、事前の連絡をもらってから実際に委任者が死亡するまでの時間を正確に予測することはできません。事前の連絡をもらって数時間後に死亡することもあれば、今夜が峠と聞かされて3日後に亡くなるということもありますので、死後事務の執行を進めるなかで、受任者として一番落ち着かない期間ともいえます。

　実際に委任者が死亡した際の遺体の引取りについても、たとえ深夜の2時や3時であっても亡くなったらすぐに遺体の引取りを求めてくる病院もあれば、午後11時を過ぎたら遺体の引取りは次の日に行う病院もあったりと、病院の規模や霊安室の数等によって対応はバラバラとなっているため、受任者としては深夜でも連絡を受けられる体制をとっておく必要があります。また、遺体引取り時は葬儀社だけが向かえばよいのか、それとも受任者も駆けつけないといけないのかも病院や施設によって異なりますので、委任者の体調が悪化してきているようなら一度、万が一の際の受任者の対応について病院等へも確認しておくとよいでしょう。

　葬儀社は、基本的に24時間体制なので遺体の引取りの連絡は随時受け付けてくれますが、事前に委任者の死亡が近いといった連絡を受けた場合は、依頼先となる葬儀社へも連絡を入れておき、情報を共有しておくとスムーズに対応してもらうことができます。病院等からは何時頃に遺体の引取りに来るのかを教えてほしいと言われると思いますが、そうした場合は、葬儀社の担当者より直接病棟の看護師等へ引取り時間を伝えてもらうようにすれば間違いがありません。その際に、委任者の氏名や入院している病棟や病室、その他担当看護師の名前等

268　第8章　実務での死後事務執行の流れ

の情報を予め葬儀社へと伝えておく必要がありますので、死亡または事前連絡を受けた際はそうした情報を確認しておく必要があります。

　受任者が病院等へ駆けつける場合は、委任者が入院中に使用していた衣類や洗面用具等の身の回り品を担当看護師等がまとめておいてくれると思いますので、身の回り品を持ち帰る準備も必要です。また、基本的に入院中であっても、委任者はある程度の現金を手荷物品や病室の金庫等で保管していることが多く、こうした現金についても受任者に返還されることになるため、受任者としては後日の相続人や遺言執行者等への引渡し及び報告に備えて、病院からいくら現金を渡されたのかを正確に記録しておく必要があります。その際に、可能であれば担当看護師等に同席してもらい財布や封筒等に残っていた現金がいくらであったのかを一緒に確認してもらい、確認者として署名をもらっておくとよいでしょう。

　遺体を葬儀社に引き取ってもらった後は、死後事務委任契約書に記載されている葬儀の方法に沿って準備をしていくことになりますが、死亡確認後24時間は火葬できないと定められているため、葬儀方法として直葬を指定されていた場合であっても一旦はどこかに安置する必要があります。遺体の安置場所は、「自宅」「斎場・葬儀社」「民間施設」となりますが、委任者がどういった葬儀方法を希望しているかによって安置場所が変わってきます。基本的に遺体の安置は受任者の指示に従って葬儀社が行ってくれることになりますので、遺体の引取り段階では葬儀方法や葬儀までの安置方法について決めておく必要があります。

　例えば、葬儀方法として「直葬」を指定されているのでしたら、遺体は葬儀社の冷蔵施設にて火葬まで保管してもらうことになりますし、委任者が死亡後に一度は自宅に戻りたいという希望を伝えているのでしたら、自宅の仏間等でドライアイスやエアコン等を使用して安置することになります。また、地域や季節によっては火葬場の予定が埋まってしまっている場合や、友引等の縁起の悪い日を避ける等した結

果、火葬までに相当な期間遺体を安置しないといけない場合には、民間の安置施設へといったん遺体を運ぶといったこともあり得ます。

　遺体の安置方法については、委任者がどういった葬儀を希望していたかを葬儀社のスタッフに伝えれば、火葬までの日程を考慮して適切に提案してくれるでしょう。

3　死亡届への記載

　遺体の引取りを終えた後は、死亡届を市区町村役場へと提出して火葬許可証の発行を受けることになりますが、死亡届は死亡診断書（死体検案書）と一体になっているため、基本的に遺体の引取り時に医師が作成した死亡診断書を受け取ると自動的に死亡届も付いてくる形となります。死亡診断書は、医師により既に記入されていますが、死亡届の欄は死亡届の届出義務者または資格者にて記載したうえで提出する必要があります。死亡届の届出義務者及び届出資格者については、「死亡届について」の項（144 ページ）で説明したとおり、死後事務受任者では死亡届を記載することはできないため、同居の親族をはじめとした病院、高齢者施設等の届出義務者や届出資格者の協力を仰ぐ必要があります。

　委任者との死後事務委任契約とは別に任意後見契約を結んでいる場合は、その資格を証明する登記事項証明書または任意後見契約に係る公正証書の謄本を添付することで任意後見人（受任者）として死亡届の記載が可能となります。死後事務委任契約の場合、高齢者施設の施設長等に死亡届の記載を依頼するケースも多くなりますが、高齢者施設の場合、死後事務受任者ではなく法定後見人や任意後見人が入所者の後見を行っていることも多く、死後事務受任者を成年後見人と勘違いしている職員も多くいます。もちろん、任意後見契約と死後事務委任契約を同時に契約しているケースも多いですから、必ずしも間違いとはいえないのですが、死後事務委任契約を単独で契約しているケースであっても、日頃の見守り行為や生活支援の状況から成年後見人と勘違いされているケースは珍しくありません。そのため、死亡届を記載してくれる親族等がいない人の場合は、施設への入所時や死期が迫っているといった連絡を受けた際などに、予め死亡届の記載を施設

長等に記載してもらえるようお願いしておくのですが、死亡届について何度も念入りに説明しておいたにもかかわらず、実際に遺体を引取りにいった際に「死亡診断書」への記載しかされておらず、死亡届は空白のまま渡されるということが何回かありました。

　高齢者施設の職員としては、普段後見人と接する機会が多く、死亡届は後見人が記載するという認識があるため、死後事務受任者が「死亡届」の記載依頼をしたとしても、死後事務受任者が言う死亡届のことを「死亡診断書」のことだと考えてしまうためではないかと思われます。つまり、死後事務受任者が正確に「死亡届」への記載依頼をしていたとしても、言われた職員は「死亡診断書」を要求されていると勘違いしてしまい、結果、遺体の引取りの際に空白の死亡届を渡されてしまうことになるわけです。当然、そのままでは死亡届を提出できませんので、「死亡届の記載をお願いしていたのですが？」と伝えると「死亡届は後見人が書かれるのではないですか？」と言われてしまい、再度事情を説明して死亡届を記載してもらうといった二度手間になってしまうことになります。

　ですので、施設職員へと死亡届の記載を依頼する際は、以下の3点を念入りに説明しておく必要があります。

・本人はひとり身で死亡届を書いてくれる親族がいないこと
・死後事務受任者は後見人ではなく、死亡届の記載はできないこと
・死亡診断書のほかに、施設長において死亡届欄も記入して渡してほしいこと

　特に士業が死後事務受任者になっているケースでは、職業上成年後見人と勘違いされることが多く、死亡届の記載依頼をした場合にあまりにも軽く了承されるような場合は、死亡届と死亡診断書を勘違いしている可能性がありますので十分注意してください。

　死後事務の執行においては、死亡届は遺体引取り時に一緒に受け取

ることが多いため、基本的に葬儀社の担当者に死亡届の提出もお願いすることになると思われます。ただ、遺体の引取りと同時に死亡届を受け取れない場合は、改めて死亡届のみを受取りに行かなければならず、また、施設側が死亡届の記載に慣れていない場合ですと、受け取れるまでに数日を要してしまうこともあります。

　ネット等でよく見る格安を謳う葬儀社の場合、遺体の引取りから葬儀の施行までを予定どおりに進められれば問題ないのですが、こうした死亡届の記載に時間が掛かるような予定外のことが起きてしまうと遺体保管用のドライアイス等で予定外の出費を強いられる可能性もあるため、死亡届の記載を依頼する際は念入りに確認しておく必要があります。また、自社で冷蔵施設を持っている葬儀社の場合は、上記のようなトラブルが起きそうな場合は、ドライアイスでの保管ではなく冷蔵施設での保管に切り替えて余計な出費を抑えるよう手配してくれる葬儀社もありますので、予想外のトラブルに見舞われやすい死後事務受任者としては、そうした丁寧な対応をしてくれる葬儀社と提携しておきたいものです。

3　死亡届への記載　　273

4　関係者への連絡

　遺体の引取り後または病院等から委任者の死亡連絡を受けた段階で、死後事務受任者としては契約書の記載に従って、委任者の親族等へ連絡を入れることになります。親族等の関係者に対してどのタイミングで委任者の死亡を伝えるのかは、委任者の親族関係や葬儀の施行方法によって変わってきますが、死後事務委任契約を希望される人のなかには親族と疎遠な人も多く、「自分が死んだとしても、誰にもそのことは伝えないでもらいたい」といった依頼は思いのほか多くあります。

　では、実際のところ委任者に親族がいる場合に親族の誰にも伝えずに葬儀や火葬をしてしまうことはできるのかというと、それが委任者の本心であるなら行うことは可能です。ただ、第三者である死後事務受任者が他人の葬儀を行う以上は、別に親族等がいた場合にトラブルになる可能性はありますので、たとえ親族等から苦情があった場合であっても委任者本人の意思に従って行っていることを証明できるように契約書等を整えておく必要はあります。ですので、親族等がいたとしても委任者の希望で親族に黙って葬儀等を行うことは可能ですが、死亡の事実を一切知らせずにおけるのかというと、必ずしもそうとはいえません。

　委任者が死亡した時点で最初に親族の協力を仰ぐ必要が出てくるのが、死亡届の記載についてです。これについては病院や高齢者施設の管理者であったり、必要であれば任意後見契約を事前に結んでおくことでクリアは可能なため、問題は遺言執行となります。死亡の事実を親族に知らせてほしくないという委任者の多くが親族との関係が疎遠かまたは険悪な関係といった人であり、そうした場合は当然、委任者の財産についても親族等へ渡らないように遺言書を作成していることがほとんどとなります。

死後事務受任者となる場合は、同時に遺言執行者にもなるケースも多く、委任者（遺言者）の死亡後に死後事務と遺言の執行を並行して処理していくことになります。もちろん、死後事務を高齢者等終身サポート事業者が受け、遺言執行は専門の士業等へ依頼するケースもあるかと思いますが、遺言執行者が受任者と別であったとしても、委任者の死亡と同時に手続が開始することに変わりありません。

　その場合、遺言執行者には次の義務が課せられます。

民法第 1007 条（遺言執行者の任務の開始）

　遺言執行者が就職を承諾したときは、直ちにその任務を行わなければなうない。

2　遺言執行者は、その任務を開始したときは、遅滞なく、遺言の内容を相続人に通知しなければならない。

　この規定は、一般的に「遺言執行者の就任通知」と呼ばれるもので、遺言執行者は遺言執行者に就任する場合は、相続人に対して自分が遺言執行者になった事実と遺言書の内容を通知しなければなりません。この通知は、遺留分を有しない兄弟に対しても行う必要があるため、たとえ遺言書ですべての財産を公益財団法人等へ遺贈するという遺言書を作成し、兄弟へは一銭も相続財産が渡らないようにしてあったとしても、この通知は必要となります。つまり、遺言書で遺言執行者を指定している限りは、少なくとも遺言執行者が就任を承諾した時点で、この就任通知を相続人へと行う必要があるため、この時点で委任者が死亡した事実は伝わることとなります。

　ですので、委任者より死亡の事実を親族等へ伝えないように依頼されたとしても、死後事務受任者として火葬の時点（※）では親族へ通知しないことができたとしても、遺言執行者の立場としては親族に通知せずに執行を行うことはできないため、死後事務受任者兼遺言執行者となる人は、死後事務受任者と遺言執行者の義務の違いについて十

4　関係者への連絡　275

分理解しておく必要があります。

　裏を返せば、民法1007条2項には、「就任を承諾して任務を開始したときは遅滞なく通知しろ」と規定されているだけで、委任者が亡くなったら○日以内に連絡しなければならないとは規定されているわけではありません。つまり、死後事務受任者兼遺言執行者の場合であれば、死後事務の進行具合に併せて、遺言執行者への就任のタイミングを調整することもできるため、全く親族へ通知をしないということはできなくても、通知のタイミングを調整したり、可能な限り遅らせるといった対応は可能となるため、どのタイミングで通知するのが委任者の希望に沿うのかは委任者と十分話し合っておきましょう。

※　死後事務受任者であっても、民法645条の規定により、委任が終了した後は、遅滞なくその経過及び結果を報告しなければならないとされているため、火葬時には死亡の事実を伝えないことができたとしても委任事務完了時の完了報告の時点で死亡の事実が伝わることになります。

××××××× Column ×××××××

通知のタイミングで失敗した事例①

　ある介護事業所からの相談をきっかけに死後事務委任契約を結んだ高齢の契約者の話です。

　その契約者は相続人として息子がいましたが、過去の家庭事情によって関係が断絶してしまっているようでした。介護職員やケアマネ等が息子に本人の病状や業務連絡をしようとすると「迷惑だから電話をしてくるな！」と強い口調で言われることもあり、すぐ近くに住んでいるにもかかわらず、施設へは一度も本人の様子を見にくることはありませんでした。そのため、本人としても自分の死後の手続きについて相続人である息子に期待できない以上は、誰かに依頼しておきたいという希望から当協会へと相談が入りました。

　介護施設から連絡があった段階で病状はかなり進んでいたため、遺言や死後事務に関する聴取りも急ピッチで行うのですが、本人の体調もあり何時間も聴取りを続けることが難しいため何日かに分けて行い、なんとか公正証書の作成まで終えることができました。公正証書の作成が終わった際に公証人が「公正証書の作成も終わりましたので安心してくださいね」と言われた際の本人の嬉しそうな表情はよく覚えています。

　ところが、公正証書作成後１週間程で委任者の死亡連絡を受けたため、葬儀社へ遺体引取りの事前連絡をして施設からの連絡を待っていたのですが、いつまで経っても連絡がきません。状況確認のために介護施設へと連絡をしてみると、どうも介護施設とは別のケアマネがこれまで連絡を拒否してい

た息子へと最後の機会とばかりに連絡を入れたらしく、これまで一度も会いに来なかった息子がなぜか来ることになったため、その到着を待ってから遺体の引取りに入ってもらいたいといった事情のようです。死後事務委任契約書には、親族等への連絡は葬儀が終わった後に入れると記載されているため、死後事務受任者としては、親族への連絡は行うことができませんが、死後事務受任者でもなく、また、死後事務委任契約書をわざわざ作成した経緯を知らないケアマネとしては、親切心から連絡を入れたのかもしれません。

　その後、息子が来てこれまでの経緯を説明したところ、葬儀の喪主は自分が務めると言い出し、死後事務委任契約の解除を申し出てきました。死後事務委任契約は本人の意向に沿って作成されているため、死後事務受任者に明らかな義務違反等がなければ、契約の解除等に応じる必要はなく、そのまま死後事務受任者主導で契約内容を進めていくことは可能です。ただ、今回の依頼に限っては、本人からの聴取りの際に「息子による死後の手続きが期待できないため」が契約の動機でもあったことから、息子が喪主をはじめとした死後の手続きをされるのでしたら、委任者本人の契約の動機が失われることにもなるため、契約の解除に応じることとしました。ただ、契約が解除されたとしても「後はそちらでご自由にどうぞ」と言うわけにもいきませんので、遺体の引取りの手配と葬儀社との打合せまでは支援を続けることにしました。

　委任者本人の希望で葬儀社や葬儀プラン等は既に決まっており、死後事務受任者として執行する場合は、契約書に記載されたとおりに進めるしか方法はありません。ですので、基本的に受任者としては契約書記載の内容をそのまま進めるだけとなるのですが、今回は契約を解除されているため、喪主

として息子が新たに葬儀プラン等を決めていく必要が出てきます。もちろん、生前に本人から聞き取った葬儀プラン等については息子へと伝えてあり、それをベースに葬儀の内容を決めていくのですが、葬儀担当者からはお花の追加や湯灌、料理、返礼品等々、様々なオプションについて説明が行われます。

　葬儀担当者の「皆様このタイプを選ばれています」「故人様も喜ばれると思いますよ」「一般的にはこれくらいのものがよく出ております」といった営業トークで「これくらいのことはしてあげないとダメなのかも…」と思ってしまったのか、気づいたら死後事務委任契約時の想定費用が30万円だったところ、出来上がった葬儀契約書の請求金額は約90万円となっており、当初予定していた予算をはるかに超える金額となっていました。

　これが死後事務受任者の立場で執行しているのなら、「契約で予算は決まっているので」の一言で、追加のオプション等は一切断ってしまえるのですが、喪主を息子さんが務めるとなった以上はその判断に任せるしかなくなります。実際、葬儀の打合せが終わった際には「こんな感じで葬儀費用って上がっていくんですね。これなら葬儀はそちらにお任せしてしまったほうがよかったかもしれません」と、どことなく後悔されている様子もあり、なまじ死亡の連絡が早く入ってしまったがための弊害ともいえるかもしれません。ただ、死後事務委任契約をそのまま執行して、後から親の死亡を知った場合と葬儀等の負担は増えたかもしれないけれど自分で親を送れた場合とで考えると、どちらがよかったかは一概にいえない難しい状況でもあったと思う事案ではありました。

コラム　通知のタイミングで失敗した事例①　279

××××××× Column ×××××××

通知のタイミングで失敗した事例②

　親族等の関係者への連絡で失敗しそうになった事例をもう一つ紹介します。

　ある高齢女性からの死後事務に関する依頼で、火葬後の遺骨を指定の納骨堂に収蔵する手続きを死後事務受任者として行いました。その納骨堂では毎月1回納骨式を行っており、その日に合わせて遺骨を持っていくことになるのですが、死後事務受任者のように親族以外が手続きをする場合は、納骨式までの期間はお寺で遺骨を保管しておいてもくれます。そのため、お寺に遺骨を預けた後、実際に納骨堂に収蔵されるまでは遺骨を預けたタイミングによっては1か月ほど期間が空くことになります。

　今回の場合でも葬儀終了後にその足でお寺へと遺骨を預けにいきましたので、納骨式までは2週間ほど時間が空くことになりました。

　当協会では、死後事務受任者として親族や友人等の関係者へ連絡するタイミングとしては葬儀前後や埋納骨前後のタイミングが多く、この女性の依頼も葬儀後に指定された友人へ「委任者の携帯から連絡を入れる」との指示がありました（登録された電話番号以外は拒否設定になっているため）。ですので、事前の指示に従い委任者の携帯電話を使用して友人へと電話を入れ、委任者が亡くなったことを伝えました。

　その際に友人よりお墓について訊ねられたため、指定のお寺の納骨堂に収蔵することを伝えて電話を切ったのですが、

電話を切った後に、ハッ！と気づきました。「あれ、もしか
して今からお参りに行かれるのでは？」と、

　関係者への連絡は葬儀後に行うという契約ですので、手続
き的には間違ってはいないのですが、今からお参りに行って
も、納骨式はまだ先のため委任者の遺骨もまだ収蔵されてい
ません。空っぽの納骨堂にお参りすることになってしまうた
め、慌てて電話を掛け直して事情を説明したところ、まさに
今からお参りに出かけるところだったらしく無駄足を踏ませ
ずに済みました。

　連絡した相手が近くに住んでいる人でしたら大きな問題に
はならないでしょうが、遠方からわざわざ交通機関を利用し
てお参りに来るような場合は、時間や費用を無駄にさせてし
まうことにもなります。契約書の指示を杓子定規に実行する
のではなく、その連絡を受けた相手がどのような行動を取る
かまでを想定したうえで、伝える内容を考えなければならな
いと実感する事例でした。

コラム　通知のタイミングで失敗した事例②　281

5　葬儀・埋納骨・永代供養等

(1)　死後事務の委任事項から葬儀・埋納骨等を外して契約することもある

　死後事務委任契約を結ぶ主な動機の一つが、「自身の葬儀や埋納骨を行ってくれる人がいないため」というものです。基本的な死後事務委任契約においては、葬儀や埋納骨等が委任事務に組み込まれていることがほとんどですが、近年は葬儀や埋納骨等を委任事項から外すケースも出てきています。

　死後事務委任契約を結ぶ人の多くが一人暮らしの高齢者で親族がいない場合や親戚等と疎遠だというケースが多いのですが、一方で、死後事務委任契約を結ぶ人には親戚等に余計な迷惑をかけたくないからといった理由で契約している人も近年増えてきています。そうした場合は、必ずしも親族と仲が悪いとは限らず、むしろ関係がとても良好という人もいるため、契約する際も事前に親族へも死後事務委任契約について了承をもらってもらうようにしてトラブルを防ぐ必要があります。

　そうした親族と仲が良好の人の場合は、死後に発生する手続きのすべてを第三者に依頼するのではなく、親族では行うのが難しい手続きだけを事前に依頼しておき、親族の負担を軽くしておきたいという考えのもと契約することがあります。ですので、契約者によっては、「葬儀と納骨手続については親戚が行ってくれるので、それ以外の遺品整理や役場への手続きといった部分をお願いしたい」といった形で、親族に行ってもらいたい部分は親族に依頼しておき、体力的に高齢の親族では難しい部分や専門的な知識が必要とされる内容のみを死後事務委任という形で外部に依頼をしておくケースがあります。

282　第8章　実務での死後事務執行の流れ

一般的な死後事務の執行では、遺体の引取りを契機に業務開始となることも多く、また、身元保証会社等では「葬送支援」といった名目で預託金等を預かっているため、葬儀や埋納骨については、委任事項から外せないと考えている人もいます。しかし、実際には葬儀や埋納骨については、委任事項から外しておき、葬儀等が終わった段階で喪主を務めた親族等から連絡をもらって、そこから葬儀や埋納骨以外の死後事務の執行に着手するということもあります。

(2)　増える直葬依頼

　死後事務委任契約における葬儀方法として特徴的なのが、「直葬」を希望する人が多いということです。その理由は、死後事務委任契約を結ぶ人の場合は、葬儀に来てほしいと思う親族がいないケースも多く、葬儀に出席する親族等がいないのなら、わざわざ無駄な費用を掛けて通夜や告別式を行う必要もないと考えるためです。当協会の契約者においても葬儀方法を直葬と指定する人は多くいますが、一口に直葬といっても内容は契約者ごとに異なっています。

　一般的な直葬のイメージですと、病院や高齢者施設等から葬儀社によって遺体の引取りが行われた後、火葬日までは葬儀社の遺体保管施設で保管されて、火葬日には通夜や告別式等は行わず、直接火葬場まで遺体が運ばれて、火葬が行われるというものかと思われます。ただ、利用する葬儀社によっては、直葬の場合であっても委任者の希望を組み入れることができるケースもあります。

　例えば、一般的な直葬の場合、遺体は火葬日までは葬儀社の冷蔵施設等で保管されていて受任者が次に委任者の遺体に会うのは火葬場というのが通常ですが、葬儀社によっては直葬の場合であっても希望すれば事前にお別れ室に安置して静かに故人と面会することができるように配慮してくれる場合もあります。また、遺体が冷蔵施設から直接火葬場へ運ばれる関係上、宗教者を呼ばない（呼べない）ケースもありますが、お別れ室に安置してくれるような葬儀社の場合なら宗教者

5　葬儀・埋納骨・永代供養等　　283

がお勤めに来る間だけ安置室に遺体を運んでもらい、祭壇のある静かな場所にてお勤めをしてもらうことも可能になるため、直葬だけれど菩提寺の住職に来てもらうということもできるようになります。

　当協会では、菩提寺がある人が直葬の方法を選ばれる場合は菩提寺へも事前に確認することが多く、また、委任者が亡くなった際にも火葬した足で遺骨を菩提寺へと届けるため、受渡しの時間の確認のために火葬前にも菩提寺へと連絡を入れます。そうした際に、菩提寺の住職が委任者のためにと火葬前に葬儀社の保管施設まで出向いてくれるケースもあり、そのような場合にはお別れ室に一時的にでも遺体を安置してもらえると、住職等の宗教者にも来てもらいやすくなり非常に助かります。

　また、葬儀社の安置室に来てもらうほかにも、葬儀社の保管施設から火葬場へ向かう途中に菩提寺のお寺へと霊柩車にて遺体を運び、霊柩車に乗せたまま菩提寺の住職にお勤めをしてもらう方法や直葬で通夜や告別式は行わないけれど住職に火葬場へ直接来てもらい火葬炉の前でお勤めをしてもらうといったケースもあります。

　いずれのケースも、葬儀社や宗教者との打合せが必要となり、どこの葬儀社でもそうした対応をしてくれるというわけではありませんので、なるべく費用を掛けずに行う直葬の場合は委任者の最後の希望を叶えるうえでも葬儀社選びは大事となってきます。

　直葬は、誰も参列者のいない寂しく冷たいイメージの葬儀方法と思われがちですが、細かな希望を聞いてくれる葬儀社と協力関係を結ぶことができれば、委任者にとって最適な方法へとカスタマイズ可能な葬儀方法にもなり得ますので、是非、葬儀社へと希望をぶつけてみてください。

(3)　副葬品の依頼

　死後事務委任契約の際に葬儀に関する聴取りを行っていると、副葬品の希望を聞くことがあります。副葬品とは、納棺や出棺の際に故人

284　第8章　実務での死後事務執行の流れ

の棺に入れて一緒に火葬する物品のことを指し、主な副葬品としては、委任者が生前好きだった花や思い出の服や写真、信仰する宗教の物品等があります。当協会の契約者においても、幼少期に母親と一緒に撮った白黒の写真や生前応援していた球団やサッカーチームのユニフォーム、趣味で続けてきた武道の道着など委任者の人生ごとに様々な副葬品の依頼を受けています。

こうした副葬品において、生花のようなものでしたら出棺前に購入して棺に入れるということもできますが、副葬品として希望される多くが自宅等で保管されていることがほとんどであり、出棺前に保管場所より回収しておく必要があります。当然、その保管場所についても事前に確認しておく必要がありますし、担当者以外が回収に行くような場合に備えて契約時に写真を撮って資料として残しておくなどの対応も必要となります。ただ、契約時にできるだけの準備をしていたとしても、長い契約期間の間に模様替えや引っ越し等で保管場所が変わっている場合や、場合によっては処分してしまっているということもあり得ます。

そうした情報については随時、委任者より連絡をもらったり定期訪問時に確認するなどして情報の更新を行っておかないと、いざ副葬品の回収をしようと委任者の自宅に伺っても、該当の品が見つからず葬儀の日程に影響が出てきてしまうという事態にもなりかねませんので、副葬品の保管場所については定期的に確認するようにしてください。

⑷　納骨までの焼骨の保管

火葬後の焼骨については、親族等が参列しない場合には死後事務受任者にて骨上げをして骨壺に納めるケースも多く、受任者がそのまま委任者の遺骨が納められた骨壺を預かり、遺骨（焼骨）の供養へと業務が移ることになります。遺骨の供養方法は、契約時に必ず聴取りをすべき事項となりますが、地域によっては火葬場でそのまま焼骨の処理を依頼できる地域もありますので、親族等がいない死後事務委任者

の場合はその後の墓守の負担等も考えて、「収骨なし」を選択される人も増えてきています。それ以外の方法であれば、お墓なり納骨堂なり、海洋散骨や樹木葬等の委任者の希望する方法で遺骨を供養する手配を死後事務受任者にて行うことになります。そうした供養の手配を行う場合であっても、葬儀後すぐにお寺や散骨会社等が遺骨を引き取ってくれるとは限らないため、お墓への埋蔵や納骨堂への収蔵、散骨会社等への遺骨の引渡しを行うまでの間の遺骨の保管場所を決めておく必要があります。

　お墓や納骨堂で供養する場合は、お寺の指示に従うことになるため、四十九日の法要後でなければ埋蔵できなかったり、または決まった日時で行われる納骨式等の後でなければ収蔵できなかったりといったケースもあります。ただ、そうした場合であっても、事前にお寺に相談しておくことで法要等が行われるまでの期間、お寺で遺骨を預かってくれることもありますので、人の出入りが多い受任者の事務所スペースで保管するくらいでしたらお寺で預かってもらうことをお勧めします。また、委任者宅の仏壇に安置できるようでしたら委任者のご自宅に安置する方法もよいとは思いますが、委任者宅が賃貸物件のような場合は、その期間は遺品整理や賃貸契約の解除を行うこともできなくなりますので、生前に委任者とも相談のうえ安置場所を決めるようにしておきましょう。

(5)　遺骨の供養方法について希望のない委任者のために

　近年は宗教観も変わり、墓じまい等も進んだことで菩提寺のない人も珍しくはなくなってきました。死後事務委任契約を希望する人のなかにも、菩提寺がないという人は多く、遺骨の供養についても特段の希望を持たれていない人も一定数います。そうした人の場合は、遺骨の供養方法について訊ねると、「墓守をする人もいないので収骨しなくてよい」と言う人や、「供養はしてほしいけれど特に供養方法に希

望があるわけではないので粗雑に扱われないのなら、それでいい」と
いった感じで受任者に供養方法を一任される人もいます。

　供養方法を一任されるようなケースでは、供養に充てられる費用の
上限や供養の方向性（お墓、納骨堂、散骨、樹木葬など）だけ決めて
おいてもらい、その予算のなかで委任者の希望に沿う埋葬先等を受任
者が決めることになりますので、そうした要望にも応えられるように、
永代墓や納骨堂、散骨や樹木葬等についてもある程度知識を広げてお
く必要があります。

(6)　トラブル回避の最善策として

　死後事務委任契約は委任者が死亡した後に執行する手続きとなるた
め、執行に入った段階では、当然委任者は死亡しています。そのため、
葬儀や埋納骨について後から確認したいことが出てきたとしても確認
のしようもないため、それゆえ、事前の確認や準備が大事となるわけ
ですが、一番のトラブル回避の方法としてはできるだけ生前に委任者
に準備を終えておいてもらうということです。

　例えば、葬儀の契約は、本人に生前見積を取っておいてもらえれば
死後事務受任者としてはその見積書どおりに進めれば、確実に委任者
の希望を叶えることができますし、受任者の業務としては、葬儀の施
行管理と費用の支払業務だけとなり、葬儀方法の決定という一番大変
な部分を委任者にて生前に済ませておいてもらうことができます。

　また、お墓や納骨堂についても、事前に永代供養に関する契約を委
任者とお寺とで結んでおいてもらい、永代供養の費用も生前に支払っ
ておいてもらえれば、受任者としては遺骨をお寺へと持参するだけで
よくなり、かなりの業務負担を減らすことができるようになります。
何より、葬儀や埋納骨といった宗教的儀式については、他に親族等が
いた場合はトラブルの原因ともなりやすい部分でもありますので、そ
の点についても事前に委任者自らが手続きを終えておいてくれること
によって無駄なトラブルを回避できることになります。

5　葬儀・埋納骨・永代供養等　　287

××××××× Column ×××××××

戒名を委任者自身が生前に決めていた事例

　既に死後事務委任の執行手続を終えている人の話となりますが、その委任者はかなりの勉強家であり、特に宗教についての造詣が深い人でした。そのため、葬儀やお墓についての希望も多かったのですが、自身で可能な限り準備もしており、永代墓も事前に購入して準備万端の状況での依頼でした。

　そこまで用意しているのならこちらも安心ですので契約手続を進めていたのですが、一点頭を悩ませたのが、戒名の指定があったことです。戒名のなかに希望の文字を入れてほしいという依頼はこれまでにもあり、その場合は菩提寺等へ委任者の希望を伝えて入れてもらうようにしていますが、この人の場合は宗教家の一面もあったことから戒名をすべて自身で考えて用意していたのです。戒名は仏弟子になった印に授けられるものですので、本来は宗教者に授けてもらうものであり、自分で考えた戒名を付けてほしいというのは初めての経験でもありました。この人の場合は、その戒名をお墓に追加彫りする必要もあったため、お墓を管理するお寺にも確認したところ、問題なく了承がもらえたので、その依頼内容も契約内容に盛り込むことにしました。

　その後、数年して委任者が亡くなったため、事前に相談していたお寺へと指定された戒名での法要とお墓への追加彫りを依頼したところ、住職が少し困った顔をしています。委任者が自分で考えた戒名を付けることは問題ないようなのですが、戒名に使われている文字について、より適した文字があ

るようで、「そちらの文字を使用しなくてもよいのか？」と
確認されました。「より適した文字があるのならそちらの文
字でお願いします。」と言いたいところなのですが、受任者
としては、委任事項を勝手に変更することができません。

　この人の場合は、戒名について間違わないようにメールに
て戒名を送ってもらっていたため、メールに記載されている
とおりの戒名を付けてもらうように依頼するしか受任者には
できません。これが一般の人であれば、「戒名については事
前にお寺とも相談して決めてくださいね」と言えたのでしょ
うが、委任者が宗教家でもあったため、そうした提案をする
ことが憚られました。死後事務受任者としては、委任者との
約束を守ったという意味で、適切な業務執行であったと考え
ていますが、お墓にも彫られて将来に渡り残る戒名がそれで
よかったのかどうか悩ましく思う事例でもありました。

6 行政機関への届出

　死後事務受任者の大きな仕事の一つとして「行政官庁等への諸届出事務」がありますが、具体的な手続きの例として、次表がそれにあたります。

手続名	日　数	場　所
死亡届・埋火葬許可証受領	死亡を知ってから７日以内（国外での死亡は３か月以内）	死亡地・本籍地・住所地
年金の受給停止	死亡から14日以内	年金事務所・市区町村役場
国民健康保険資格喪失届		市区町村役場
介護保険資格喪失届		
後期高齢者医療資格喪失届		
特別永住者証明書の返還		出入国在留管理局
国民健康保険加入者の葬祭費の請求	葬儀を行った日の翌日から２年以内	市区町村役場
健康保険加入者の埋葬料請求	死亡した日の翌日から２年以内	年金事務所・健康保険組合
高額医療費の還付請求	診療を受けた月の翌月の初日から２年以内	市区町村役場・年金事務所・健康保険組合
障害者手帳の返還	速やかに	市区町村役場

　上記の手続きは死後事務受任者として手続きを行う可能性の高いものであり、実際には委任者の年齢や健康状態、地域独自の行政サービスの有無等によって、必要な手続きが変わってくることになります。

当協会の場合ですと、基本的に死後事務委任契約と同時に遺言書も作成してもらうため、死後事務受任者兼遺言執行者としても手続きを進める必要があり、市区町村役場での手続きの際は、上記の手続き以外にも遺言者の出生から死亡までの戸除籍や住民票の除票等も同じ役場で取得できるものは併せて取得していきます。

　実際に役場で手続を行う場合の流れとしては、

① 　委任者の戸除籍及び住民票の除票を取得（委任者の印鑑登録証（カード）を回収している場合は同時に返却）

② 　葬祭費の請求

③ 　介護保険（後期高齢・障害者）等の資格喪失手続

④ 　税務窓口で委任者の市県民税や固定資産税の状況を確認

といった形で進めていくことが多くあります。

(1)　葬祭費の請求

　国民健康保険、後期高齢者医療制度の被保険者が死亡した場合、葬祭費の請求ができることになります。死後事務受任者は、委任者の葬儀を行う喪主的立場にいるため葬祭費の申請は可能ですが、葬祭費の運用は各自治体が行っているため、自治体によっては申請を断られるケースもあります。

　例えば、直葬や火葬式といった宗教的儀式を伴わない火葬のみを行うケースでは、一部の自治体では葬祭費の支給対象外としていますので、詳しくは各自治体に確認するようにしてください。また、葬祭費の請求の際は「喪主を確認する書類（葬儀の請求書、領収書、会葬礼状等）」「喪主名義の通帳口座が分かるもの」等が必要となりますので、役場での手続きに向かう際はそうした書類もそろえておく必要があります。

　さらに、各自治体によって、領収書の原本がいるのかコピーでもよいのか、領収書の宛名が喪主名義でないといけないのか、領収書の但し書きに「葬儀代金」としての記載がなければいけないなど、自治体

6　行政機関への届出　291

ごとにルールが異なってきますので細かい点ではありますが注意が必要となります。

(2) 介護保険等の資格喪失届

　介護保険等の被保険者が亡くなった場合は、自動的に被保険者の資格が失われるわけではないので、資格喪失手続を行う必要があります。死後事務受任者が行う場合も同様で、委任者が死亡した場合は被保険者証を役場の担当窓口へと持参して資格喪失の手続きを行うことになります。

　ただ、介護保険等の資格喪失届は、委任者死亡から14日以内に行うものとされていて、この時点ではまだ遺品整理に着手していないことも珍しくはなく、被保険者証が委任者の自宅で保管されているようなケースでは受任者がまだ被保険者証を回収できていない可能性もあります。その場合は、まずは資格喪失届のみを先に行っておき、被保険者証の返却は遺品整理で回収できてから後日、役場へ持参または郵送にて返却すれば問題ありません。資格喪失届の際は、故人（委任者）との関係を確認されることも多いため、死後事務委任契約書等の委任者との関係がわかる資料も併せて持参していく必要があります。

　介護保険料が納めすぎとなった場合や不足する場合は、介護保険料の還付や不足分に関する通知が発送されてきます。この通知は、資格喪失手続を行った方へと発送されてくるため、相続人等の受任者以外へ発送してもらいたい場合は、手続きの際に郵送先の住所を窓口へ伝えるようにしましょう。

(3) 住民税、介護保険等の未納や還付通知の発送時期に注意

　市県民税や介護保険料等の未納、還付については、各窓口で手続きをした際に教えてもらえますが、未納や還付の金額については概算金額しか教えてもらえないことも多く、正確な金額については各通知が

届くのを待つ必要があります。

　各通知は、各担当窓口の業務スケジュールによって発送されてくるため、資格喪失手続等の後にすぐに届く物もあれば数か月後に届く場合もあります。そのため、死後事務受任者または遺言執行者として、そうした住民税等の清算も行う場合は、数か月に渡って執行手続が保留状態となることもあり、相続人等への遺産の引継ぎがその分遅れることにもなりますので、相続人等へ遺産の引継ぎ時期を伝える際には注意をしておく必要があります。

⑷　年金に関する手続き

　年金を受けている人が亡くなると、年金を受ける権利がなくなるため、「受給権者死亡届（報告書）」の提出が必要となりますが、日本年金機構に個人番号（マイナンバー）が収録されている人は、原則として、「年金受給権者死亡届（報告書）」を省略することができます。現状、ごく一部の人を除いてマイナンバーと基礎年金番号は紐づいているため、基本的に市役所等の窓口で死亡届を提出すれば自動的に年金の振込は停止されることになります。

　また、死後事務委任契約を兄弟や夫婦で同時に契約しているような場合を除いて、死後事務委任契約を必要としている委任者には生計を同じくしている人は存在しないため、未支給年金を受け取れる人はおらず、死後事務受任者には未支給年金の申請業務というのは基本的には発生しません。未支給年金等の申請が必要なケースの場合は、社会保険労務士に相談のうえ手続きを進めていきましょう。

⑸　過払い年金が発生するケース

　年金受給者が自宅で孤独死して、発見が遅れたようなケースでは、遺体が腐乱していることも多く、身元確認のため、DNA鑑定等が行われることになります。DNA鑑定は、夏場の腐乱遺体が増える時期等では結果が出るまでに数か月かかることもあり、結果が出るまでの

6　行政機関への届出　　293

期間は遺体の本人確認ができないため、死亡届も出すことができません。DNA鑑定の結果、本人の確認が取れた後で死亡届を提出することになりますが、死体検案書に記載された死亡推定日時が年金受給者の生きていた日付と判断されるため、死亡推定日時から死亡届までの期間が空いてしまうと、年金の過払いが発生する可能性があります。

　年金の過払いが発生した場合は、後日年金局へと返納する必要が出てきます。

●年金の過払いによる返納の案内

第　　　号

令和 4 年　月　日

様　　　　　　　　　　　　　　　厚生労働省年金局

払い過ぎとなっている年金の返納について（お知らせ）

　　　　　　　　　　　　様にお支払いしていた年金が、次のとおり払い過ぎとなっていますので、返納していただくことになります。同封の納入告知書（領収済通知書と記載されているもの）により、お近くの銀行、郵便局などで納めてください。
（農協、漁協、信用組合、簡易郵便局では納められません。）

1.返納していただく理由

　受給権者　　　　　　　　　様の **老齢基礎** 厚生　年金(年金証書の基礎年金番号・年金コード　　　　　　　　　　)
　は、下記理由により受けることができなくなった、または年金の支払から差引かなくなったため。

〔理由〕　亡くなられたため

2.返納額算出内訳
　〔基礎年金〕
　　　　支 払 済 額（**令和　4** 年　**2** 月〜 **令和　4** 年　**9** 月）　　　414,459　円　①
　　　　正しい支払額（**令和　4** 年　**2** 月〜 **令和　4** 年　**5** 月）　　　206,883　円　②
　　　　　　　　　　　　　　　払い過ぎた金額　　　　（①−②）　　　207,576　円　③
　〔国民年金〕
　　　　支 払 済 額（**令和**　　年　　月〜 **令和**　　年　　月）　　　　　　　円　④
　　　　正しい支払額（**令和**　　年　　月〜 **令和**　　年　　月）　　　　　　　円　⑤
　　　　　　　　　　　　　　　払い過ぎた金額　　　　（④−⑤）　　　　　　　円　⑥
　〔厚生年金〕
　　　　支 払 済 額（**令和　4** 年　**2** 月〜 **令和　4** 年　**9** 月）　　　719,411　円　⑦
　　　　正しい支払額（**令和　4** 年　**2** 月〜 **令和　4** 年　**5** 月）　　　360,909　円　⑧
　　　　　　　　　　　　　　　払い過ぎた金額　　　　（⑦−⑧）　　　358,502　円　⑨

　　　　　　　返　納　額　　　566,078　円
　　　　　　　（③＋⑥＋⑨）

3.年金の支払状況
　年金は、次のとおり受給権者に支払っております。
　　　　支 払 年 月 日　　　　　　支払銀行・金庫・信組・農協等(注)　　　支 払 郵 便 局
　　　　令和　4 年　 4 月 15 日
　　　　令和　4 年　 6 月 15 日
　　　　令和　4 年　 8 月 15 日
　　　　令和　4 年　10 月 14 日

　（注）　支払金融機関が農協および漁協の場合は、所在地の都道府県を記載しています。
　※　　日本年金機構は、厚生労働省年金局から年金業務について委託を受けています。

2008　1018　013

※　死体検案書の死亡推定日時が5月で死亡届が9月に出された例。5月まで生存していた場合は、6月15日（4月・5月分）の年金支給までが正しい支給額であり、8月15日及び10月14日分の支給時は既に受給権者は死亡していたため、過払い扱いとなる。

×××××× Column ××××××

おくやみコーナーの利用について

　死後事務委任契約における「行政官庁等への諸届出事務」は、委任者の年齢や健康状態によって必要となる手続きが変わってくるため、委任者ごとに必要な手続きを確認しながら進めていく必要があります。自治体によっては、死亡届を提出した際に「おくやみハンドブック」のような死亡後の手続きをまとめた冊子を配っているところもありますが、そうした冊子も万人向けに作成されているため、手続きの一覧から委任者本人に必要な手続きを探していく必要があり、受任者としては漏れなく手続きができているのか不安になるところです。

　こうした際に、非常に便利なのが近年設置する自治体が急速に増えてきている「おくやみコーナー」です。おくやみコーナーは、亡くなった人に関する手続きを遺族が負担なく行うことができるように支援する役所または役場の窓口です。

　利用方法は、各自治体によって異なり、遺族が役所または役場のおくやみコーナーに座っていれば担当職員が入れ替わり立ち代わり窓口へ来てくれて、亡くなった人に必要な手続きを行ってくれる自治体もあれば、届出や申請に必要な書類を事前に準備しておいてくれて、それを持って遺族が指定された窓口を順番に回っていく方法などもあります。いずれの方法でも、亡くなった人に必要な手続きについては自治体側で確認してくれるため、遺族としては、手続きをし忘れるという心配がなくなり非常に便利なサービスとなっています。

おくやみコーナーは、住民向けに提供されているサービスではありますが、死後事務受任者が利用することも問題なく、当協会もおくやみコーナーがある自治体での手続きについては積極的に利用するようにしています。名古屋市での利用例を挙げると、名古屋市ではすべての区役所におくやみコーナーが設置されていて、原則予約制となっています。

　ホームページから予約する場合は、亡くなった人（委任者）の情報や届出人（受任者）の情報を入力して予約を行います。予約時の入力情報には、故人の氏名・生年月日、住所等の基本情報をはじめ、国民健康保険番号、後期高齢者医療制度の被保険者番号等の資格喪失手続に必要な情報、葬祭費の申請や各通知の送付先情報等を記載していきます。このときに入力した情報に基づいて委任者（故人）に必要な手続きを区役所にて調査をしておいてくれますので、予約当日に窓口に行けば、必要な情報が印刷された届出書類を準備して待っていてくれます。後は簡単な説明を受けてから指示された各窓口へと順番に回って手続きを進めていく流れとなります。

　おくやみコーナーの利用は、死後事務受任者の業務負担や業務時間の短縮に大きく役立つことになりますので、役所または役場での手続きの際にはおくやみコーナーの設置の有無を確認して、設置されている自治体においては積極的に利用していくことをお勧めします。

7 各種契約の解約と債務清算

　行政官庁等への諸届出事務が終わり次第、次に行うのが、委任者の生前利用していた各種サービスの解約と清算業務となります。委任者が高齢で介護サービスを受けていた場合なら、ヘルパーや訪問看護師等の介護職員とも日頃から情報交換をしているケースも多いので、委任者死亡後には未払いの利用料等について受任者宛てに請求書を送ってもらい清算を行うことになります。また、委任者が介護ベッドや車椅子などをレンタルしていた場合は、委任者の自宅から回収してもらう際の立会い等も受任者の業務の一環となります。

　緊急で死後事務委任契約を結んだようなケースでは、委任者がどのような介護サービスを利用していたのか不明なままであることもあるため、そうした場合は死後事務委任契約の紹介元となる医師や介護職員等に確認したり、委任者の自宅にて情報を整理していくことになります。

　訪問介護を受けているような場合なら、委任者宅の寝室の扉などに利用している介護事業所の連絡先が記載された貼り紙がされていることも多く、利用している介護事業所がわかれば、そこを通して各サービス事業者の連絡先を確認したり、他の事業者へと連絡を入れてもらうことも可能です。

　委任者死亡時に解約や清算手続が必要となるサービス等については、契約時に聴取りをしているはずですので、基本的にはその内容を基に解約や清算手続を進めていくことになります。ただ、死後事務委任契約を結んでから執行までには長い期間が空くこともあるため、受任者が知らないサービスを契約していることも珍しくはありません。

　そうした受任者の知らないサービスを知る手がかりの一つが、委任者宅へと届く郵便物となりますので、委任者宅にそうした郵便物が届いているような場合は、サービスの利用状況や未払債務の有無を確認

298　第8章　実務での死後事務執行の流れ

していくことになります。ただ、委任者が賃貸物件に住んでいた場合
は、最終的に賃貸物件の明渡しをしなければならず、明渡し後は郵便
物を回収することができなくなります。委任者宛ての大事な郵便物が
届くことに備えて委任者死亡後に届く郵便物を受任者の住所へと転送
できないかと考えるかもしれませんが、故人宛の郵便物を転送するこ
とはできないため、大事な郵便物が委任者死亡後に届く可能性がある
場合は、発送元に事前に連絡を入れて郵便物の送付先を受任者宛に変
更しておいてもらう等の対応が必要となります。

　その他、賃貸物件の場合は、明渡しに備えて公共料金の解約清算も
必要となってきます。委任者が利用している公共料金については、契
約時に確認しているはずですが、最近は電気やガスの自由化に伴い電
気会社とガスの契約をしていたり、ガス会社と電気の契約をしていた
りと、割引を受けるために受任者の知らないうちに契約先が変わって
いるケースもあります。そうした場合に、もともと聞いていた契約先
に解約の連絡を入れても「契約がありません」と言われて終わってし
まうため、ガスや電気を利用しているのに契約がないと言われた場合
は、「契約期間中のどこかで契約先の変更をしていたのでは？」と考
え、検針票や請求書、ガスや電気メーター、遺言執行者も兼ねている
のなら委任者の銀行通帳の口座振替の履歴等をチェックして契約先を
探し当てていく必要があります。

(1)　携帯電話の解約

　解約清算業務のなかで死後事務受任者を困らせるのが、携帯電話等
の回線契約の解約手続です。委任者が生前利用していた携帯電話の解
約手続を死後事務受任者が行う場合、携帯電話事業者の「お問い合わ
せ窓口」では、基本的に「ご家族の方から連絡してください」と言わ
れてしまいオペレーターと話が噛み合わないのが普通でした。そもそ
も、電話対応するオペレーターが死後事務受任者という存在を知らず、
どれだけ説明しても、「公正証書遺言を持ってきてください」や「家

7　各種契約の解約と債務清算　299

裁の審判書をご持参ください」など、遺言執行者や法定後見人と勘違いされるケースもしばしばであり、携帯電話の解約手続は死後事務受任者の鬼門ともいえる業務でした。

　ただ近年は、死後事務受任者の認知度が上がり、また、高齢者等終身サポート事業者ガイドラインができたためか、身元保証事業者や死後事務受任者が高齢者等終身サポート事業者として回線契約の手続きを行うことについて多少理解が広まってきたのではないかと思われます。各携帯電話事業者の解約に関するホームページの記載を確認してみても、「高齢者等終身サポート事業者」や「死後事務委任を受けた方」のような記載も見られるようになり、親族以外からの解約手続に応じる体制ができてきているように感じます。

　しかし、「死後事務受任者であっても公正証書化された契約書でなければならない」といった規定が入っている携帯電話事業者もあるため、携帯電話の解約については、条件によっては受任者では解約手続ができない可能性もあることを念頭に入れて事前に各携帯電話事業者に解約条件を確認したうえで受任すべき内容となります。

●各携帯電話事業者の死後事務における解約に関する規定 （2025年1月現在）

ドコモ

（https://www.docomo.ne.jp/support/mortality/cancellation/?dynaviid=case0023.dynavi）

au

解約のお手続きに必要な書類
- 現在ご利用中の携帯電話端末（ICカード含む）
- 代理人のご本人確認書類
- 契約者のご本人確認書類♪（コピー可）（契約者逝去時は死亡が確認できる書類）
- 契約者の委任状（契約者逝去時は関係性を証明できる書類）

※契約者が未成年で代理人が施設関係者の場合は、施設職員と確認できる証明書も必要です。
※契約者が行方不明の場合は、行方不明であることが確認できる書類も必要です。
※契約者が高齢者で代理人が高齢者等終身サポート事業者の場合は、事業者職員と確認できる証明書も必要です。また、契約者逝去時であっても委任状が必要となりますので、生前に委任状を作成いただく必要があります。

（https://www.au.com/support/faq/details/00/0000/000022/pg00002269/）

ソフトバンク

相続財産清算人	①来店者のご本人確認書類（補助書類不要） ②裁判所発行の「相続財産清算人の審判書」 ③ご契約のUSIMカード（お手元にない場合は、お手続きの際にお申し出ください。）
死後事務の許可を受けた後見人	①来店者のご本人確認書類（補助書類不要） ②家庭裁判所発行の「死後事務を行うことの許可を受けたことが分かる書面」 ③ご契約のUSIMカード（お手元にない場合は、お手続きの際にお申し出ください。）
死後事務の委任を受けたかた ※ 身元保証等高齢者サポート事業者含む	①来店者のご本人確認書類（補助書類不要） ②委任を受けたことが分かる「契約書」（公正証書化されたもの） ③ご契約のUSIMカード（お手元にない場合は、お手続きの際にお申し出ください。）
法定相続人の後見人／保佐人／補助人	①法定相続人のご本人確認書類（補助書類不要） ②来店者のご本人確認書類（補助書類不要） ③「登記事項証明書」または「戸籍全部事項証明書（戸籍謄本）」 ④ご契約のUSIMカード（お手元にない場合は、お手続きの際にお申し出ください。）
法定相続人から遺産整理の委任を受けたかた	①法定相続人のご本人確認書類（補助書類不要） ②来店者のご本人確認書類（補助書類不要） ③委任を受けたことが分かる「契約書」（公正証書化されたもの） ④ご契約のUSIMカード（お手元にない場合は、お手続きの際にお申し出ください。）

（https://www.softbank.jp/support/faq/view/10560/）

楽天モバイル

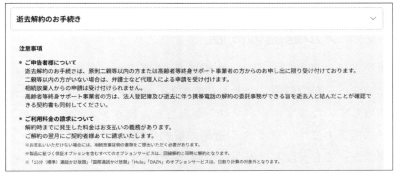

（https://network.mobile.rakuten.co.jp/faq/detail/00001246/）

(2) 携帯電話の強制解約

　携帯電話の解約が死後事務受任者にてできない場合の対処として、「強制解約」を待つという方法を聞くことがあります。確かに委任者が死亡して、携帯利用料の引落し口座の凍結が行われると利用料の未払いが続くことになり、2〜4か月ほどで強制解約となると思われますので、解約窓口で受任者として解約できないような場合には強制解約を待つという方法もあり得ますが、携帯電話の強制解約は携帯電話事業者から一方的に契約を解除されてそれでおしまいとはなりません。

　強制解約後には、債権回収業者や債権の回収を依頼された弁護士から支払通知等の督促状が届くことになり、この支払通知の段階で支払いを終える必要があり、仮に督促状等が届いていたことに気づかずに支払いをすることができなかったような場合は訴訟等へ移行してしまう可能性があります。ですので、委任者宅に届く郵便物を定期的に確認しておく必要がありますし、その間賃貸物件の解約手続ができないなど、強制解約による解約手続は非常に時間の管理がシビアなものとなってきます。

　また、場合によっては相続人にも影響が及ぶ可能性があるため、死後事務受任者の適切な業務遂行としては可能な限り通常の解約手続による利用解約を進めるべきであり、強制解約については他の方法ではどうにもならない場合の最終手段として考えておくべきものとなります。

(3) デジタル遺品の問題

　死後事務委任契約時の VOD や SNS 等のデジタル遺品に関する注意点は 207 ページで解説したとおりですが、実際の解約手続は、委任者の使用していたスマホやパソコンから行ったほうがスムーズにできるケースもあります。デジタル遺品の解約手続は、ID やパスワードが正確であっても普段とは異なる環境（委任者が普段利用しているパソコンとは異なる受任者のパソコンからのアクセス等）からのアクセ

スについては追加の認証を求めてくることがあります。

　追加の認証方法は、委任者の携帯電話へ送られたSMSのアクセスのほか、委任者しか知らない秘密の質問だったりと様々な方法がありますので、デジタル遺品の解約手続を事前に委任者より教えてもらったIDやパスワード等を利用して行う場合は、なるべく普段委任者が利用していたのと同じ環境下において行ったほうがよいため、デジタル遺品の解約手続を行う場合は、スマホの解約や遺品整理を行う前に行っておくようにしましょう。

(4)　医療保険の申請

　死後事務委任契約の執行は、委任者の死亡を契機に開始することから、委任者が死亡前に入院して治療を受けているケースも当然あります。そのような場合、委任者との面会の際などに入院給付金等の医療保険の申請を頼まれるケースがあります。

　委任者が存命中の場合は、委任者が記入した保険金請求書の送付や診断書の取寄せの支援などを行うことになりますが、保険金の申請前に委任者が死亡してしまうこともあります。生命保険のように受取人が指定されている保険の場合は、受取人固有の財産となるため、受取人に指定されている人から保険金の請求をする必要がありますが、医療保険の給付金は本来委任者本人が受け取るべきもののため、委任者が入院給付金等の申請前に死亡した場合は相続財産として遺言執行の対象となる場合があります。

　そのため、死後事務受任者兼遺言執行者となっている場合は、入院給付金等について請求できるものがあるのかどうかを保険会社へと確認する必要がありますし、死後事務委任だけの受任者の場合なら委任者が加入していた保険会社の資料や申請用紙等を遺言執行者や相続人等へ引き渡して、入院給付金等の請求へとつなげる必要がありますので、委任者が死亡したからといって保険証券等を処分してしまわないように注意してください。

8　遺品整理と家屋の明渡し

(1)　遺品整理

　死後事務委任契約は、委任者の相続手続とも密接に関わってくる契約でもあるため、委任者宅の遺品整理については、受任者自身が遺言執行者として活動する場合はもちろん、受任者とは別に遺言執行者がいる場合や相続人が財産の承継手続を行っていく場合においても、財産の見落としがないよう細心の注意を払って行っていく必要があります。

　死後事務受任者が遺言執行者にもなっている場合でしたら、遺言書作成時に委任者（遺言者）の財産状況や資産価値のある貴重品等が自宅のどこに保管されているか等も確認していると思われます。しかし、死後事務受任者とは別に遺言執行者がいるようなケースでは、遺言執行者は遺言者の財産状況を整理するために財産目録を作成していかなければなりません。財産目録の作成にあたっては、当然遺言者の資産状況を確認するための資料を集めていく必要があり、そうした資料がどこにあるのかといえば、やはり遺言者が生活していた自宅に保管されている可能性が一番高いため、遺品整理の現場は財産目録を作成するうえでの最も重要なポイントともいえます。そのため、死後事務受任者として遺品整理を受任している場合であっても、他に遺言執行者等がいる場合は、受任者だけで遺品整理を進めてしまうと遺言執行者の業務を妨害してしまう可能性があるため、死後事務受任者と遺言執行者は相互に連携して遺品整理を進めていく必要があります。

　実際の遺品整理については専門の遺品整理事業者等に依頼していくことになると思いますが、遺品整理事業者によっては、遺品整理を単なるゴミ処分と勘違いしている会社もあり、こうした事業者に依頼し

304　第8章　実務での死後事務執行の流れ

てしまうと、大事な財産資料を処分されてしまったり、場合によっては室内に残されていた貴金属等を横領されてしまうといった事件もあります。ですので、死後事務委任における遺品整理事業者選びは作業代金の高い安いではなく作業内容で選ぶようにしてください。悪質な遺品整理業者ではなかったとしてもすべての遺品整理事業者が相続手続に詳しいわけではなく、専門家から見たら絶対に処分しない資料であっても平気で捨ててしまう可能性がありますので、死後事務受任者としても遺品整理業務を受任した以上は、遺品整理事業者に丸投げするのではなく、自らの目で作業内容の監督や、必要であれば作業前に室内の調査を受任者自身で行っておく等の対応が必要となります。

　遺品整理を行う際は、次のような点に注意を払いながら作業を進めてください。

①　現金・預貯金通帳・ネット口座や証券口座の存在を示す封書類等

　現金・預貯金通帳等はいうまでもなく委任者の財産の中核をなすものであり、財産目録を作成するうえで最も大事な資料ともいえます。

　遺品整理事業者のなかには、繰越済み通帳を処分してしまう会社もありますが、繰越済み通帳のほうに保険金の支払履歴や定期的な返済（負債）、各種サブスク契約の料金の支払い、ネット口座や証券口座への資金移動等の履歴が残っているケースもあるため、最新の通帳だけでは委任者の財産を見落としてしまう可能性があります。特に近年は、ネット口座やネット証券などの活用も広まり銀行通帳やキャッシュカードのように直接金融資産の存在を示す実物のある手がかりが室内に残されていないこともあるため、そうした隠れた財産を見つける端緒としても繰越済みの通帳は必要不可欠といえます。

　その他にも、ネット口座やネット証券会社を利用している場合に届くハガキや証券会社からの取引報告書、配当金の支払い通知書等の封書類も委任者がネット口座等を有していることを示す大事な資料とな

ります。

　相続手続は、そうした資料を基に銀行や証券会社へ委任者の口座の有無の確認や残高証明の発行請求をかけていきますので、日付が何年も前の古い資料であってもそうした資料を発見した場合は、遺言執行者や相続人へと引き渡すようにしてください。

②　健康保険証、印鑑登録証（カード）、マイナンバーカード、障害者手帳等の行政資料

　介護保険証や健康保険限度額適用認定証のような証書類、障害者手帳等については、自治体窓口へと返却する必要があります。しかし、委任者死亡時に病院や施設から回収した委任者の手荷物品に入っていなかったり、介護事業所が保管していないようなケースにおいては、自宅に保管されている可能性が高いため、遺品整理の際に見つける必要が出てきます。

　こうした行政手続に必要な資料は、現金や貴金属などの直接財産的価値のあるものではないため、遺品整理事業者としてはそれほど注意を払ってはいません。特に健康保険証や介護保険証等は既に委任者が死亡していることから、今後使用されることのないものとして処分されがちのものとなりますので、遺品整理事業者のスタッフが見つけた場合は必ず返却してもらうように事前に指示をしておく必要があります。マイナンバーカードや印鑑登録証（カード）は、死亡届が出されることによって自動的に失効するため、特に自治体窓口へ返却等をする必要はないものとされていますが、悪用を避けるために返納をすることも可能です。

※　マイナンバーカードについては、保険金請求やその他の相続手続で故人のマイナンバーを必要するケースがありますので、各種手続が終わるまでは返納せずに遺言執行者や相続人等へ引き渡すようにしましょう。

③ 高価な家具家電・貴金属・ブランド品・骨董品等の市場
　価値を有するもの

　死後事務の委任者によっては、自宅に高価な家具や家電製品、その
他ブランド品や貴金属、骨董品等が遺されていることがあります。死
後事務委任契約や遺言書の作成時にそうした物品の購入価格や骨董品
の来歴等を聞いていたような場合は特に注意をしておく必要があり、
価値を理解していない遺品整理事業者にゴミとして処分されたり、二
束三文で買取りされてしまわないようにしなければなりません。こう
した市場価値を有する物品が遺されている場合は、遺言執行者や相続
人等へと引渡しを行ったり、遺言執行者等の指示のもと換価処分して
いくことになります。

　また、受任者自身が遺言執行者である場合も、死後事務及び遺言執
行の完了後に相続人等への報告にあたって、そうした物品をどのよう
に処分したのか等を報告する必要があるため、換価処分等をした場合
は明細等を保管しておく必要があります。

④ 公共料金の明細書、各種契約書類（賃貸借契約書・回線
　契約・サブスク契約に関する資料など）

　公共料金の明細書等に記載されている「お客様番号」等は、死後事
務委任契約時にも控えていると思われますが、契約期間中に利用会社
を変更している可能性もあるため、遺品整理時にそうした明細を見つ
けた場合は最新の物を保管しておくとよいでしょう。また、その他の
委任者の把握していない契約の契約書類、例えば、遺品整理の現場で
発見する物としては賃貸物件とは別の場所に借りている駐車場やレン
タル倉庫の契約書などは委任者の住居である賃貸物件の不動産会社と
は異なっていることも多いです。こうした契約書類を誤って処分して
しまうと契約に気づくのが遅れて未払賃料の発生等、後々大きなトラ
ブルになりかねません。

　その他、健康食品や化粧品等のパンフレットやサンプル等が室内に

大量に残されているような場合は、通販会社等と何かしらのサブスク契約を結んでいることも考えられますので、パンフレット等に記載されている連絡先に委任者との契約が残っていないか等を確認しておく必要があります。

⑤　督促状や借用書等の負債に関する資料

　遺品整理現場で特に大事な資料は借金等の負債に関する資料です。死後事務委任契約は長期に渡る契約のため、契約期間中に委任者の財産状況が悪化することも十分考えられます。

　契約締結後の見守り期間中などにそうした状況に気づければ契約の見直し等の対応も可能ですが、受任者に負債に関する相談がないまま委任者が死亡してしまったような場合は、委任者が死亡した時点で多額の負債を抱えてしまっているということもゼロではありません。死後事務の執行費用を預託金で預かっている場合なら、委任者に負債があったとしても執行手続を進めていくことができますが、負債を負う可能性のある相続人がいる場合は相続放棄の検討や遺品整理や賃貸借契約の解除に伴う相続の法定単純承認等の問題も絡んでくることになるため、委任者の室内に残されている負債に関する資料は慎重に扱う必要があります。

　遺品整理の現場で発見される負債の資料としては、カード会社や消費者金融をはじめ債権回収会社や弁護士事務所等からハガキや封書が届いていることが多く、これらのハガキ類を見つけた場合は必ず保管しておき、相続人等へ引き渡す必要があります。また、故人が多額の借金を抱えている場合は、消費者金融等からの借入れ以外にも死後事務受任者として清算すべき公共料金等も滞納しているケースもありますので、預託金等で清算可能なのかどうかも確認しなければなりません。

　負債に関する資料は、判断が難しい場合も多くあるため、少しでも怪しいと思う資料があれば遺品整理の現場では判断せずに見つけた資

料を持ち帰り、提携士業等に相談するようにしてください。

⑥　登記済み証（権利書）・不動産の売買契約書

　遺品整理の現場からは、不動産に関する登記済み証（権利書）や売買契約書を発見することがあります。古い登記済み証の場合は、薄い紙に手書きで書かれていて染みや黄ばみでボロボロの状態で発見されることもあり、古すぎてもう必要のない書類にも見えますが、もちろん大事な資料の一つとなりますので捨ててはいけません。

　委任者が不動産を持っていた場合には、毎年届く固定資産税の課税明細書にて税金の支払通知が届きますので、こうした税金関係の資料から委任者が所有していた不動産の発見につながることもあります。ただ、委任者が所有していた不動産が山林や原野等の場合、固定資産税が課されていないこともあり納税通知書も交布されていないといったこともあり得ます。

　死後事務委任契約と同時に遺言書を作成する場合は、当然、遺言者が所有する不動産についても確認していると思われますが、税金を払っていない不動産等の場合は、遺言者自身がその不動産のことを忘れてしまっている可能性もあります。そのため、遺言書の記載から漏れている可能性も考えられるため、死後事務受任者や遺言執行者が把握していない資料が遺品整理の際に出てきた場合は、念のため財産調査を行う必要があります。

不動産購入時の資料はどこまで相続手続で必要となるのか？

　分譲マンション等で遺品整理を行っているとクローゼットの中からマンション購入時の契約書や当時のパンフレット等が出てくることがよくあります。

　不動産購入時の資料は多くの場合、不動産会社が用意したファイルや封筒等にまとめられて購入時に渡されたままの状態で保管されています。その中には不動産購入に関する契約書や領収書、司法書士等へ

8　遺品整理と家屋の明渡し　　309

の依頼に関する資料などがそのまま残っており、そうした資料を基に相続した不動産を売却した際の譲渡所得税の有無等を判断したりします。

　購入契約書や領収証がない場合であっても、当時の不動産会社名やチラシ、パンフレット等は不動産の取得費を合理的に導く際の検討資料として使用する可能性がありますので、古いパンフレットだからといって捨ててしまわないようにしてください。遺品整理事業者のなかにはせっかく見つけたこれらの資料を登記済み証や契約書だけを残して、領収書やパンフレットなどは処分してしまっているケースが見受けられます。しかし、そうした一見不必要と思われる資料であっても相続財産を算定するうえでの大事な資料となる可能性があるため、不動産関係の資料は保管されていたままの状態で遺言執行者や相続人等へ引渡しをするようにしましょう。

⑦　パソコンやスマートフォン、USB メモリーなどの記録
　　媒体

　遺品整理を行う際に悩むのがパソコンやスマホ等の記録媒体をどこまで残しておくのかということです。委任者によっては、こうした記録媒体を大量に持っていることもあり死後事務受任者としては扱いに困るところですが、委任者と親しく付き合っていた親族等がいる場合は古い携帯電話やパソコン等から思い出の写真を取り出したいという人もいるかと思います。受任者としてもサブスク契約等の確認ために携帯電話やパソコンに残されたメールを調査するケースもあるため、保管しておいても邪魔にならないサイズのものでしたら、執行手続の完了までは保管しておくことをお勧めします。

(2)　賃貸物件の明渡し

　委任者の自宅が賃貸物件の場合は、遺品整理後に賃貸人とのルームチェックや鍵の返却といった明渡業務が発生します。賃貸契約の解除

には、1か月前に賃貸人や管理会社へと退去の事前連絡をすることを必要としているところが多く、遺品整理が終わったからといって事前連絡もなしに、賃貸契約の解除をすることはできません。賃貸契約の内容にもよりますが、一般的には月の途中での契約解除の場合は、日割りでの家賃が請求されるケースが多く、そのため、死後事務受任者としてはなるべく無駄な出費を抑えるかたちで退去予告の連絡を入れる必要があります。

退去の事前連絡を入れた場合は、1か月後の退去日までに部屋を明け渡せばよいのであって、それより早く部屋を明け渡しても問題はありません。ただ、どれだけ早く引き渡しても事前連絡から1か月分の日割り家賃が発生してしまうということです。そのため、受任者としては、委任者死亡から委任者宅での財産調査や遺品整理をいつから開始して、必要であれば遺言執行者や相続人等にも室内の確認等を行ってもらう日程調整を加味したうえで、退去の事前連絡を入れる必要があります。

退去の事前連絡を入れた後は、引渡し日までに財産調査、遺品整理、郵便物の停止（重要な郵便物については郵送先の変更手配）、電気・ガス・水道等の公共料金の解約、郵便ポストの封鎖等を行ったうえで、大家や管理会社のルームチェックに備えることになります。ルームチェックでは、委任者の故意や過失による汚損や破損個所について受任者立会いのもとで確認を行っていき、原状回復に必要な費用の算出及び事前に預けている敷金の清算について説明されます。

ルームチェック終了後は、退去清算の明細をもらい委任者から預かった鍵を返却して部屋の明渡業務は完了となりますが、退去清算の明細については、管理会社等によっては後日郵送で送られてくるケースもあります。ルームチェック当日に退去清算の正確な金額を教えてもらえる場合であっても、その場で必ず退去清算に合意しなければならないというものではありませんので、委任者の故意や過失でない箇所が原状回復費として請求されていたり、請求金額に納得できない場

合は、鍵だけは返却しておき、退去清算については後日回答するとしても問題ありません。

　管理会社等の説明で納得ができない箇所については、該当の箇所を写真に撮るなどして、提携士業にも相談のうえ、管理会社等へ回答するようにしましょう。

9 相続人等に対する完了報告と残余の預託金等の引渡し

(1) 相続人等に対する完了報告

　死後事務受任者がすべての委任事務を終了させた場合は、最後の業務として死後事務の完了報告を行う必要があります。

民法第645条（受任者による報告）
　　受任者は、委任者の請求があるときは、いつでも委任事務の処理の状況を報告し、委任が終了した後は、遅滞なくその経過及び結果を報告しなければならない。

　ただ、完了報告の本来の相手となる委任者は当然亡くなってしまっているため、契約者たる委任者本人に完了報告を行うことはできず、この場合の報告は委任者の地位を相続している相続人に対して行うことになります。報告の形式は特に規定があるわけではありませんが、報告を受ける相手が死後事務執行の経緯と死後事務の執行に要した費用や報酬についてわかりやすい形で報告する必要があります。

　主な報告内容としては、次の3つとなります。
① 委任事務の処理のために講じた内容
② 委任事務の処理に支出した費用の金額と内訳
③ 受任者の報酬の収受状況

　また、上記報告に加えて執行手続中に保管した物品、例えば、委任者死亡時に病院や高齢者施設から回収してきた委任者の手荷物品や預託金を預かっていた場合なら、費用と報酬を引いた後の残余金を相続

人等へ引き渡す必要があります。

　報告方法は、委任者と親族との付き合い方によって変わってくることになりますが、契約時に親族との関係を確認しておき、良好な親族関係の場合でしたら事前に親族等の連絡先も教えてもらっていることも多いので、親族へと電話連絡のうえ、訪問して経緯説明と完了報告書を渡します（親族が遠方に住んでいる場合は、電話連絡と郵送での報告書の提出となります）。

　反対に、委任者と親族の関係が良くない場合は、委任者自身も相続人の住所や連絡先を知らないことも珍しくはないため、郵送（※）で報告書を提出するケースが多くなってきます。

※　委任者が契約時に相続人の住所を知らなかった場合でも、委任者死亡時には遺言執行者または死後事務受任者としての義務履行のため、相続人の調査をしているので相続人の生存の有無や現住所についてはこの時点で戸籍等から判明していることになります。

×××××× Column ××××××

死後事務受任者は相続人の住所を
調査することができるのか？

　死後事務の完了報告をするためには相続人の連絡先や郵送するための住所を確認する必要があります。相続人の電話番号については、委任者が知らない以上は知る術もないのですが、相続人の住所については戸籍の附票の交付請求をすることで確認することができます。ただ、戸籍の附票には戸籍に記載されている人の住所が記載されているため、極めて秘匿性の高い情報でもあり誰でも請求できるわけではありません。
　戸籍の附票を交付請求できる人については、戸籍法にて下記のように定められています。

戸籍法 第10条の2（第三者による戸籍謄本等の交付請求）

　前条第1項に規定する者（戸籍に記載されている者又はその配偶者、直系尊属若しくは直系卑属）以外の者は、次の各号に掲げる場合に限り、戸籍謄本等の交付の請求をすることができる。この場合において、当該請求をする者は、それぞれ当該各号に定める事項を明らかにしてこれをしなければならない。

一　自己の権利を行使し、又は自己の義務を履行するために戸籍の記載事項を確認する必要がある場合権利又は義務の発生原因及び内容並びに当該権利を行使し、又は当該義務を履行するために戸籍の記載事項の確認を必要とする理由

（2 項以下は省略）

※下線部箇所は筆者にて追記

　基本的に、戸籍の交付請求をできる人は、戸籍に記載されている本人または、配偶者、直系血族となります。ですので、兄弟姉妹といった傍系血族や第三者は基本的に交付請求をできません。ただ、戸籍法 10 条の 2 第 1 項により、自己の権利を行使または義務を履行するために必要な場合は、権利や義務に関する疎明資料をもって戸籍の内容を確認する必要があることを説明することで、交付請求できることになります。

　つまり、死後事務受任者の完了報告は、民法 645 条に規定されている報告義務であるため、完了報告や保管している相続財産を相続人へ引渡しをしなければならず、そのために相続人の住所を確認する必要がある場合なら、死後事務委任契約書等を戸籍交付窓口に提示したうえで、戸籍の附票の交付請求を行うことができるということになります。しかし、実際の実務の場面においては、戸籍の交付窓口で「第三者には交付できない」として断られるケースも少なからずあります。

　ただ、戸籍の附票を取得できないと死後事務受任者としての義務を果たせなくなってしまうため、交付を断られた場合は、交付窓口の担当者に戸籍の附票を交付できない理由について、担当者または責任者名にて一筆もらっておく必要があります。そうしておくことで、仮に相続人に対して完了報告ができなかったことを理由に相続人とトラブルになったとしても受任者としては相続人へ報告するための手段を講じたけれども、役場の判断で手続きを中断せざるを得なかったと証明できるようになります。

316　　第 8 章　実務での死後事務執行の流れ

結果として、報告義務を果たせなかった責任については、死後事務受任者から交付請求を断った役場に移ることになり、死後事務受任者としての義務違反を問われないようにすることができます。実際、当協会が公正証書ではない一般契約書を提示して交付請求をした際に何回か交付を断られたことがありましたが、上記のように相続人とトラブルになった際に備えて一筆書いてくれるよう求めたところ、事情を理解してくれたのかすべてのケースにおいて交付に応じてくれました。

　死後事務受任者は、交付を断られたから仕方なしとするのではなく、最大限義務の履行に務めたけれども、それでもダメだったと証明できる形で残しておく必要があります。特に役場の判断の結果のような第三者の判断によって義務の完遂ができなかった場合は責任の所在をはっきりさせるためにも、必要な措置を講じておく必要があります。

(2) 相続人がいない場合は誰に報告や管理財産の引渡しをするのか

委任者の地位を相続した相続人がいない場合のケースですと、遺言書によって包括受遺者を指定しているケースがあります。特に死後事務委任契約を結ぶ人の場合は、相続人がいないことも多く最終的な財産の引渡し先として包括遺贈としての遺言書を作成しているケースが多く、包括受遺者は相続人と同等の権利義務を有することになります。そのため、相続人がいない場合は、包括受遺者へ管理財産の引渡しとともに報告をすることになります。

また、相続人も包括受遺者もいない場合、または契約時は相続人がいたけれど執行時には相続人が死亡しており、事後的に相続人が不存在となってしまったようなケースでは、死後事務受任者が管理している財産を引き渡す相手がいないことになるため、相続財産清算人の選任を検討する必要が出てきます。

相続財産清算人は、被相続人（死亡した委任者）の債権者等に対して被相続人の債務を支払うなどして清算を行い、清算後に残った財産を国庫に帰属させる職務を担う人であり、相続人の存在、不存在が明らかでないときには、（相続人全員が相続放棄をして、結果として相続する者がいなくなった場合も含まれる）申立てにより家庭裁判所は相続財産清算人を選任します。委任者の財産を事実上管理している死後事務受任者も、利害関係人として相続財産清算人の選任審判の申立てを行うことができますので、管理している残余の預託金や保管物等があるのに相続人等へ引渡しができないような場合は、相続財産清算人の選任についても検討する必要が出てきます。

10　死後事務完了

　死後事務委任契約により委任者から依頼された委任事項の完遂と業務完了後の相続人等への報告及び財産や保管物の引渡しの完了によって死後事務受任者としての業務は完了となります。委任者の死亡から始まって相続人等への報告まで含めてトラブルなく手続きが進めば概ね1～3か月程度が執行に要する期間となり、遺言執行者も兼ねている場合は金融機関での相続財産の換価手続や受遺者等への引渡し等も出てきますので執行の完了までに半年以上かかることもあります。

　死後事務委任契約は、どうしても何年、何十年先の未来を予想しての契約となるため、執行時には契約時には考えもしなかったような想定外のことも起きてきます。死後事務委任契約を希望する委任者のこれまで歩んできた人生は千差万別であり、当然のことながら同じ人生は一つとしてありません。ですので、死後事務委任契約も委任者の人生それぞれに併せてカスタムメイドしていくものであり、定型の契約書では対応できない依頼内容というのも出てきます。

　そうした際に、いかにトラブルなく死後事務執行を進めていけるかは、契約時に将来起こり得る出来事をどれだけ想像できるかにかかっているといっても過言ではありません。是非、想像力を働かせて死後事務委任契約書の作成に頭を捻ってみてください、契約時に悩んだ分だけ満足のいく執行手続ができるようになると約束します。

第９章
死後事務委任契約
特有の税金問題

1　相続の現場で関係する税金の基本

はじめに、相続の現場で関係する税金の基本や用語について説明します。

(1)　相続税の基本知識

人が亡くなることで、「相続が発生する」わけですが、この亡くなった人が遺した財産を受け取る（遺贈で遺産を受け取ることも含む）ことで「相続税」が計算されます。遺産分割協議や遺言書により、遺産を受け取らなければ、相続税の負担はありません。

また、相続税は相続人の数によって計算されます「基礎控除」を超える遺産がある場合に相続税の申告義務が発生します。基礎控除額の計算は、次の計算式となります。

相続税基礎控除額　＝　3,000 万円 ＋（600 万円 × 相続人数）

例えば、相続人が 3 人いる場合は、次の金額が基礎控除となります。

3,000 万円 ＋（600 万円 × 3 人）　＝　4,800 万円

つまり、相続人の数が多ければ基礎控除が増えることになります。

相続税の申告及び納税の期限は、死亡したことを知った日（通常の場合は、被相続人の死亡の日）の翌日から 10 か月以内となります。

(2)　固定資産税

その年の 1 月 1 日に土地や家屋を所有している人に対して課税されるのが、「固定資産税」です。ここで「所有」といいましたが、各自治体に不動産などを所有している人の名簿があり、その名簿に登載されていることをいいます。これを「固定資産税台帳」といいます。各

322　第 9 章　死後事務委任契約特有の税金問題

市町村は、この固定資産税台帳の登載内容を基に固定資産税通知を行います。

家屋の一部は、法務局の登記をしていないという状況があります。登記がされていない家屋も、この市町村の名簿には登載がされることになります。このように法務局に登記されていなくても固定資産税通知は案内されています。

固定資産税の負担をしていた人が亡くなった場合は、相続人が引き継ぐことになります。相続人が複数いる場合には、相続人のなかから代表者を決めて固定資産税通知をしている市町村へ連絡を行います。

遺産分割協議や遺言書などにより、対象となっている不動産を取得した人が、法務局への登記手続きや市町村への届け出により、翌年から固定資産税の通知が案内されることになります。

(3) 譲渡所得税

譲渡所得は、次のように2つの種類があります。どのような資産を売却したかにより区分されます。譲渡所得は、所有していた財産の値上がり益（所得）に対して課税される所得税です。また、遺言書等で「法人へ遺贈」するケースなどでは、この譲渡所得を計算し、被相続人の名前で準確定申告の提出と納税を行う必要がある場合もあります。

① 総合譲渡

金（インゴットなど）などの貴金属、書画骨董、事業用機械、著作権など

※ 譲渡のあった日に所有期間が5年を超えると「長期」、5年以下で「短期」という扱いになります。次の計算式により所得金額を計算します。

譲渡所得 ＝ 収入金額－（取得費＋譲渡費用）

「長期」の譲渡では、50万円までの特別控除の計算ができます。さらに、実際の課税計算では、1/2が課税対象となります。最終的には、

1 相続の現場で関係する税金の基本 323

給与所得などの「総合課税」と合計されたうえで所得税計算されます（総合所得になりますので累進課税となる）。

② 分離譲渡

土地（土地の権利を含む）、家屋、マンションなどの不動産と同族株式や上場株式のような有価証券などが対象になります。分離譲渡による課税ですが、不動産関係と有価証券は別々に計算します。

不動産関係では、不動産の譲渡があった年の1月1日時点において、5年超で「長期」、5年以下で「短期」という区分になります。

有価証券は、保有期間による区分はありません。

分離譲渡の所得計算も、総合譲渡と計算式は同じです。次の計算式で計算された金額が、課税される所得金額となります。

譲渡所得　＝　収入金額－（取得費＋譲渡費用）

実際の課税計算では、特別控除等が条件等により計算することができます。また、給与などの総合課税とは別に税額計算が行われます。不動産関係では、長期譲渡15％と短期譲渡30％で税率が異なります（住民税では、長期譲渡5％と短期譲渡9％となる）。有価証券では、20％の税率となります。

③ 注意点

譲渡所得の計算式にある「取得費」について注意点があります。資産の種類にもよりますが、家屋や構築物などについて「減価償却計算」を行い、償却費相当額を差引きする必要があります。所有期間中の減価償却費相当額を差し引いた金額が「取得費」となります。例えば、10年前に取得した家屋は、その取得した金額がそのまま譲渡所得の取得費になるのではなく、減価償却計算を行い償却費相当額について減額する必要があります。

減価償却計算は、家屋などの場合、木造や鉄筋コンクリートなどの

造りにより耐用年数が異なります。減価償却計算を行う対象物について、耐用年数を確認して計算する必要があります。

　土地や土地に関する権利、金（インゴットなど）、骨董品などは減価償却計算の対象とはなりません。取得に要した金額が、そのまま譲渡所得の計算の取得費となります。

(4)　準確定申告

　一般的な所得税の確定申告は、1月1日から12月31日までの期間について所得計算を行い、翌年2月16日から3月15日に申告書の提出や納税となります。亡くなった人の申告については、1月1日から亡くなった日までの年の途中で区切った期間を対象として計算をします。

　亡くなった人の申告を行う場合は、「準確定申告」といいます。この準確定申告の申告と納税期限は、亡くなった日の翌日から4か月以内とされています。

　所得税の確定申告の義務のあった人や、譲渡所得があり課税される所得金額が計算される場合、準確定申告の提出が必要となります。

　所得金額計算においては、亡くなった日までの期間となりますが、基礎控除や扶養控除などの「所得控除」は、月数按分するなどはせずに、決められた金額をそのまま計算することができます。

　毎年、所得税を納税していた人が、亡くなった日までの計算の結果、納税が必要となった場合、所得税の確定申告書の書面一式と「所得税の準確定申告書の付表」という書面に、相続人の氏名や住所等の表示及び法定割合等で按分した納税額を記載して提出しなければなりません。その納税の期限も、亡くなった日の翌日から4か月以内となります。

　準確定申告の提出は、基本的には法定相続人または遺贈で遺産を受け取る人（法人を含む）が行うこととなります。

1　相続の現場で関係する税金の基本　　325

・準確定申告をしなくてもよい人

　準確定申告は、亡くなったすべての人が提出するものではありません。次のような場合、準確定申告書の提出は不要または義務はありません。

・亡くなった日までの所得金額が、所得控除合計金額よりも少ない。基礎控除が48万円ありますので、この金額よりも少ない所得金額であれば申告義務はない。

・収入が公的年金のみであり、400万円以下の場合

・給与収入が103万円以下（源泉所得税が差し引かれている場合、還付申告が可能です）

・1か所から給与を受け取っているが、その他にも所得がある場合に20万円以下であれば申告は不要

(5) 贈与税

　生前中に一定金額を超える財産を無償で譲渡した場合は、贈与税の課税対象となります。この一定金額が基礎控除といわれるもので、現在は110万円とされています。この課税計算方式を「暦年贈与」といいます。

　贈与税の計算方式では、別に「相続時精算課税制度」という計算方式があります。この方式には次の条件がありますが、大きな金額の財産を贈与する際に適用する人が多くいます。

・贈与する者が60歳以上

・贈与者の子や孫で、贈与を受ける年の1月1日現在で18歳以上

　相続時精算課税は、贈与累計額2,500万円までは、生前贈与が行われたときには申告書の提出などで終わり、もし、累計で2,500万円を超えるようになると税率20％で贈与税の納税を行う必要があります。つまり、一定金額までは生前贈与を行っても納税の必要がなく、最終的に相続が発生した際に相続税の計算の中で税金計算をしましょう、

326　第9章　死後事務委任契約特有の税金問題

という制度です。

　最終的に相続税で課税関係を完了することを目的としていますが、この制度を適用している者で、毎年110万円までの金額は、贈与税も相続税も課税されないという非課税枠があることも特徴になっています。相続税で課税関係を完了しましょうといっても、多くの人は相続税の課税はありませんので、結果として無税となるケースは多くあります。

相続税の課税対象となる財産、課税されないものって何？

相続税の課税対象となる財産については、一般的に次のような種類があります。
・土地、家屋、構築物、有価証券、現金預金、家庭用財産、事業用財産、その他の金銭価値があるものなど

お葬式などにいただく「香典」等は、相続税の課税対象にはなりません。香典は、亡くなった人へというものではなく、相続人に対して渡した金銭と判断されているために相続税は課税されません。

課税されないものとしては、仏壇、墓地、その他、金銭的な価値がないものとなります。

本来、相続財産ではないのですが、相続税法上での課税される財産とされているのが、「死亡保険」と「死亡退職金」です。これらは「みなし相続財産」と呼ばれています。「死亡保険」や「死亡退職金」については、それぞれに相続人1人あたり500万円の非課税枠があります。

また、亡くなる前の一定期間内に生前贈与があった相続人等の税額計算では、生前贈与の金額について相続税計算に加算されることになります。

生前贈与でも、「相続時精算課税制度」という特例を適用した贈与については、相続時精算課税制度を適用した時点からの贈与金額を加算しなければなりません。

相続税の計算上、加算した贈与の金額がある場合に納税した贈与税があれば、その税額は相続税の前払いとして精算されます。

　相続時精算課税では、納めすぎになっている税額があるというケースもあります。その際には還付されます。

2 死後事務委任契約に関する税金問題 Q&A

Q1 財産を相続人へ相続させる遺言があった場合

Q1-1 下記のような遺言があった場合の相続税の申告者や注意点を教えください。

「遺言者の長男Aに土地と建物を相続させ、預貯金及び有価証券を長女Bへ相続させる。遺言執行者は弁護士Xとする。（遺言者の配偶者乙は相続分ゼロ）」

●相続財産　※相続税評価額

・土　　　地　価格　4,000万円
・自宅建物　価格　　500万円
・預　貯　金　価格　3,000万円
・有価証券　価格　1,000万円
　　　　　（計　8,500万円）
・生命保険　価格　1,000万円　（受取人：配偶者乙）
・葬儀費用　100万円
●お布施　20万円
●その他債務
・固定資産税未払分　10万円
・入院治療費未払分　5万円

```
遺言者 ━━━━━━━ 配偶者（乙）
       ┃
   ┏━━━┻━━━┓
 長男（A）    長女（B）
```

相続人：遺言者の配偶者乙、長男A、長女B　（結婚して別居）
遺言執行報酬　80万円

330　第9章　死後事務委任契約特有の税金問題

死後事務報酬　50万円

遺言書に基づき、一定金額以上の遺産を受け取ると相続税が課税されます。

　遺言書のとおりに、各相続人が取得をしたとして説明をします。相続税申告の計算過程は、おおむね次の要領となります。

① 財産調査

　「遺産のすべて」について存在を確認し、相続税評価額を計算します。仮に遺言書に記載のない遺産がある場合には、「遺産分割協議」を行うこととなります。
　相続税計算の基準となるのは、「亡くなった日」となります。金融機関などの預貯金残高などは、亡くなった日の残高となり「残高証明書」などを作成してもらいます。

② 相続税評価

　相続税申告を行う前提で検討する場合には、相続税評価を使用することが多くなります。「相続税評価」の方法は、国税庁で定める「財産評価基本通達」という財産の評価方法となります。相続税だけでなく贈与税においても、使用する評価方法となります。
　ちなみに、相続税評価について、評価額の基本は「時価」としています。しかし、「時価」の算出方法について難しいケースが多いため、統一した評価方法を定めています。例えば、「土地」について評価をしようとした場合には、その土地の所在により「路線価方式」、「倍率方式」のどちらかで計算を行います。有価証券については、「上場株式」や「非上場株式」の2種類のほか、投資信託などの金融商品などがあります。これらも、財産評価基本通達で定めた方法で相続税評価を行います。

2　死後事務委任契約に関する税金問題Q&A　331

有価証券などは、上場株式、非上場株式、投資信託などの種類により評価計算の方法が変わりますが、ここでは評価方法の詳細は割愛します。

③　土地の評価方法について

土地の評価方法については、「路線価方式」と「倍率方式」があります。土地の所在場所によってどちらの方法を採用するかが決まります。

「路線価方式」は、おおむね市街化区域に設定されています。道路に単価が設定されており、その道路に接した土地の面積を乗ずることで評価額とします。実際の土地の形、例えば台形、平行四辺形など長方形や正方形ではない形の場合や斜面などにより調整を行います。

「倍率方式」は、おおむね市街化調整区域などが対象になります。固定資産税評価額に定められた倍率を乗じて評価額とします。宅地や田、畑、山林などで倍率が異なります。

路線価エリア、倍率エリアなどの確認は、国税庁ホームページで確認することができます。市街化区域でも倍率方式のエリアとなっていることもあります。該当の場所については、必ずどちらのエリアになるか確認をしてください。

④　借地権や借家権について

土地の評価を行った後に、その土地の利用方法で調整を行います。

例えば、土地を第三者に貸している場合、条件がそろえば「借地権」として宅地の評価額から借地権相当額を減額することにより調整を行います。

借地権は、地域によって借地権割合が異なり、30%から90%の間で設定されています。この割合は、国税庁ホームページの路線価図にて確認することができます。

借家権については、所有している建物を第三者に貸している際に家

332　第9章　死後事務委任契約特有の税金問題

屋の相続税評価額（固定資産税評価額と同じ額）から30％を差し引くことができます。

⑤　「債務控除」や「葬儀費用」の対象について

　相続税計算は、プラスの財産からマイナスの債務や葬儀費用を差し引きして計算されます。ここではマイナスされる「債務」と「葬儀費用」について説明をします。

　「債務」は、亡くなった人が本来、支払い等をする必要があり、相続が発生した時点で未払いとなっていたものをいいます（未払金額が確定しているものに限る）。例えば、次のようなものがあります。

・固定資産税、住民税、所得税などの租税公課
・医療費、入院治療費、介護関係の費用の未払いとなっているもの
・クレジットカードの引き落とし未済のもの
・電気水道などで引き落とされていない光熱費
・その他、亡くなった人の名前で請求されていた未払分

　「葬式費用」については、一般的な会葬の儀式や宗教的な儀式の費用をいいます。また、本葬で、お寺さんに読経してもらった費用などが対象となります。その他、火葬や霊柩車の費用なども、葬儀費用の対象になります。

　注意すべきことは、初七日などを本葬と一緒に行ったりするようですが、その部分の支払いは葬式費用には該当しません。また、会葬御礼などの香典返しは葬儀費用にはなりません。

　また、遺言執行や死後事務の報酬は、債務控除の対象にはなりません。

⑥　相続税計算

　各遺産の評価額を算出した後に、次の順で計算します。

　遺産の総額（相続人が受け取った金額または受け取ることが予定さ

れている金額の総合計）を算出します。プラスの遺産から、マイナス
計算できる債務や葬儀費用などの差引計算を行います。この金額を純
資産価額といいます。純資産価額について、仮に法定割合で分割した
場合の相続税計算を行います。ここで計算された金額が、「相続税の
総額」となります。

　次に、実際の遺産を取得した内容で、例えば、長男が○％、長女が
○％取得したという割合を求めます。この割合を先ほどの「相続税の
総額」に乗じて計算された金額が、実際に納税をする相続税となりま
す。

⑦　設例の相続税計算

　相続税評価額による合計金額　85,000,000 円　（イ）

※　死亡保険金は、500 万円×3 人＝1 千 5 百万円までの非課税枠が計算される
ため課税されないことになります。

　債務控除合計金額　1,200,000 円＋ 150,000 円＝ 1,350,000 円　（ロ）

※　葬儀＋お寺の費用とその他の債務の合計金額となります。遺言執行報酬や死
後事務報酬は債務控除の対象となりません。

　基礎控除の金額　30,000,000 円＋（6,000,000 × 3 人）

$$= 48,000,000 円　（ハ）$$

　イ－ロ－ハ＝ 35,650,000 円

　法定相続分で計算した相続税の総額計算は、次のとおりです。
・妻乙（1/2）　17,825,000 円　→　税率 15％を乗じて 50 万円を控除
します。
・長男 A（1/4）　8,912,500 円　→　千円未満端数切捨てして税率
10％を乗じます。
・長女 B（1/4）　8,912,500 円　→　千円未満端数切捨てして税率
10％を乗じます。
各相続人の税額

- 妻乙　2,173,750 円
- 長男 A　891,200 円
- 長女 B　891,200 円　相続税の総額　3,956,100 円（100 円未満切り捨て）

相続税の総額を実際の受取割合にて案分
- 妻乙　3,956,100 円× 0％　→　相続税はなし。
- 長男 A　3,956,100 円× 53％　→　2,096,700 円（100 円未満切り捨て）
- 長女 B　3,956,100 円× 47％　→　1,859,300 円（100 円未満切り捨て）

⑧　遺産を受け取った場合の影響

　相続財産を相続（遺贈を含む）したことによる住民税等への影響に不安を持つ人がいるようです。相続または遺贈で遺産を受け取ったことで、「臨時の所得」があったというようなイメージを持たれるようです。

　「相続財産を受け取る」ということは、財産や債務を引き継ぐ行為であり、所得税法上で定める「収入・所得」には該当しません。相続財産を受け取ったということで所得税計算の扶養親族などの対象から外れるということはありません。また、同様の考え方で健康保険などにも影響はありません。

　注意が必要なのが、すぐに受け取った遺産を売却した場合です。例えば、土地を売却して現金化して分けた、というようなケースでは、この「土地の換価（現金化）」は、「譲渡所得」に該当します。

　このようなケースでは、扶養控除の対象や健康保険の対象などに影響が出る可能性があります。税務上の扶養は全国で同じ考え方ですが、健康保険（国民健康保険や厚生保険）などは、それぞれの健康保険組合や団体により少しずつ違いがあったりします。

　不安という人は、加入している健康保険組合や団体にて確認するこ

2　死後事務委任契約に関する税金問題 Q&A

とをお勧めします。

⑨　遺言執行者が換価遺言によって不動産を換価した場合の影響について

　現実では、「遺言執行者が不動産の売却」等を行います。売買の実行者は遺言執行者となり、売買契約を遺言執行者が行います。この点において、「譲渡所得申告を遺言執行者が行うの？」と質問されたりします。譲渡所得の申告は、財産の値上がり益に注目して課税するものですので、基本的には所有者が申告すべきとなります。

　被相続人の意思によって換価されることになりますが、これは受遺者が一旦所有権を保有して、売却したという考え方で課税します。法人への換価遺贈も、一旦、法人が不動産をそのまま遺贈で受け取りをして、その後に不動産を売却したという過程があったと考えると整理しやすいかもしれません。

　法人へそのまま遺贈する場合には、準確定申告が必要になります。包括遺贈の場合は、所得税の引継ぎも行われます。

　遺言執行者は、その遺言の内容について実現するよう行動するだけです。税金等の負担はありません。当然のことながら、遺言執行に伴い、住民税や国民健康保険などへの影響はありません。

【参考】税理士報酬について

　相続税申告書の作成報酬については、税理士事務所ごとに報酬金額が定められています。作成に至るまでの工数や財産規模による加算を行う事務所もあります。

　例えば、「遺産総額の○％」、「基本報酬＋遺産加算額（遺産の大きさにより加算）」などの計算方法があるようです。

　ちなみに、筆者の事務所では、「遺産総額×0.8％＋消費税」という計算で対応しています。

※この事例では、8,500万円×0.8％＝68万円となります。この金額に消費税を加算します。

相続税の特例①

　所得税や法人税等にもありますが、相続税にも「特例」と呼ばれる「税額負担を軽減」できる措置があります。
　相続税の場合、よく適用される特例が以下の2つです。
・配偶者の税額軽減
・小規模宅地の特例
　この2つは、多くの相続税計算の場面で適用されています。特例の詳細は、別のコラムを参照してください。
　ここでは、特例を適用する際、誤解されていることを説明します。これらの特例については、情報誌やインターネット等の情報で知っている人も増えているようです。「〇〇特例を使えば、相続税はかかりません！」などの言葉で注目を集めていますね。
　これらの特例ですが、相続税申告書の提出をしないと適用がありませんので注意してください。特例には適用するための条件がありますので、その条件に該当しているか否かの判断と相続税申告書の提出が必要なわけです。「特例があるから相続税の負担はなしね」と決め込んでしまい、相続税申告書を提出しなかった場合に「無申告」となり、特例が使えないばかりか、後日、無申告加算税がかかることもあります。注意してください。

> **Q1-2** 今回のケースで配偶者に全部を相続させるという遺言書であった場合の相続税はどうなりますか？
>
> 相続税は0円になります。

　先ほどのケースで、妻乙に遺産のすべてを相続させるという遺言書だったという設定の場合、遺産総額が8,500万円でしたので、配偶者の税額軽減（法定相続分に相当する遺産額と1億6,000万円の大きいほうの金額までは納税の負担はなし）を適用して相続税申告書の提出をすると、結果として相続税は0円となります。長男Aや長女Bにも相続税の負担は必要ありません。

××××××× Column ×××××××

相続税の特例②　「配偶者の税額軽減」

　よく適用される特例の一つ、「配偶者の税額軽減」について説明をします。

　配偶者の税額軽減は、配偶者の「内助の功」ということで財産の形成経緯に大いに協力したと考えて、「法定相続分に相当する金額」または「１億６,０００万円」のどちらか高い金額までは、実質的に相続税負担がなくなるような計算が可能です。

　この特例は、遺産分割協議書または遺言書などにより、分割確定していることが条件になっています。そして、相続税申告書の提出時に、それらの書面の写しなどの添付が必要になります。相続税申告書の提出及び納税は、相続を知った日から１０か月以内が期限になりますが、この配偶者の税額軽減については、遅くとも申告期限から３年の期間について適用が可能です。その期間を過ぎますと、配偶者の税額軽減は適用できなくなります。

　遺言書などがなく遺産分割協議を行わなければならない場合、申告期限までに遺産分割が完了しない場合があります。その際には、一旦、法定相続割合で受け取ったと仮定した内容の相続税申告書の提出及び納税をしなければなりません。つまり、遺産分割協議が完了しないと、特例を使えず減額されないままの相続税を納税する必要があります。

　遺産分割協議が未了で、特例を使えない状態で相続税を納税した後に遺産分割協議が完了した場合は、更正の請求とい

う手続きによって相続税の計算についてやり直しを行うことができます。やり直しの計算で減額された相続税の還付を受け取ることができます。

　配偶者の税額軽減は、多くの相続税申告書の計算で適用されています。しかし、次の相続、いわゆる二次相続では配偶者の税額軽減がなくなりますので、相続税の負担が必要になるというケースが増えることになります。一次相続と二次相続で、どのような遺産分割を行うと全体として相続税の負担が軽くなるかを考えたい場合は、相続対策などの事前の準備やシミュレーションなどの検討が必要になります。

Q1-3 長男Ａが相続した不動産を売却した場合の課税について教えてください。

 長男Ａに譲渡所得による所得税の確定申告手続きが必要です。

相続で取得した不動産について、すぐに売却を検討することはよくあります。例えば、その不動産売却で納税資金を捻出したいという考えの人や使いもしない不動産を持っていても仕方がないと考える人は、早々に売却を検討しています。

Ｑ1-1で、仮に長男が相続で取得した不動産を早々に売却したとします。この売却により利益が計算されれば「譲渡所得」が発生したとして、売却をした翌年に所得税申告と納税が必要になります。このときに、次のようなケースでは譲渡所得の特例があります。

① 相続税を負担している場合

Ｑ1-1では、長男は相続税の納税をしています。相続で取得した財産を売却して利益が計算された場合、「譲渡所得の取得費加算」という特例が適用できる可能性があります。相続税申告期限から３年以内の譲渡で、このような特例があるわけですが、売却した財産について遺産に占める割合を基準に納税した相続税額の一部を、譲渡所得計算の「取得費」として加算することができます。

② 相続から空き家になっていた場合

Ｑ1-1では、自宅に誰が住んでいたというような設定がされていませんでしたが、仮に自宅には被相続人だけが住んでいて、亡くなった後は空き家になっていたとします（妻乙は別居していた）。

相続後は、空き家になっていて、誰も住んでいない、事業や貸付などにも使っていないという状況でした、このような状況で空き家を売

却した場合には、他にもいくつか条件がありますが特例があります。

これを「被相続人の居住用財産を売ったときの特例」といいます。相続後に「空き家」の発生を抑制したいとの目的で作られた特例です。所得計算では、特別控除について3,000万円まで計算ができます。特例適用の一つの条件として、次のいずれかが該当しなければなりません。

・家屋がある場合は、耐震補強がなされている。

・家屋を解体して、更地での譲渡をした。

その他にも、確認・クリアすべき条件がありますので、詳しくは専門家へ相談してください。

③ 長男が住んでいた場合

相続以前より自宅に長男が同居しており、相続後も引き続き長男が居住しているようなケースです。実際に居住していた自宅を譲渡する、この特例は「居住用財産の譲渡の特例」といいます。所得計算では、特別控除について3,000万円まで計算ができます。

④ 譲渡特例適用の具体例

3,000万円の特別控除を適用した場合のイメージは次のようになります。

・譲渡金額　　　　50,000,000円　（イ）

・取得費　　　　　2,500,000円　（ロ）

　※　関係書類が不明のために譲渡金額の5%にて計算

・譲渡費用　　　　1,716,000円　仲介手数料

　　　　　　　　　20,000円　売買契約書に貼付した収入印紙

　譲渡費用合計　　1,736,000円　（ハ）

・特別控除前の金額　イ－ロ－ハ　45,764,000円

この金額から、さらに3,000万円を差し引くことができます。

45,764,000円 － 30,000,000円 ＝ 15,764,000円

2　死後事務委任契約に関する税金問題 Q&A　　343

※　長期譲渡の場合　所得税（15％）2,364,600円、住民税（5％）788,200円
　　短期譲渡の場合　所得税（30％）4,729,200円、住民税（9％）1,418,700円
　（端数切捨て）

　3,000万円の特別控除で課税される金額がなくなり、所得税の負担がなくなるということはよくあります。しかし、扶養控除の対象や国民健康保険等への影響はありますので注意してください。

×××××××　Column　×××××××

相続税の特例③　「小規模宅地の特例」

　相続税の特例として多く適用されるのが「小規模宅地の特例」となります。小規模宅地の特例は、①居住用家屋の敷地、②事業用建物の敷地、③貸地などの種類があります。種類により特例の内容が異なります。この特例は、適用すると大きな課税金額の引下げをすることが可能です。

　この特例を適用した結果、相続税が０円になったというケースは多数ありますので、人気の特例といえます。しかし、特例適用のために確認する条件が複雑であり、専門家でも間違えることもあることなどから、適用については慎重に条件の確認をすることをお勧めします。

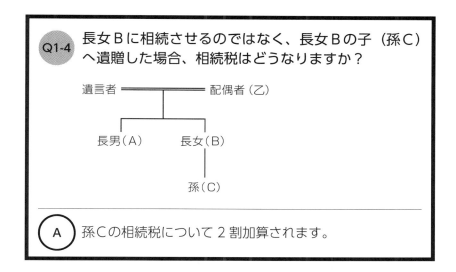

Q1-1において長女Bが受け取るとされていた遺産について、長女Bの子である孫Cへと遺贈する内容の遺言であった場合の相続税は、次のとおりです。

・長女Bが受け取った際の相続税額1,859,300円×2割＝371,860円
・1,859,300円＋371,860円＝2,231,100円（100円未満切捨て）

　長女Bの子、つまり孫Cに遺贈する内容であったらということですが、孫は相続人ではありません。しかし、「遺贈」すれば孫へ財産を渡すことが可能になります。このように長女Bを飛ばして孫Cへ遺贈した場合、孫Cについても相続税申告書の提出及び納税が必要になります。
　この際の相続税計算は、孫の相続税額に対して2割が加算されます。一般的に「2割加算」と呼んでいます。2割加算は、被相続人から配偶者、子以外の人が遺産を受け取った場合に適用されますので、注意してください。また、遺贈の対象者になっても、法定相続人ではありませんので基礎控除の金額は変わりません。

> **Q1-5** Q1-4の設例で長女Bが既に死亡（代襲相続）していた場合はどうなりますか？
>
>
>
> 遺言者 ════╤════ 配偶者（乙）
> ┌──────┴──────┐
> 長男（A）　　長女（B）
> 　　　　　　（遺言者より先に死亡）
> 　　　　　　　　│
> 　　　　　　　孫（C）
> 　　　　　　　（代襲相続）
>
> **A** 長女が亡くなっていると、孫Cが法定相続人としての地位になり、2割加算はされません。

　長女Bが既に死亡したとしたら、代襲相続として、その子、孫Cは「法定相続人」の地位になります。

　Q1-4では、孫に遺贈した場合には、2割加算があると説明しましたが、こちらの設例では2割加算は適用されません。また、代襲相続において、孫は法定相続人数に含めることとなります。今回の相続の設例でいいますと、妻、長男、長女の子が法定相続人となります。

> **まとめ**
> ・亡くなった人の遺産を受け取ると相続税の課税対象になり、法定相続人数により計算された基礎控除額を超えると相続税額が発生する。
> ・相続のほか、遺贈でも、相続税の課税対象となる。

Q2 財産を相続人以外へ遺贈する場合

Q2-1 下記のような遺言があった場合の相続税の申告者や注意点を教えてください。

「遺言者の財産すべてを晩年お世話になった介護施設の株式会社Dへ遺贈する。遺言執行者は弁護士Xとする。」

●相続財産　※相続税評価額
　・土　　地　価格　4,000万円
　・自宅建物　価格　　500万円
　・預貯金　　価格　3,000万円
　・有価証券　価格　1,000万円
　・生命保険　価格　1,000万円　（受取人：遺言者の甥C）
●葬儀費用　100万円
●お布施　　20万円
●その他債務
　・固定資産税未払分　10万円
　・入院治療費未払分　5万円

●相続人等関係者

　配偶者、子供なし、兄弟に兄Aと姉Bがいたが既に死亡。Bには子供C（遺言者から見て甥）がいる。

　遺言者は結婚していないため、相続人は兄姉となるが、兄姉は既に死亡しており、代襲相続人としてCがいる。Cとは長年疎遠だったため、財産は介護施設のDへ遺贈したい。

 相続人以外の個人が一定金額以上の遺産を受け取ると相続税申告と納税が必要になります。個人でない場合は、その団体の種類により、相続税がかかる、または法人税の対象となるなど課税関係は異なります。

2　死後事務委任契約に関する税金問題Q&A　347

> 今回の設例では、「株式会社」であるため相続税の課税ではなく、「法人税」の課税対象となります。

　遺贈の相手は、親族やお世話になった「人」ばかりでなく、会社や団体なども可能です。人であれば、基礎控除額を超えた場合には、そのまま相続税で課税ということになりますが、会社や団体ではどのような課税となるのか説明します。

　相続税は、一般的には人が遺産を受け取ることを想定して課税制度ができています。遺贈により、会社など自然人以外の団体等が受け取ることを想定していないので、基本的には法人への相続税課税はありません。その代わり、法人税で税負担をしてもらいましょう、というのが原則的な考え方です。

　法律上、会社や団体等への遺贈は可能であり、現実社会でも稀ではありますが行われています。「遺贈の方法」について、「そのまま遺贈」するのか、「換価」して現金で遺贈するのかという違いがあります。

①　「そのまま遺贈」のケース

　遺産の形を変えることなく株式会社Ｄが遺贈を受けた場合、相続税の申告納税ではなく、法人税の課税となります。会社が受け取った財産については、「経済的利益があった」として法人税の対象とします。法人側は、受け取った財産の時価で計上しなければなりません。この時価という考え方は、非常に難しいものですので専門家や税務署と相談することをお勧めします。

　「そのまま遺贈」をした際に不動産や有価証券等の譲渡所得の対象がある場合は、「みなし譲渡」として被相続人の名前で準確定申告が必要になります。譲渡所得に係る所得税の準確定申告の提出と納税が必要になります。

　今回の設例では包括遺贈と判断されますので、準確定申告の提出と

348　第9章　死後事務委任契約特有の税金問題

納税は株式会社Dが行います。

② 「換価して現金を遺贈」のケース

遺産、特に不動産などをそのまま遺贈するよりも、現金のほうが都合がよいということも多いと思います。遺贈の内容として、「換価すること」を決めている場合があります。受け取る側は、不動産のままだと使い道が制限されることが多いからです。

現金を受け入れた場合には、その金額が経済的利益として法人税の課税対象となります。先ほどの「そのまま遺贈」とは異なります。

換価した場合も、「そのまま遺贈」と同様に準確定申告の提出と納税が必要となります。こちらの設例でも包括遺贈と判断されますので、準確定申告の提出と納税は株式会社Dが行います。

×××××××× Column ××××××××

不動産を「会社への遺贈」する場合は
「不動産の譲渡」と考える！

　会社などへの遺贈では、その「不動産を譲渡」したことになるのですが、これは「亡くなった人」の意思で行われます。遺言執行者が、不動産の譲渡をしますが簡単に言えば、「亡くなった人が売った」ことと同じと考えてください。

　不動産を手放したことで、「不動産の譲渡があった」とみなされ所得税の準確定申告が必要になります。所得税の準確定申告は、通常、相続人が行い納税することとなります。土地などの譲渡所得による所得税は大きくなりがちです。実際には、遺産を受け取ることもなく所得税だけ負担しなければならないというのも不合理な話です。

　相続人は、遺産を引き受けていないにもかかわらず譲渡所得の申告納税を行うという考え方がイメージされますが、その相続人が納税できない場合は、「包括遺贈」で遺産を取得した法人が納税義務を承継することができます。結果的には、法人も譲渡所得に係る所得税を納税することになります。

　一方で、「特定遺贈」の場合は、記載された内容の範囲で権限が生ずることになりますので、準確定申告による所得税の納税について承継はできないことになります。

> **Q2-2** 遺贈相手が自治体や公益法人だった場合の課税について教えてください。
>
> A 自治体が財産を「そのまま遺贈」で受け取ったら、寄付したことになるので相続税、みなし譲渡所得について非課税となります。公益法人の場合には、特例でみなし譲渡の非課税や相続税の課税となる可能性があります。

① 「自治体」のケース

「自治体に遺贈」というのは、「自治体へ寄付をする」ともいえます。また、租税特別措置法40条により自治体への寄付行為は、譲渡所得では非課税とされています。相続税の負担もありません。

しかし、現実問題として、自治体への寄付は現金であれば受入れをしてくれますが、不動産などの場合は、受入れをしてくれないケースが多くあります。「遺贈したい」と考えている場合には、事前に自治体と相談協議のうえで、決断をする必要があります。

② 「公益法人」のケース

例えば、「公益法人〇〇」という団体があります。これらの団体の活動は、「公益」のためのものです。しかし、いくら「公益法人」といってもすべての公益法人が非課税となるものではありません。

例えば、被相続人自身やその親族が理事や役員をやっているような団体であり、相続税法で定められた一定の基準を満たすと、その団体は個人とみなして相続税の申告と納税をしなければなりません。

一方、譲渡所得では特例の適用があれば非課税となります。この特例は、適用に関して条件が難しいため、事前相談のうえで手続きを行うことをお勧めします。「譲渡所得」が非課税になるのか、課税になるのかで税金が大きく異なってくることになります。

手続きは、寄付した日から4か月以内にしなければなりません（租

税特別措置法 40 条）。国税庁長官の承認を得ることで、譲渡所得が非課税となります。

　この特例の適用を検討する場合には、税務署が窓口となります。繰り返しになりますが、事前の相談をお勧めします。

　基礎控除以上の遺産があり、全部または一部の遺産を受け取ると相続税が計算されることになります。受け取った者等により課税関係が変わります。以下、遺産を受け取った際の課税関係を示します。

遺産の受取り方	受け取った者等	課税形態
遺　贈	個人	相続税
	普通法人	法人税
	公益社団法人	一部、相続税の可能性 （法人税課税はなし）
	一般社団法人など （非営利認定）	一部、相続税の可能性 （法人税課税はなし）
	一般社団法人など （非営利認定以外）	法人税
	人格なき社団	相続税

まとめ

・相続人以外の個人が遺贈により、一定金額を超える遺産を受け取ると相続税が課税される。

・株式会社が遺産を受け取った場合、相続税の課税はない。遺産の受取りは、経済的利益と捉えて法人税の課税対象となる。相続人または包括遺贈で受け取った場合の株式会社は、みなし譲渡所得の申告が必要になる。

・自治体が遺産を受取った場合は、みなし譲渡所得も相続税も非課税となる。

352　第 9 章　死後事務委任契約特有の税金問題

××××××× **Column** ×××××××

「包括遺贈」や「特定遺贈」による
相続税計算の違いについて

　一言で「遺贈」といっても大きく分けて、「包括遺贈」と「特定遺贈」の2種類があります。この違いについて簡単に説明します。
・包括遺贈…遺産の全部または一定割合を示して遺贈すること
・特定遺贈…遺贈する財産を具体的に特定して遺贈すること

　この遺贈の種類が違うことで、相続税計算にも違いが出てきます。特に、相続人でない人が「特定遺贈」で遺産を取得したケースです。例えば、「相続人ではない第三者」が、特定遺贈で大きな遺産を受け取ったとします。遺贈で受け取るのは特定された財産ですので、債務などは引継ぎできません。つまり、「債務控除」「葬儀費用の控除」「所得税額の承継」などができないことになります。
　相続税申告が関係ないということであれば、このような控除等については影響ありませんが、相続税申告が必要と思われる場合は、少なからず承知しておくことがよいかと思います。

Q3 財産を換金したうえで相続人以外へ遺贈する場合 (1)

Q3-1 下記のような遺言（清算型遺言）があった場合の相続税の申告者や注意点を教えてください。

「遺言者の財産すべてを遺言執行者にて換価させ、換価金より遺言者の債務をすべて清算した後の残金を株式会社Dへ遺贈する。Dは、遺贈財産を児童の健やかな成長に資する目的に使用するものとする。遺言執行者は弁護士Xとする。」

・土　　地　価格　5,000万円
・自宅建物　価格　　 300万円
・預 貯 金　価格　　 200万円
・有価証券　価格　 1,000万円

●葬儀費用　150万円
●お 布 施　30万円

●遺言執行報酬　120万円
●死後事務報酬　50万円

遺言者は未婚で兄弟姉妹もいない天涯孤独の身のため、自身の財産を児童の健やかな成長に役立ててくれる団体へ寄付したいと考えている。

A　不動産を換価することで、相続人または包括遺贈による受遺者は、みなし譲渡所得による準確定申告が必要になります。また、株式会社Dが受け取った遺贈分は、法人税の課税対象となります。

今回は「換価」して遺贈するという設例ですが、個人の相続人がいないというところがポイントになります。

「すべての遺産を換価して…」という記載があり、特定遺贈ではないので、この遺贈の形式としては「包括遺贈」となります。包括遺贈は、プラス部分、マイナス部分も引き継ぐこととなります。

不動産の換価では、みなし譲渡所得が計算されることとなります。今回のようなケースでは、みなし譲渡所得の所得税の納税が課題になります。

株式会社Dは、先ほども述べましたように「包括遺贈」で、このみなし譲渡所得による所得税の納税負担もすることとなります。みなし譲渡所得の範囲には、土地や家屋の不動産のほかに有価証券も対象になりますので、今回の設例のみなし譲渡所得については、「土地」「建物」「有価証券」が対象となります。

株式会社Dは、みなし譲渡所得の所得税の負担をするとともに、換価された現金を受け取ったことによる経済的利益が法人税の課税対象となります。

2 死後事務委任契約に関する税金問題Q&A 355

××××××× Column ×××××××

遺品整理時に不動産の取得価額を示す売買契約書等を見つけると、所得税が小さくなるかも!?

個人の譲渡所得の計算は、次の計算式となります。

譲渡所得 ＝ 収入金額－（取得費＋譲渡費用）

「取得費」は、いくらで取得したのかを売買契約書、建築工事請負契約書、振込依頼書、請求書、領収書などの書面で行います。家屋については、減価償却計算をするための基礎となる金額を確認するという目的もあります。

「取得した金額がわからない」「関係書類が見当たらない場合は、どのように計算するのでしょうか？」とよく質問されますが、実は取得費が確認できないと「譲渡金額×５％」で計算された金額を取得費として計算することになっています。この計算では、95％相当が課税される金額となってしまいますね。多くの相続に関連した譲渡所得計算のケースで、この取得費が不明であるが故に所得税の負担が大きくなっています。

遺品整理等で書類を整理する際には、大事な書類を確認できるようにしておく必要があります（遺品整理事業者へ依頼する際には、書類の確認や依頼者への返却をお願いできるか、事前に確認してもらうことをお勧めします）。遺品整理事業者へ依頼をしないとしても、不動産の取得費に関係する書類は確認保管をしておくとよいでしょう。

ちなみに「相続・贈与」で取得したケースでは、次の項目

を元の所有者（被相続人や贈与者）から引き継ぐことになります。

・取得費

・所有期間

　これまで述べたように取得費を引き継ぐことができれば、実際の値上がり益に対する課税の計算となります。最近では、20年や30年近く所有していたとしても譲渡金額と取得費が近いということで、ほとんど課税されないというケースがあります。取得費5％での計算では大きな違いとなります。

　譲渡所得で短期・長期の判断を行う際の所有期間は、相続人が相続または遺贈による取得した時点からの期間ではなく、前の所有者の所有期間をも引き継ぎますので長期になることが多くあります。仮に譲渡所得が課税されるとした場合、短期では税率30％と高いのですが、長期では税率15％と低く設定されています（別途、住民税の課税が通知されます）。

　このように取得関係書類について、保管できていると所得税や住民税が小さく計算できる結果となります。

【取得関係書類がある場合とない場合での実際の課税価格の具体的計算例】

　具体的な金額で説明しますと、

A　取得費が確認できた場合

　　譲渡金額　50,000,000円　（イ）

　　取得費　　37,500,000円

　　　　　　　　　　　※関係書類の確認ができた計算（ロ）

　　譲渡費用　1,716,000円　仲介手数料

　　　　　　　20,000円　売買契約書の貼付した収入印紙

譲渡費用合計　1,736,000 円（ハ）

特別控除前の金額　イーローハ　10,764,000 円

B　取得費の確認できる書類が見つからなかった場合

譲渡金額　50,000,000 円（イ）

取得費　2,500,000 円

※関係書類の確認できなかった場合、譲渡金額の 5%（ロ）

譲渡費用　1,716,000 円　仲介手数料

　　　　　20,000 円　売買契約書の貼付した収入印紙

譲渡費用合計　1,736,000 円（ハ）

特別控除前の金額　イーローハ　45,764,000 円

　上記のように取得費の金額の違いが、そのまま譲渡所得計算に影響します。今回は 3,200 万円の課税所得の違いとなりますので、長期譲渡所得税（15%）では 525 万円の違いが生じます。住民税では 160 万円の違いとなり、合計 640 万円となります。確認できる書類、数枚の書類ですが、税金への影響は大きくなります。

> **Q3-2** 受遺者が法人Ａと個人Ｂの場合、法人Ａ（普通法人）と個人Ｂが均等の割合で換価後の財産を受け取った場合の課税関係はどうなりますか？
>
> **A** 受け取った遺産について、法人Ａは法人税の課税対象、個人Ｂは相続税の課税対象となり、それぞれで課税関係が異なります。また、法人Ａの遺贈分は、みなし譲渡となり準確定申告が必要になります。

遺産を均等に法人Ａと個人Ｂが、遺贈により換価後の現金を受け取ったとします。その場合は、どのように考えるのでしょうか。まずは、遺産を換価するとのことですから、不動産や有価証券が含まれている場合には、譲渡所得の申告も必要になります。換価後の現金を受け取るわけですから、次のようになります。

	譲渡所得税	課税種類
法人Ａ	被相続人の準確定申告が必要	法人税
個人Ｂ	個人Ｂの所得税申告が必要	相続税

上記の課税関係については、次の順に考えます。

まず、不動産などの譲渡所得の対象となる遺産があるので、換価する際には均等部分について、法人Ａや個人Ｂが不動産をそのまま受け取ったと考えます。受け取った不動産については、法人Ａが受け取った時点で「みなし譲渡所得」が発生します。この部分は、亡くなった日の翌日から４か月以内に被相続人の準確定申告にて所得税計算を行います。

また、個人Ｂが受け取った部分については、実際には遺言執行者が売却して現金化することになりますが、課税上の考え方として、個人Ｂが一旦、遺産をそのままの形で受け取ったと考えます。その遺産を

売却して現金化したことから譲渡所得が発生すると考えます。したがって、譲渡した翌年の個人Bの所得税申告期間にて申告納税が必要です。換価した際の所得税は、それぞれに対応する部分で手続きや期限が異なりますので注意が必要です。

　次に、法人Aが受け取った金銭ですが、法人税の課税対象となります。実際の計算では、遺言執行者から受け取った金額が収入となります。

　法人Aには、みなし譲渡所得について準確定申告の所得税と受け取った現金については法人の経済的利益となるものとして法人税の課税にもなります。2種類の課税となりますが、みなし譲渡所得による所得税の納税は、法人税の計算で損金扱いとなります。

　個人Bの相続税計算では受け取った現金の総額ではなく、不動産やその他の遺産の相続税評価額を算出したうえで相続税計算を行います。個人Bには、換金する前の形の遺産があったとして評価した金額による相続税と不動産などの売却による譲渡所得が課税されます。

まとめ
・遺贈で一般法人が遺産を受け取ると相続税の対象ではなく、法人税の対象となる。
・遺贈で一般法人が不動産を受け取ると、「みなし譲渡所得」となり準確定申告が必要になる。

×××××××× Column ××××××××

相続税の評価額と譲渡所得の
収入金額との違いについて

　相続税計算における金額と譲渡所得計算での金額が違う点は、誤りではないということに注意してください。相続税計算では、土地や有価証券については、それぞれ定められた評価方法で相続税計算を行います。実際に売却できた金額が相続税評価額となることはありません。相続税の評価額は、原則、「時価」とされていますが、必ずしも「相続税評価額」＝「売却可能金額」というものではありません。

　相続税評価額を計算する基となる「財産評価基本通達」にて評価計算を行います。ここで「路線価」などは、時価を超えないように配慮して金額設定しています。しかし、実際には、相続税評価額よりもはるかに高い金額または低い金額で取引されることがあります。これらは個別の事情として考えられることもありますが、地域や周辺の環境変化など理由は様々です。このように金額の変動があったとしても、相続税計算は、「財産評価基本通達」に基づいた金額が採用されます。

※　あまりにも評価額が売買実例金額や売買見込金額等に差があり、課税上に弊害があると認められる場合は、財産評価基本通達によらず、個別に不動産鑑定を行った金額でも申告することができます。

　一方で、譲渡所得計算を行う際には、実際の売却金額が収入金額となります。また、取得費については相続税評価額を使うことはありません。実際の建築または取得した際に要し

た金額となります。もし、実際の取得費が不明の場合には、譲渡収入金額の5％となります。

※　法人に遺贈させるとして「みなし譲渡所得」の計算をする場合には、「時価」を算出することになりますが、この時価は路線価から計算する、売買実例などから計算する、不動産鑑定士に依頼するなどの方法があります。実際には、専門家に相談することをお勧めします。

　路線価や固定資産税評価額は、そのままの金額では「時価」と判断されませんので注意が必要です。

Q4 財産を換金したうえで相続人以外へ遺贈する場合(2)

Q4-1 下記のような遺言(包括遺贈＋特定遺贈)があった場合の相続税の申告者や注意点を教えてください。

「遺言者の有する預貯金を友人のDへ遺贈し、それ以外の財産すべてを遺言執行者にて換価させ、換価金より遺言者の債務をすべて清算した後の残金を友人E及びFへ均等の割合で遺贈する。遺言執行者は弁護士Xとする。」

- ・土　　地　価格　5,000万円
- ・自宅建物　価格　　300万円
- ・預　貯　金　価格　2,000万円
- ・有価証券　価格　1,000万円
- ●葬儀費用　50万円
- ●お　布　施　20万円
- ●未　払　金　30万円
- ●遺言執行報酬　90万円
- ●死後事務報酬　50万円

法定相続人はいない

```
父(亡)        母(亡)
  └──┬──┘
       兄弟姉妹なし
     遺言者
  (婚姻歴なし)
  ┌──────┼──────┐
友人D      友人E      友人F
(特定遺贈) (包括遺贈)  (包括遺贈)
```

A 友人Dは特定遺贈となり、友人EとFは包括遺贈により遺産を受け取る、この場合のDの相続税計算とEとFの相続税計算が異なります。

相続税の概算計算は次のとおりです。

友人D取得　　20,000,000円

友人E取得　　31,500,000円

友人F取得　　31,500,000円　遺産の合計　83,000,000円　(イ)

債務控除　　　1,000,000円　(ロ)

基礎控除　　30,000,000 円　（ハ）

イ－ロ－ハ＝ 52,000,000 円　→　税率 30％を乗じて 700 万円を差し
　　　　　　　　　　　　　　　　　引きます。

相続税の総額　8,600,000 円

友人 D　　取得金額　20,000,000 円（24％）

友人 E　　取得金額　31,500,000 円 － 債務控除 500,000 円

　　　　　　　　　　　　　　　　　　　　　＝ 31,000,000 円（38％）

友人 F　　取得金額　31,500,000 円 － 債務控除 500,000 円

　　　　　　　　　　　　　　　　　　　　　＝ 31,000,000 円（38％）

合計　82,000,000 円

友人 D　　取得した割合 24％ × 相続税の総額＝ 2,064,000 円

　　　　　　2 割加算＝ 412,800 円

　　　　　　合計　2,476,800 円

友人 E　　取得した割合 38％ × 相続税の総額＝ 3,096,000 円

　　　　　　2 割加算＝ 619,200 円

　　　　　　合計　3,715,200 円

友人 F　　取得した割合 38％ × 相続税の総額＝ 3,096,000 円

　　　　　　2 割加算＝ 619,200 円

　　　　　　合計　3,715,200 円

　　　　　　3 人の合計 9,907,200 円

　3 人分を合計すると約 990 万円の納税となります。うち 2 割加算分
は、約 165 万円となります。

　遺言者の所有する財産のうち預貯金は D へ遺贈することは特定遺贈
に該当します。残りの遺産は、すべて換価した後、遺言者の債務を清
算した後に同じく友人の E と F へ 2 分の 1 ずつの割合で渡すため、こ
ちらは包括遺贈に該当します。

特定遺贈と包括遺贈が混在する場合、考え方を整理しないと大きな間違いをする可能性があります。

こちらの課税関係一覧を参照してください。

受遺者	相続税	遺贈種類	債務控除	葬儀控除	譲渡所得
D	申告必要	特定遺贈	控除なし	控除なし	関係なし
E及びF	申告必要	包括遺贈	控除あり	控除あり	申告必要

同じ遺言書のなかに遺贈の文言があった際には、「特定遺贈」であるのか「包括遺贈」であるのか判断を行う必要があります。

「特定遺贈」は、ある特定の遺産を誰それに渡すというような内容になります。限定された遺産に対する権限となりますので、債務控除などができません。

特定遺贈以外の遺贈を「包括遺贈」といいます。「包括遺贈」は、民法上では、通常の相続人と同じような権限になります。そのため、設例でありましたEとFについては、包括遺贈であり、債務控除等が可能になります。

実際の相続税計算では、法定相続人がいないと考えた場合、基礎控除は3,000万円のみとなります。今回、特定遺贈、包括遺贈によりますが、「遺贈」で受け取った3人が相続税申告をすることとなります。Dは、債務控除できませんが、EとFは、債務控除ができます。また、EとFについては、換価していますので譲渡所得の申告が必要になります。

2　死後事務委任契約に関する税金問題 Q&A　　365

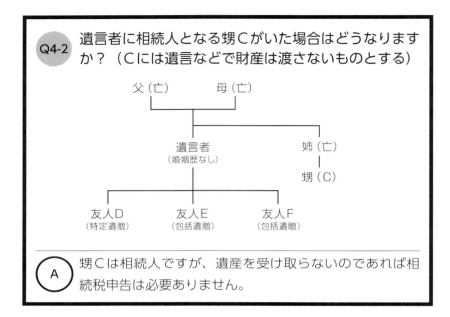

Q 4-1 では相続人がいないというものでしたが、今回は甥Ｃがいるが甥Ｃには何も渡さないというものです。このようなケースでは、結論を言うと、相続人が一人いますので基礎控除が600万円増えます。しかし、この甥Ｃは遺産を受け取っていませんので、相続税申告書の提出はしなくても構いません。

受遺者の3人については、先ほどの設例と同じ考え方になります。基礎控除が600万円増えることにより相続税額が下がることになります。

甥Ｃがいたとしても、換価する際の譲渡所得の計算は、ＥとＦが行います。

譲渡所得の確定申告は、譲渡をした翌年の確定申告期間にて行います。

遺贈財産の合計　83,000,000円　（イ）
債務控除　1,000,000円　（ロ）
基礎控除　30,000,000円＋（6,000,000円×1人）＝36,000,000円　（ハ）

イ － ロ － ハ ＝ 46,000,000 円　→　税率 20％を乗じて 200 万円を差し引きます。

相続税の総額　7,200,000 円

友人D　取得した割合 24％×相続税の総額 ＝ 1,728,000 円

　　　　　　　2 割加算 ＝ 345,600 円

　　　　　　　合計　2,073,600 円

友人E　取得した割合 38％×相続税の総額 ＝ 2,736,000 円

　　　　　　　2 割加算 ＝ 547,200 円

　　　　　　　合計　3,283,200 円

友人F　取得した割合 38％×相続税の総額 ＝ 2,736,000 円

　　　　　　　2 割加算 ＝ 547,200 円

　　　　　　　合計　3,283,200 円

　　　　　　　3 人の相続税合計　8,640,000 円

> まとめ
> ・特定遺贈と包括遺贈では、相続税計算に違いがある。
> ・特定遺贈は、葬儀費用を含む債務控除の計算ができない。
> ・相続人であっても遺産を取得していなければ、相続税申告と納税は必要ない。

Q5 財産を換金したうえで相続人以外へ遺贈する場合 (3)

> **Q** 下記のような遺言（清算型遺言）があった場合の相続税の申告者や注意点を教えてください。
>
> 「遺言者の財産すべてを遺言執行者にて換価させ、換価金より遺言者の債務を清算した後の残金を菩提寺であるAへ遺贈する。遺言執行者は弁護士Xとする。」
>
> ・土　　地　価格　5,000万円
> ・自宅建物　価格　　300万円
> ・預貯金　　価格　2,000万円
> ・有価証券　価格　1,000万円
> ●葬儀費用　50万円
> ●お布施　　20万円
> ●未払金　　30万円
>
> ・遺言執行報酬　90万円
> ・死後事務報酬　50万円
>
> 遺言者は未婚で子供はいないが、相続人としては甥Cがいる。
>
>
> **A** 全部の遺産を宗教法人に遺贈した場合、相続税申告は必要ありませんが、みなし譲渡所得による所得税の準確定申告が必要になります。

遺贈で遺産を受け取ったのが法人でしたら、どのような課税なのかについてはQ2-1にて説明しました。この対象の法人が宗教法人である場合、一般法人と違いがあります。

一般法人の場合、受け取った遺産は、経済的利益として法人税の課税対象となります。一方で、宗教法人に対する法人税の課税の考え方は、

宗教活動に関する事業であれば法人税は非課税となります。宗教活動ではない事業は、法人税の課税対象となります。つまり、遺贈で受け取った財産をどのような事業で受け取ったのかによりますが、今回の遺贈は、菩提寺に対して寄付するという意味合いのようですので、受け取った金銭については、法人税上は非課税に相当すると考えられます。

しかし、ここで問題になるのが「みなし譲渡所得」の課税です。換価していますが、宗教法人へ遺贈していますので、みなし譲渡所得を計算した準確定申告が必要になります。このようなケースでは、相続人として甥Cがいるわけですが、準確定申告で納税になるということを理解しておく必要があります。甥Cは遺産を受け取っていませんが準確定申告をすることとなります。つまり、みなし譲渡の所得税を納税する内容の準確定申告書の提出を行うことになります。

甥Cがこのことに納得するとは思えません。包括遺贈であれば、菩提寺にも準確定申告の所得税についても承継することが可能です。

実際の所得税納税は、菩提寺にしてもらうことになります。このような考え方が理解されていないことが多く、「宗教法人は、常に非課税」というイメージを強く持っているとトラブルになりかねませんので、事前に菩提寺へ説明するなどしておくことがよいと考えます。

> ## まとめ
> ・宗教法人への遺贈は寄付と判断。相続税は課税されない。
> ・受け取った宗教法人は、宗教活動の一環であれば法人税は課税されない。
> ・宗教法人への遺贈は、みなし譲渡の対象。準確定申告の提出及び納税が必要。準確定申告は、相続人の名前も記載するが、実際の納税負担は宗教法人で行う。

2　死後事務委任契約に関する税金問題Q&A　　369

✕✕✕✕✕✕✕ **Column** ✕✕✕✕✕✕✕

「公益法人」に対する課税の違いについて

　「公益法人は非課税である」ということを漠然とイメージしている人が非常に多くいます。ここで非課税になるのは「公益認定」を受けていることが条件になります。

　「公益社団法人及び公益財団法人の認定等に関する法律（以下「公益法人認定法」という）に基づく公益認定を受けた公益社団法人・公益財団法人の課税は、公益法人等として取り扱われ、法人税法上の収益事業から生じた所得が課税対象となります。なお、公益目的事業は収益事業から除かれているため、公益目的事業から生じた所得は課税対象になりません。」と国税庁ホームページでは説明をしています。

　また、公益法人認定法に基づく公益認定を受けていない一般社団法人・一般財団法人で、「法人税法上の非営利型法人の要件を満たすもの」（以下「非営利型法人」という）は、公益法人等として取り扱われ、収益事業から生じた所得が課税対象となります。

　次に、法人税法上の要件を満たした非営利型法人も公益目的事業以外は課税になります。

　最後に、上記以外の社団法人は普通法人と同様にすべての所得が法人税の課税対象となります。

　このように NPO 法人だから、すべて非課税になるというものではありません。法人税法上の判断などもありますが、どこの区分に該当しているのか、「公益目的事業」から生じたものか否かを確認判断する必要があります。

370　　第9章　死後事務委任契約特有の税金問題

	公益社団法人 公益財団法人	公益認定を受けていない 一般社団法人や一般財団法人	
		非営利型法人	非営利型法人 以外の法人
法人税法上の 法人区分	公益法人等		普通法人
課税所得の 範囲	収益事業から生じた所得が課 税対象（公益目的事業から生 じた所得は非課税）		すべての所得が 課税対象

（注）公益社団法人・公益財団法人の公益目的事業から生じた所得は課
税対象になりません。

Q6 財産を換金したうえで相続人以外へ遺贈する場合(4)(遺贈を拒否された場合)

Q 下記のような遺言（清算型遺言）があった場合の相続税の申告者や注意点を教えてください。

介護事業者Dは、介護事業所の運営規約上、遺贈を受け取れないとして遺贈を放棄した場合の相続税等の申告関係はどうなりますか？

「遺言者の財産すべてを遺言執行者にて換価させ、換価金より遺言者の債務を清算した後の残金を介護事業者D（株式会社）へ遺贈する。遺言執行者は弁護士Xとする。」

・土　　地　価格　5,000万円
・自宅建物　価格　　300万円
・預 貯 金　価格　2,000万円
・有価証券　価格　1,000万円

●葬儀費用　50万円
●お 布 施　20万円
●未 払 金　30万円

●遺言執行報酬　90万円
●死後事務報酬　50万円

相続人
遺言者は未婚で子供はいないが、相続人としては甥Cがいる。

父（亡）　母（亡）
遺言者（婚姻歴なし）　姉（亡）
甥（C）
↓
介護事業者D（株）

A 遺贈は放棄することが可能であるため、放棄がなされた場合は相続人の甥Cが受け取ることとなります。

遺贈では、遺贈相手が遺贈内容を放棄することが可能です。このように「遺贈を放棄」した場合は、遺産は法定相続人が受け取ることと

なります。

「遺贈」に似た「死因贈与契約」では、生前に「私が死んだときには、○○の財産をあげます」とし、もらう人もこれを承諾している「契約」です。「死因贈与契約」について、破棄、解約をするというのは難しく、個別の契約内容等を勘案して対応する必要があります。

遺贈放棄後の遺産については、相続人の間で遺産分割協議を行うことになります。今回の設例では、相続人が一人であるために、全部を甥Cが受け取ることになり、相続税の申告も甥Cが行うことになります。甥Cは、配偶者や直系の子供ではないために、相続税計算について2割が加算されます。

> **まとめ**
> ・「遺贈」は、遺言者の意思を表示したものであり、受遺者は放棄することが可能である。
> ・「死因贈与契約」は、贈与する側と受け取る側の契約が生前中に結ばれたものである。撤回することも可能だが、個別の判断が必要。

××××××× Column ×××××××

包括受遺者や相続人がいない場合は
どうなるのでしょうか？

　仮に、遺言により遺贈する旨を記載した相手がその遺贈を放棄したというケースや、相続人が見当たらないというケースでは、相続財産はどうなるのでしょうか。次のような手順で相続財産を清算します。
・相続財産管理法人の成立
・相続財産清算人の選任と公告
・債権者等への弁済
・特別縁故者への分配または国庫への帰属
　相続財産清算人については、一般的には弁護士が引き受けます。債権者等への弁済のために不動産等も換価されます。
　債権者等への弁済が完了した後に、特別縁故者や国庫へと振り分けられます。ここで不動産などの処分、つまり「みなし譲渡所得」が発生することになります。相続人がいない状況ですので、準確定申告は誰が行うのかという点が気になります。このようなケースの準確定申告は、相続財産法人が行い所得税の納税もするものと考えられます。

Q7 財産を相続人以外へ遺贈する場合で、他に相続人がいる場合

Q7-1 下記のような遺言があった場合の相続税の申告者や注意点を教えてください。

「遺言者の全財産を友人Aへ遺贈する。遺言執行者は弁護士Xとする。」

- 土　　地　価格　5,000万円
- 自宅建物　価格　　300万円
- 預　貯　金　価格　2,000万円
- 有価証券　価格　1,000万円

●葬儀費用　100万円
●お布施　50万円
●固定資産税　8万円

●遺言執行報酬　90万円
●死後事務報酬　50万円

相続人
遺言者には、離婚した元妻との間に子供B及びCがいる。

友人Aは相続税が課税され、相続税について2割加算がされます。

```
                          （離婚）
              遺言者 - - - - - 元妻
   友人A        │
              子供B    子供C
```

遺贈財産の合計　83,000,000円　（イ）
債務控除　1,580,000円　（ロ）
基礎控除　42,000,000円　（ハ）
イ－ロ－ハ＝39,420,000円

2　死後事務委任契約に関する税金問題Q&A　375

相続税の総額の計算

39,420,000 円 × 1/2 ＝ 19,710,000 円（法定相続人、子供 B および C の法定相続額）

→ 税率 15 ％を乗じて 50 万円を差し引きます。

19,710,000 円 × 15 ％ − 500,000 円 ＝ 2,456,500 円　→　1 人あたりの相続税額

2,456,500 円 ＋ 2,456,500 円 ＝ 4,913,000 円

相続税の総額　4,913,000 円

2 割加算金額の計算

4,913,000 円 × 20 ％ ＝ 982,600 円

2 割加算金額 ＝ 982,600 円

相続税合計額　4,913,000 円 ＋ 982,600 円 ＝ 5,895,600 円

　相続人がいないという前提であれば、友人Aが遺贈で全財産を受け取った場合は、友人Aが相続税申告を行います。友人Aは、相続人ではないため、相続税計算では 2 割加算となります。

　もし、「相続人」がいるとした場合の注意点があります。「遺留分」について、検討する必要があるか否か、という点です。この点は、通常の遺言や相続対策なども問題になることが多いのですが、相続人から遺留分が侵害されたという主張をされると、トラブルに発展する可能性が大きくなります。

　ここで、「遺留分」について簡単に説明をしますと、「兄弟姉妹以外の相続人について、その生活保障を図るなどの観点から、被相続人の意思にかかわらず、被相続人の財産から最低限の取り分を確保するもの」と定められています。この遺留分を意識せずに遺贈等を検討すると、後々トラブルに発展しかねません。

　もし、遺贈することを検討する際には、推定相続人について遺留分に留意しなければならない地位にある人の有無を確認し、遺留分を侵

害するような内容の遺贈を計画するのであれば、その対応についても検討することをお勧めします。

仮に、遺言者には別れた妻との間に子供B・Cがいた場合、相続税の申告手続について説明します。子供BとCは相続人ということになりますので、基礎控除が600万円×2名＝1,200万円増加します。その増加分は、相続税の計算について減少する方向へ影響が出ます。

しかし、遺産を受け取る権利があり、さらには遺留分まで侵害されたとすれば、子供BとCも黙ってはいないのではとも思います。この時点で、相続税申告期限が到来するのであれば、友人Aのみ遺産を受け取ったとして相続税申告を行えばよいです。しかし、遺留分侵害額請求を行った場合、または、遺留分侵害額請求が行われると想定される場合は、その請求額が確定した場合は相続税申告の内容も変わってきます。

今回のように妻がいない状況では、子供の法定相続割合は各1/2となります。遺留分については、さらに×1/2ということで、1/4が遺留分相当額となります。現在、遺留分の侵害については、現金請求を行うとなっています。一旦、友人Aが受け取った遺産から、1/4に相当する現金を2名分、捻出する必要があります。

このように遺留分侵害額請求が確定した時点で、子供BとCにも相続税申告及び納税の手続きが必要になります。ここで注意したいのは、友人Aは結局、遺産の半分の金額に相当する現金を渡すことになりますので、遺産の一部または全部を換価する必要に迫られることになります。特に譲渡しなくても、現金が足りていれば問題ないかもしれませんが、不動産等が多いと換価したうえで現金交付となります。このときに不動産等の換価は、譲渡所得に該当することとなります。譲渡所得による所得税申告と納税を翌年の確定申告期間に行う必要があります。

もし、現実に遺贈により遺留分を侵害する内容のプランを計画した場合、相続人以外の者が受け取る遺産が大きく、遺留分の侵害などの

トラブルが懸念される場合は、遺贈を放棄することも考えられます。これでは、遺言者の意図が実現しないことになりますので、あらかじめ想定できるトラブルの一つとして「遺留分」については十分に留意しましょう。

Q7-2 遺言者は未婚で相続人として兄Bと姉Cがいた場合の相続税の申告やその他の税務申告手続について教えてください（兄姉との仲が悪く財産を渡したくないし世話にもなりたくないという遺言者の意思がある場合）。

```
        父（亡）      母（亡）
          └────┬────────────┘
          ┌────┴───────┬──────────────┐
      遺言者          兄B            姉C
    （婚姻歴なし）
        │
        ↓
      友人A
```

A 遺産を受取っていないのであれば兄Bと姉Cについては、相続税申告等の手続きは必要ありません。

　税務署からの税務申告等の案内は、まず相続人に行われます。多くのケースでは、妻や被相続人と同居していた相続人宛に郵送となります。
　今回のようなケースでは、遺産の全部をそのまま友人Aが受け取れば、兄Bと姉Cは、遺産を受け取っていませんので相続税申告は必要ないことになります。仮に遺贈する形として「換価して遺贈」するとした場合、ここで譲渡所得の計算が必要になりますので注意が必要です。また、受遺者が換価したとして、受遺者が所得税申告と所得税の納税を行うことになります。

378　　第9章　死後事務委任契約特有の税金問題

仮に、このようなケースの受遺者が法人だった場合、「みなし譲渡所得」による準確定申告が必要になります。その際に不動産登記は、不仲の兄姉の名前にしなくてはならないケースなどが想定されます。そのような場合も、名前は一旦登記されますが、包括遺贈になると思われますので、受け取った法人が準確定申告書の提出を行えばよいことになります（遺言執行者の指定がされていることがポイントになります。換価して遺贈するというような場合も、不仲の兄姉の名前が登記されても遺言執行者という立場であれば売却契約は可能です）。

×××××××　Column　×××××××

「兄弟に遺産を渡したくない」場合は、
全部の遺産を遺贈するような内容にすべき！

　稀に相続の相談をしているなかで、「兄弟には、財産を渡したくない！」という主張している人がいます。

　このようなケースでは、「全財産を対象に遺贈する」内容の遺言書を作成する必要があります。遺贈の対象から外れた財産があれば、その財産は兄弟姉妹が相続人になった際には、受け取ってしまうこととなります。つまり相続手続等に絡んでしまうというわけです。この一部だけ相続財産を仲の悪い兄弟が受け取った場合に、素直に相続税申告書の作成ができるのか不安になります。

　一般的な相続でも複数人の相続では、２つのグループに分かれてトラブルになると、相続税申告書も２つのグループから提出されることになります。相続税申告書は連記式であり、複数の者がまとめて申告する書式となっています。しかし、必ずまとめて申告をしなければならないかというとそうではなく、バラバラで提出をしてもよいとされています。

　複数のグループで相続税申告書の作成、提出となる場合は、財産内容や評価額が一致することが大事なポイントになりますが、このようなトラブルの渦中にある相続税申告は、財産の不一致や評価額が相違するなどの結果になりやすいともいえます。申告内容や申告金額（評価額）の不一致になると、「相続税調査」となります。ケースによっては、一部の相続人がこの相続税調査をわざと行わせるような内容にすること

もあります。しかし、兄弟姉妹については、遺留分はないことから、思い切って全財産を遺贈する内容にしておくと、後のトラブルのリスクは減るかもしれません。

　税務手続関係の案内は、相続人と推定する人へ郵送などにより行われます。亡くなったことを知らせていなかったとしても知り得る可能性はあります。遺言者から「亡くなったことを連絡しないで！」と言われることがあると思いますが、知られる可能性が高いことはあらかじめ承知しておくとよいでしょう。そのうえで、いかに不仲の兄弟等への接触を減らすことが可能であるかは、事前に個別の状況を確認しながら対策を講じておくことがポイントになると思われます（あくまでも依頼者等から、兄弟の接触を避けたいというような申し出、希望がある場合に限られます）。

　相続税の案内について相続人宛ではなく受遺者宛にするよう税務署へ求めても、対応してくれるかは不明です。一方で、固定資産税などの通知は、各市町村が行いますが、こちらについては、固定資産税の通知を受遺者へ行うようにすることは可能な市町村が多いと思われます。市町村によって、不動産所有者が亡くなった後の案内などの連絡先を届ける書面がありますので、そちらを提出しておけばよいでしょう（提出の際には、事前に市町村へ電話等にて確認をしてから窓口へ行くことをお勧めします）。

Q8 負担付死因贈与を受けるケース

 死後事務受任者が委任者の死後事務を執行することを条件に、負担付死因贈与を受けるケースでの申告や注意点について教えてください（贈与で受ける財産を死後事務の報酬とするケース）。

(想定事例)
・死後事務に掛かる実費の予想額（葬儀費用・遺品整理費用・専門家報酬等）　150万円
・受任者が契約時に設定した実費以外の死後事務執行者としての報酬額　80万円
・死因贈与でもらう額　300万円

 負担付死因贈与で遺産を受け取った場合も相続税の課税対象となります。課税対象の計算では、負担部分の金額（確定している金額）を差し引くことが可能です。
　しかし、内容によっては「遺贈」というよりも、実質的には業務請負契約と判断されるケースもあります。

　負担付死因贈与について、簡単に説明をします。負担付死因贈与（遺贈）は、贈与の目的の価額を超えない限度において負担した義務を履行する責任を負います。実際の課税については、取得した財産の価額からその負担額（贈与した時点で確実と認められる金額）を差し引いた残額が課税の対象になります。

　上記の設例では、次のような考え方になります。

　「死後事務に掛かる実費の予想額」は、「確実と認められる金額」には該当しないと判断され、債務控除の対象にはなりません。これは、「予想額」となっており、確定した金額ではないからです。「予想額」という表示ではなく、「契約金額」というような確定した表現であれ

ば、差し引くことは可能だと判断できます。設例の金額であれば、相続税の課税対象ではないために、上記のような表現でも大きな影響はないかもしれません。しかし、相続税が課税されるような財産でしたら、表示の方法一つで課税される金額、相続税に影響があります。

　負担付遺贈、死因贈与契約などで財産を受け取った場合は、相続税の対象となりますので、基礎控除を超えなければ相続税の負担はありません。仮に「300万円で全部の死後事務を執行するといった契約だった場合」は、負担付遺贈というよりも、「業務請負契約」としての性格が強いと判断され、相続税の課税ではなく事業所得と判断すべきと思われます。

×××××××× Column ××××××××

死後事務受任者が法人（株式会社・公益社団法人・宗教法人）と個人での税務申告の違いはあるの？

　設例では、「死後事務委任」としていますが、その業務を引き受けている者・団体が、どのような団体であるかにより、課税形態が変わるのではないかと思う人も多いでしょう。

　本書を執筆している時点（令和7年）で、「業務請負」は、公益事業や宗教活動の公益事業の対象には該当しないと判断されています。公益社団というとNPOなどの団体をイメージすることになりますが、NPO法人が行う事業で非課税とされる事業は制限されていますので注意してください。死後事務の引受けのようなケースでは、いずれの法人、団体も法人税の課税対象となる可能性が高いものと思われます。

　個人である場合は、元々、死後事務委任を業としている個人であれば事業収入となります。または、死後事務委任の周辺業務を業としている個人も事業収入と判断されます。もし、特に業としていない個人が引き受けた場合は、「相続税」の範囲に該当する可能性もありますが、負担付死因贈与の内容（死後事務の引受け内容）等により個別に判断すべきと思われます。

　ちなみに、事業所得は、次の計算式で所得金額を計算します。

　所得金額　＝　収入金額　－　必要経費

Q9 負担付生前贈与を受けるケース

 死後事務受任者が、委任者の死後事務を執行することを条件に、負担付生前贈与を受けるケースでの申告や注意点について教えてください（贈与で受ける財産を死後事務の報酬とするケース）。

（想定事例）
・身元保証料（契約費用＋身元保証料）　50万円
・月額利用料　5,000円／月
・死後事務に掛かる実費（葬儀費用・遺品整理費用・専門家報酬等）　150万円
・受任者が契約時に設定した実費以外の死後事務執行者としての報酬額　80万円
・生前贈与でもらう額　350万円

 生前贈与か？業務請負か？　実質的な契約内容によって課税関係が異なります。設例の内容であれば、事業所得による課税となる可能性が高いと思われます。

「死因贈与」と「生前贈与」では、課税上の扱いが違ってきます。

「死因贈与」は、人が亡くなったときに財産を贈与することをいいます。これは、財産をあげる人ともらう人が財産の授受を承諾した「贈与契約」になります。亡くなった際に財産を受け取ることから「相続税」の課税対象となります。「遺贈」という言葉がありますが、これは財産を遺して亡くなった際、財産をあげることを遺言に記すもので、もらう側（受遺者）は財産をもらうことを放棄することも可能です。

「生前贈与」とは、ある人が元気なうちに自身の財産を別の人へ無償で譲り渡す行為をいいます。譲り受ける側も、「この財産をもらい

ます」という認識が必要です。「あげた」「もらった」という認識が双方にあることが贈与の条件となります。

　設例では、「身元保証料（契約費用＋身元保証料）50万円」「月額利用料5,000円／月」「生前贈与で350万円」、「契約時の報酬額80万円」という金銭の授受があるようです。このような内容があり、さらには引き受ける業務が決められているということは、実質的には「生前贈与」ではなく「業務請負契約」に近いものといえます。

　このようなケースでは、引き受けた人が死後事務委任や身元保証などを引き受けている事業者であれば、その事業上の契約と考えられます。個人事業者であれば、事業所得の収入、所得税の課税対象となります。法人であれば、その法人の売上収入となり、法人税の課税対象となります。

　では、仮にこの契約を引き受けた者が個人事業者でない人だったとしたら、どのような課税関係になるのでしょうか。

　「月額利用料」という文言があり、継続して収入を得て、何かしらの役務を継続的に提供するという内容が記載されています。このことは、「事業を開始する」ことを意味するものであり、「事業所得」として所得税課税がされるべきものと考えます。

　最後に、「死後事務の実費」相当とする150万円はその役務の提供前であることから、受け取った段階では「前受金」として処理されるものと考えます。受け取ったから即時に課税対象となるものではないといえます（個人事業、法人共に同じ考え方になります）。

×××××× **Column** ××××××

死後事務委任契約の解約をした場合

　例えば、Q9の贈与契約に基づき全額を受け取り、契約から3年で解約となった場合に、課税関係にどのような影響があるのでしょうか？

　「解約」は、解約となった以降、将来に向けて契約関係が解消されることをいいます。一方で、「解除」は、契約締結時点に遡って契約関係が解消されることをいいます。

　先ほどの設例の回答として、所得税や法人税の課税対象であるとして説明を行いました。ここで注意しなければならないのは、この契約上において、例えば「契約後〇年以内に契約を解約した場合には、〇〇万円を返済しなければならない。」などというような返金に関する規定の有無が大事なポイントになります。

　仮に、そのような返金規定があれば、その規定に基づき返金をしなければなりません。その際には、契約が解約されたことにより返金したことについて、会計処理上、返金処理（経費としての計上等）などの調整は必要になるものと思われます（返金規定の記載内容により個別に判断しなければなりません）。また、「契約解除に関する規定」があった場合に、その解除規定に該当することとなり「契約解除」となった場合には、契約締結日に遡って白紙になったということですので、当初の契約がそもそもなかったことになります。

　このようなケースでは、課税上の減額を求める「更正の請求」という手続きがあります。この提出可能な期間が5年と

定められています。この期間を過ぎてしまうと減額のための請求はできないこととなります。締結した契約は、どのような内容となっているか個別のケースについて確認する必要があります。

Q10 相続税が無申告のケース

相続税や所得税申告の提出がなく納税もしていなかったらどうなるのでしょうか？

税務申告が正しく行われていない場合は、税務調査となり加算税や延滞税等が課税される恐れがあります。

　相続税や所得税は、税務署の税務調査が行われることがあります。最近では、無申告の者に対する税務調査も積極的に行われています。税務調査が行われ、例えば無申告の場合には、期限を過ぎて申告した場合は、その所得税や相続税に加えて「無申告加算税」（本税に対して10％または15％）や「延滞税」という税金が追加で納税をしなければならないことになります。一方で、申告と納税を済ませていれば問題がないわけでもなく、当然に間違いや申告額が少ないとなれば税務調査で指摘されます。

　故意に申告額を少なくするために、「仮装隠ぺい」などの行為が認められれば重加算税の対象となります。重加算税の対象となった場合には、加算税の割合も高く、延滞税も大きな金額へとなりやすくなります。重加算税は、本税に対して35％または40％と設定されています。

　一般的な相続税調査は、申告期限からおおむね1年または1年半程度経過してから行われます。その頃に税務調査があって「追徴課税だ！」と言われても、受け取った遺産を使い切っているなんてこともあります。

　「忘れたころにやってくる税務調査」。昔、筆者が税務署勤務時代に納税者から言われた言葉です。申告と納税が終わったからといって、すべてが完了したわけではありませんので注意してください。

　また、遺贈関係で多くの説明をした「法人への遺贈」ですが、特に

「そのまま遺贈」については、「時価の算定」が税務調査ではポイントになるものと推測します。時価が大きいと課税金額も単純に増えますので、時価とされる金額をいかに小さく算定するか、この点は恣意的な見方が介入しやすく、調査では注目されやすいと思われます（特に同族法人に対する遺贈は注意が必要）。

　相続税や所得税の申告書を作成した元資料等の保管も忘れないでください。税務調査が行われる時点で関係書類の保管がないと加算税の割合が5％上がりますので、こちらも注意してください（関係書類の保管は7年間です）。

おわりに

　相続税申告を多く引き受けていると、様々な事例に遭遇します。今回のような遺贈や寄付というケースも増えているように思われます。また、特殊と思われるような現金や預貯金などにまつわる以下のケースも実はよくあります。

・遺品整理をしていたら多額の現金が見つかった（相続人が見つける場合と相続人以外の場合がある）。
・相続人が知らない相続人名義の預貯金通帳が見つかった（「名義預金」という）。
・他の相続人には黙っていた生前贈与が発覚した（子供の間で不公平感が芽生える）。
・「何かあったら使って」と言われて多額の現金を預けられた（特定の相続人だけが知る場合もある）。
・厚生年金の手続きをしていたら、未払いの年金が見つかった（これは相続財産ではない）。

　相続税申告が必要ない、または必要のある世帯どちらも影響します。また、自宅から見つかった現金は遺贈の対象となっているか否か、この判断も必要になります。

　過去に私が相続税申告書を作成している際に指摘した現金は、1件で3,000万円を超すこともありました。相続税の申告義務のない人のところでも1,000万円超の現金を見つけたこともあります。また、自宅から見つけた現金について、1年間で累計1億円を超すことは何度もありました。

　自宅に現金があると思っていない人は、遺品整理や解体業などの作業の際に現金を持っていかれているケースがあります。信じたくないのですが、一部の悪徳業者はそのような現金をお宝と捉えて、あなた

の実家（現場）に入りたがります。見積金額もどんどん減らしていきます。それだけ、彼らにとってみれば現金やお宝が眠っているということです。

　相続人が、自宅で発見された現金を巡ってトラブルになることもあります。例えば、現金を発見した人がそのまま持って行ってしまうことがあります。そのことが発覚する理由として、親御さんの生前に自宅に現金があるという話を別の相続人が聞いていたりするわけです。相続発生後に、聞いていた保管場所を確認しても現金がない、このことで相続人の間で不信感が芽生え、トラブルへと発展することになります。

　このような残念な結果にならないように、私は「実家の埋蔵金を見つける税理士」としてセミナー講師の引受けをしながら、皆さまに注意喚起をしています。

　実際の相続の現場では、相続人について、「家族の思いを尊重するタイプ」と「法律を重視するタイプ」に分かれて、トラブルとなることが多くあります。「法律を重視するタイプ」に見せかけてわがままを主張する相続人なども多く見てきました。法律的にも、自分の思いに対しても、相続後にトラブルなく自分の希望を実現してくれるのが遺言書です。しかし、遺言書さえあれば万全かというとそうではありません。思いが伝わらないことも多くあるため、生前からの相続に関する教育により遺言者の思いを強化する必要があります。例えば、財産をどのように分けるのか、維持していく財産はどれか、処分しても構わない財産はどれか、相続後の家族の生活やご先祖様との関係（お寺やお墓の管理など）を誰がどのように担当していくのかを、目的や理由を含めて家族に教育していくことが大事です。遺言書や自分の思いの実現へ向けて補完強化していく必要があります。

　私はこのような活動を「相続教育」と呼んでいます。先ほど述べたような事柄を相続対策などにも織り込むよう説明をしてきました。

　本書では、死後事務における税務を説明させていただきましたが、

遺言などにより故人の思いを実現すると、財産を受け取った人などにどのような課税が生ずるのかというのは、たいへん難解で理解しづらいものです。

　本書が皆さまの死後事務等の業務への一助となり、「課税が生ずるかも？」という思いにより無申告とならないようになれば幸いです。

税理士・相続コンサルタント　山口　徹

~著者略歴~

谷　茂（たに　しげる）

行政書士
第八行政書士事務所　代表
一般社団法人 死後事務支援協会　代表理事

大学卒業後は、不動産会社の賃貸管理部門に就職。その後日本初の遺品整理専門会社に就職して、孤独死や自死現場も含めた様々な遺品整理の現場に長年従事。
遺品整理専門会社を退職後に、遺品整理専門の行政書士として「第八行政書士事務所」を開設。長年疎遠だった親族からの要望に応じて、遺品整理現場での財産調査を含めた相続手続のサポートを開始。
遺品整理専門の行政書士として活動するなかで、単身高齢者の死後の遺品整理の相談を受けるようになり、単身高齢者等の死後の手続き支援機関として「死後事務支援協会」を設立。
死後の手続きで不安を抱えている単身者等に対して、「死後事務委任契約」を中心とした支援を行っている。

山口　徹（やまぐち　とおる）

税理士
昭和61年4月　　名古屋国税局　採用
平成23年7月　　名古屋西税務署を最後に退職
平成23年9月　　山口徹税理士事務所相続税専門として開業
平成24年6月　　行政書士事務所あけの開業
平成25年5月　　税理士法人設立に関与、社員税理士登録（個人事務所廃止）
　　　　　　　　法人300件超の決算申告、所得税申告500件超の申告の担当
　　　　　　　　この間にも、相続税申告の引受けを継続
平成28年9月　　税理士法人　退社
平成29年11月　税理士法人フォルス設立代表に就任
令和4年5月　　東京都渋谷区恵比寿に恵比寿事務所設置

税理士、相続コンサルタントとして、ハウスメーカー、生命保険会社、葬儀社などでセミナー講師を引き受ける。
税理士としては、「実家の埋蔵金を見つける税理士」として、実家に眠る現金の存在を指摘、または空き家の活用方法等を紹介している。
相続コンサルタントとしては、相続対策を講ずることの重要性を説明。相続財産の最大活用を目指すための対策を行い、実行することが大事であると啓蒙している。

ゼロから学べる
死後事務委任契約 実務 ハンドブック　令和7年4月20日　初版発行

〒101-0032
東京都千代田区岩本町1丁目2番19号
https://www.horei.co.jp/

（営　業）	TEL 03-6858-6967	Eメール　syuppan@horei.co.jp
（通　販）	TEL 03-6858-6966	Eメール　book.order@horei.co.jp
（編　集）	FAX 03-6858-6957	Eメール　tankoubon@horei.co.jp

（オンラインショップ）　https://www.horei.co.jp/iec/
（お詫びと訂正）　https://www.horei.co.jp/book/owabi.shtml
（書籍の追加情報）　https://www.horei.co.jp/book/osirasebook.shtml

※万一、本書の内容に誤記等が判明した場合には、上記「お詫びと訂正」に最新情報を掲載しております。ホームページに掲載されていない内容につきましては、FAXまたはEメールで編集までお問合せください。

　検印省略

共　著　谷　　　　茂
　　　　山　口　　徹
発行者　青　木　鉱　太
編集者　岩　倉　春　光
印刷所　丸　井　工　文　社
製本所　国　宝　社

・乱丁、落丁本は直接弊社出版部へお送りくだされば お取替えいたします。
・ JCOPY 〈出版者著作権管理機構 委託出版物〉
本書の無断複製は著作権法上での例外を除き禁じられています。複製される場合は、そのつど事前に、出版者著作権管理機構（電話 03-5244-5088、FAX03-5244-5089、e-mail: info@jcopy.or.jp）の許諾を得てください。また、本書を代行業者等の第三者に依頼してスキャンやデジタル化することは、たとえ個人や家庭内での利用であっても一切認められておりません。

©S. Tani, T. Yamaguchi 2025. Printed in JAPAN
ISBN 978-4-539-73098-0

関連書籍のご案内

遺品整理・特殊清掃
開業・運営ガイドブック

遺品整理・死後事務専門行政書士　谷　茂【著】
A5判　274頁　定価2,860円（税込）

高齢化社会が進むなか、遺品整理業の市場規模が拡大しています。また、近年は遺品整理だけでなく、孤独死や自殺などがあった部屋の原状回復のために消毒・消臭作業や害虫駆除等を行う特殊清掃を一緒に取り扱う事業者も増えています。本書は、遺品整理・特殊清掃の事業を始めたい、すでに運営をしている事業者、士業などを対象に、遺品整理業に必要な知識や許可、他の事業者・士業との連携、業務の流れ等について解説するとともに、実務経験豊富な著者のトラブル・相談事例を多数掲載しています。

第1章　遺品整理業を始めるための事前準備
第2章　遺品整理の依頼
第3章　遺品整理のトラブル事例
第4章　相続業務を手掛ける士業視点からみた遺品整理業務
第5章　実際の遺品整理業務での参考事例や相談事例

書籍のご注文は株式会社日本法令　出版課通信販売係または大型書店、Web書店まで
Tel：03-6858-6966　Fax：03-6858-6968